中国煤炭学会露天开采专业委员会　　编

中国露天煤炭事业发展报告

(1914－2007)

煤炭工业出版社
·北　京·

《中国露天煤炭事业发展报告》

编纂委员会

编写人员　马培忠　严民杰　李振涛　张璜锐　郭振文　李庆伟

才庆祥　王建国　段学英　姚常明　郭昭华　王社林

刘毅勇　徐志远　宿威俊

建设露天 发展露天 谱写煤炭工业新篇章

建設露天發展
露天谱写煤炭工业
新篇章

王显政
二〇〇九年四月

开拓创新 加快露天煤炭事业的发展

开拓创新，
加快露天煤炭
事业的发展

濮洪九

2009.4.22

1958年2月13日，毛泽东视察抚顺西露天煤矿时参观煤雕工艺品。

1959年6月2日，朱德(右三)、董必武(右四)视察抚顺西露天矿。

1964年7月1日，朱德、董必武到海州露天矿视察时与省、市、局、矿领导合影。

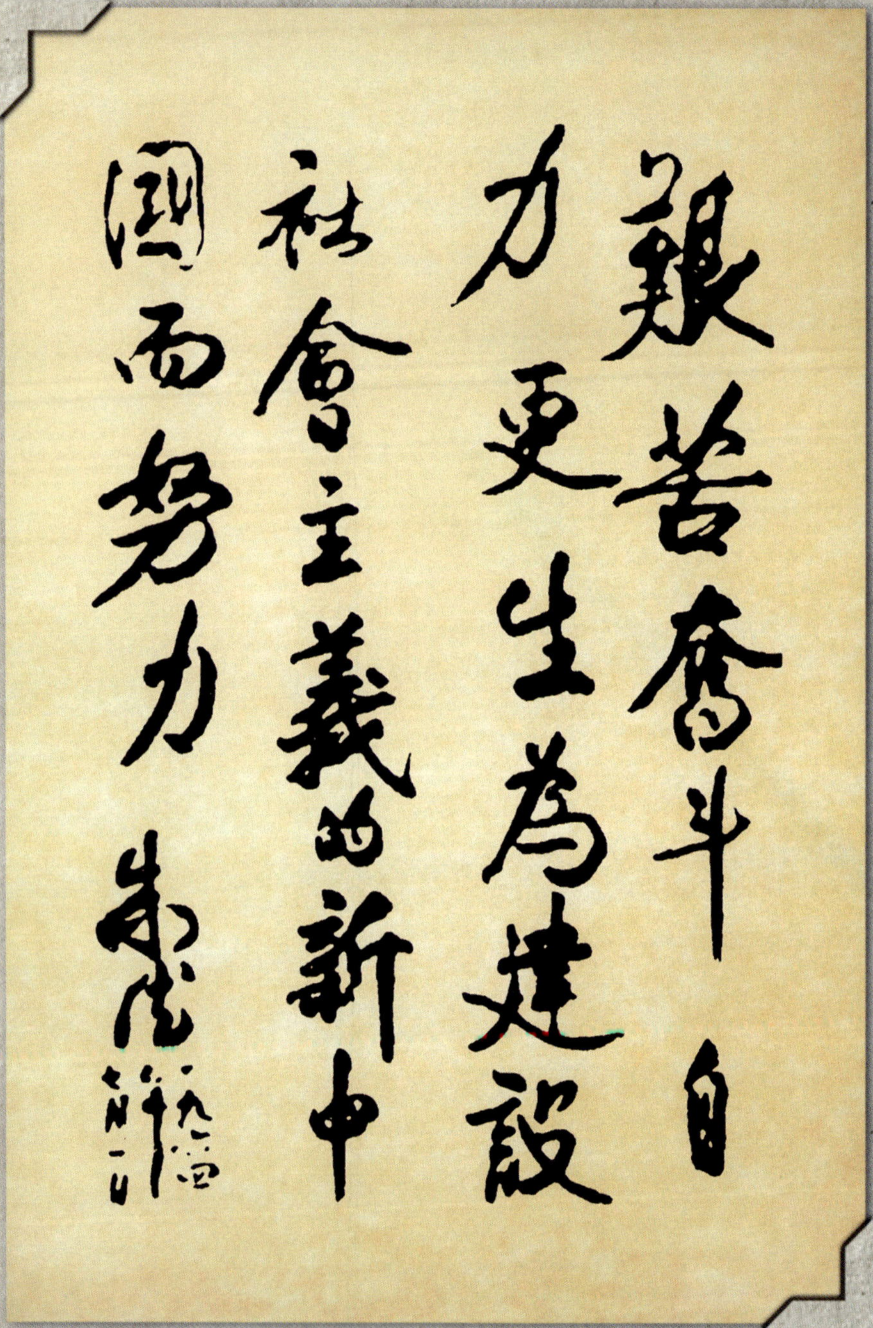

1964年7月1日，朱德为海州露天煤矿题词。

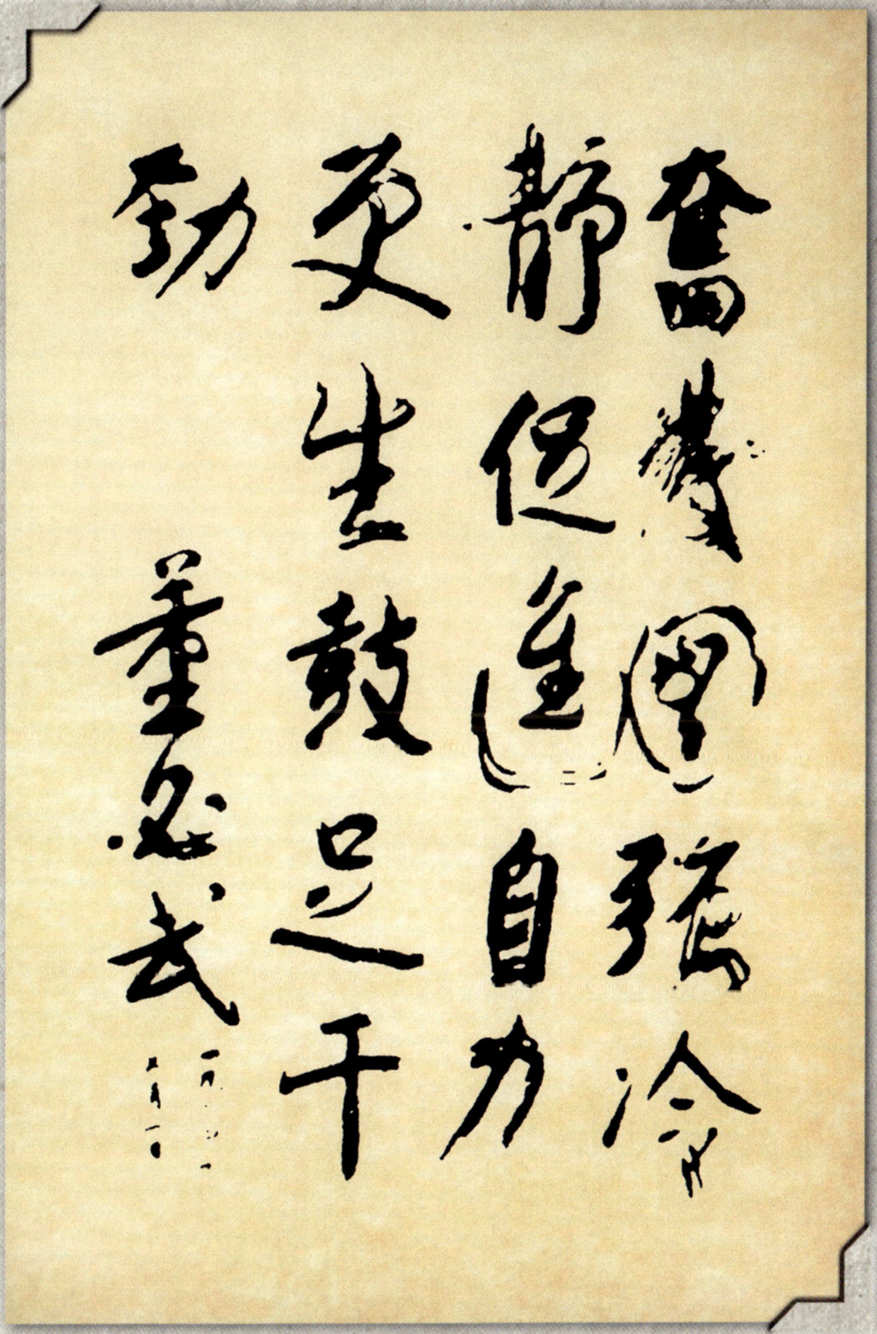

1964年7月1日，董必武为海州露天煤矿题词。

1981年10月，胡耀邦视察海州露天煤矿。

1982年8月，胡耀邦视察霍林河矿区时与矿区领导合影。

1985年6月30日，邓小平在北京会见美国哈默博士(签订安太堡露天煤矿协议书)。

辽宁阜新海州露天煤矿采场全景（开采五十年后）

1958年我国自行设计的第一个露天煤矿——内蒙古平庄西露天煤矿全景（开采五十年后）

内蒙古霍林河一号露天煤矿采场全貌

云南小龙潭布沼坝露天煤矿采场全景

内蒙古伊敏露天煤矿采场全景

内蒙古伊敏露天矿采区

内蒙古准格尔黑岱沟露天煤矿采场全景

山西平朔安太堡露天煤矿的爆破作业

序

煤炭是我国最主要的能源，目前煤炭在已探明的化石能源资源中占90%以上，在我国能源消费总量中占70%左右，在我国一次能源结构中处于绝对优势地位。这种以煤炭为主的一次能源消费结构格局，在我国将长期存在。由于煤炭是不可再生资源，而我国人均煤炭资源占有量仅为世界平均水平的53%，且经济可采储量少，多数分布在生态容量脆弱的区域，在目前生产条件下的煤炭资源平均回收率仅30%左右，资源破坏与浪费问题十分突出和严重。为了提高煤炭资源的利用率，科学开发和利用煤炭资源，降低资源耗竭速度，更好地造福子孙后代，为我国国民经济服务，实现可持续发展，煤炭工业必须坚持技术创新，走资源节约型、环境友好型的新型工业化道路。

而露天开采具有资源回收率高、生产条件好、土地复垦与环境重建容易，且生产能力大、建设周期短、吨煤投资低、开采成本低、劳动生产率高、便于采用数字信息技术等特点，所以世界各产煤国家无一不优先发展露天开采。经济发达国家露天开采成本比井工开采低75%～83%，生产效率比井工开采高7～9倍。我国露天开采与井工开采相比，吨煤投资低20%～30%，建设工期短1/4～1/3，生产成本低15%～30%，生产效率高1倍以上，煤炭回收率达95%以上，百万吨死亡率为国有井工煤矿的1/30。如果我国露天采煤产量由总产量的6%提高到15%，煤炭资源回收率即可从30%提高到40%左右，在未来15年中可节约可采储量200亿t。由此可见，在有条件的地区大力发展露天开采，提高露天采煤产量在总产量中的比重，是实现煤炭资源有序合理开发，提高煤炭资源回收率和能源安全保障的重要途径之一。

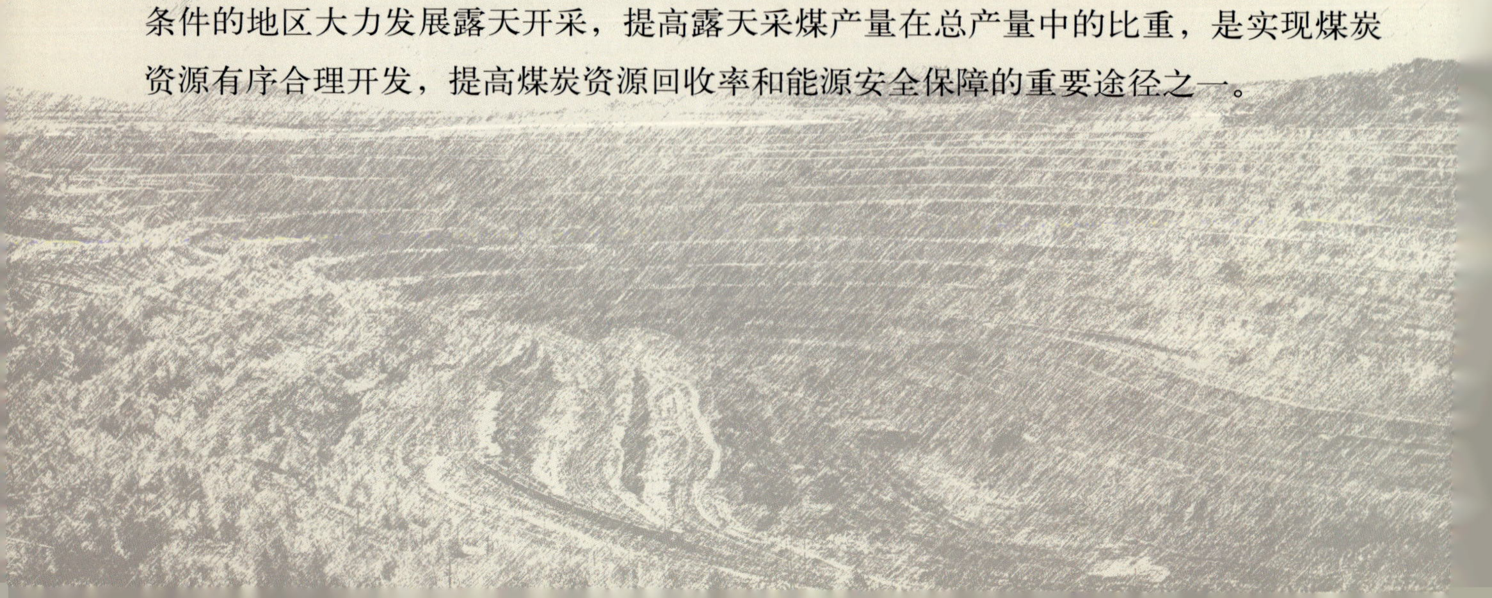

《中国露天煤炭事业发展报告（1914—2007）》记载了从1914—2007年中国露天煤炭事业发展的光辉历程，回顾了旧中国露天煤矿落后的开拓开采方式；展示了新中国露天煤矿在开拓方式、开采工艺、技术装备、生产管理及理论研究等方面的创新成果和实践经验，同时也体现了中国几代“露天人”艰苦奋斗、孜孜追求、敢于实践、勇于创新的精神。

露天开采因具有资源友好、安全友好、环境友好的优势，必将在注重开采安全和资源有效利用的背景下获得长足地发展。写这篇序是希望肩负着现实要求和历史责任的中国露天煤炭同仁，在落实科学发展观，构建资源节约型、环境友好型和谐社会环境的前提下，加快中国露天煤炭事业的建设，为中国煤炭事业的持续、健康、快速发展做出更大的贡献。

張宝明

2009年4月

前 言

中国露天煤矿开采起源于1914年(民国三年)辽宁抚顺古城子露天堀(史称中国第一露天煤矿)，至今已有近百年的开采历史。在近百年的露天开采历史上，中国的露天开采技术从无到有，从人工开采到机械开采，从蒸汽动力到电气动力，从简单管理发展到信息化、数字化建设。露天煤矿的生产规模也从几万吨、几十万吨、几百万吨发展到上千万吨。中国的露天煤炭开采事业不断进步，取得了可喜成绩，纵观中国露天煤炭事业的发展史就是人类开采地下资源的进步史。

1914—1949年旧中国露天煤矿开采的35年间，露天开采技术落后，劳动强度大，生产能力低下。

1949年10月1日中华人民共和国诞生后，伴随着共和国发展的历程，中国露天煤炭事业经历了“国民经济恢复时期”、“稳步发展时期”、“调整、巩固、充实、提高时期”、“文化大革命时期”和改革开放后的“全面发展时期”，新中国的露天煤矿建设得到快速的发展。

国民经济恢复时期(1950—1952年)，在“全面恢复，重点建设”方针指引下，全国新建和恢复建设露天煤矿11处。第一个五年计划(1953—1957年)期间，阜新海州露天煤矿、抚顺西露天煤矿被列入由原苏联援助的156项重点工程建设项目中，露天煤矿建设开始步入有序稳定发展。

国民经济大跃进的1958年之后的3年，露天煤矿骨干企业盲目追求产量，造成剥采关系严重失调，被迫进入了“调整、巩固、充实、提高”的调整时期。

“文化大革命”时期（1966—1976年），煤炭生产管理秩序被打破，生产混乱，露天开采技术停滞不前，给煤炭企业发展带来了严重影响。

1978年改革开放后，中国露天煤矿进入了一个全新的发展时期。为了保证国民经济的发展，在山西省、内蒙古自治区等地相继建设了数座大型露天煤矿，各地

1914 1924 1934 1944 1954 1964 197

原有的露天煤矿也进行了改扩建。据统计，截至2007年12月，我国已建大、中、小型露天煤矿200余座，产量约占全国煤炭产量的6%，这些露天煤矿主要分布在黑龙江、吉林、辽宁、山西、内蒙古、宁夏、陕西、新疆、云南等省或自治区。与之相适应的地质、科研、设计、机械制造、基本建设、煤炭加工等技术不断进步，有力地支持了我国煤炭事业的发展。

中国露天煤炭事业的发展经历了几代“露天人”的艰辛创业，取得了举世瞩目的成绩，这些成绩镌刻了几代“露天人”的心血和智慧，为了继承和发展中国露天煤炭事业，编写一本反映中国露天煤炭事业发展历程及成就的书籍尤为必要，也是几代“露天人”的共同心愿。

《中国露天煤炭事业发展报告(1914—2007)》，以历史的角度、战略的高度全面记述和介绍了中国露天煤炭事业发展近百年的历程和在发展中取得的重要成就，总结了实践经验，分析了未来发展趋势，集文献性、科技性、前瞻性为一体。

本报告在编写过程中，得到露天煤矿生产、设计、建设、装备制造、科研和高等院校等有关单位的大力支持，在此一并致谢。由于编写组水平有限，同时，我国露天煤矿仍在发展之中，不少问题有待进一步探讨，因此，本报告中难免有不足之处，诚恳希望读者批评指正。

编写组

2009年12月

1984 1994 2004 2005 2006 2007 2008

目　　录

第一章 旧中国露天煤矿开采历史

第一章　旧中国露天煤矿开采历史

第一节　旧中国露天煤矿开采状况
(1914—1949 年)

中国是世界上发现、利用和开采煤炭资源最早的国家之一，对人类社会的文明进步作出了重大贡献。17 世纪前，中国在煤炭开采技术方面居世界领先地位。1840 年鸦片战争后，由于帝国主义、封建主义和官僚资本主义的压迫和剥削，在半封建半殖民地体制下，中国煤炭工业屡经摧残，举步维艰，逐渐丧失优势。

中国露天煤矿的开采较井工(地下)开采约晚 38 年。1914 年 4 月(民国三年)日本侵略者在辽宁省抚顺市霸占古城子露天堀(史称第一露天煤矿)，1916 年(民国五年)正式投产。1917 年(民国六年)建设了抚顺千金寨露天堀(史称第二露天煤矿)，1927 年(民国十年)建设了抚顺杨柏堡露天堀(史称第三露天煤矿)。1938 年(民国二十七年)，古城子露天堀、千金寨露天堀、杨柏堡露天堀合并，称抚顺西露天堀(即今抚顺西露天煤矿前身)，当年生产原煤 407.9 万 t。

1935 年(民国二十四年)至 1945 年 10 年间，日本侵略者在辽宁阜新相继开设了孙家湾露天煤矿、新邱露天煤矿、新邱南露天煤矿、新邱东露天煤矿、新邱北露天煤矿和孙家湾太平区南部露天煤矿。

黑龙江省在民国初年开设了黑河西岗子商办露天矿，1926—1930 年鹤岗兴山相继开采了北二层、三层和五层露天，此期间黑龙江省露天煤矿产量达到 29.6 万 t。

旧中国露天煤矿技术落后，产量规模较小，初期以人工开采为主，后转为机械开采，但发展缓慢。抚顺露天矿区从 1926 年开始使用 50B 单斗、1928 年建成东大卷、1929 年使用 12t 机车、1931 年建成西大卷、1936 年使用推土犁，这期间的露天煤矿开采技术水平低下、生产效率较低。1914—1949 年旧中国露天煤矿开拓方式及开采工艺见表 1-1。

表 1-1　1914—1949 年旧中国露天煤矿统计表

序号	露天煤矿名称	开拓方式	开采工艺
1	抚顺古城子露天煤矿	缓沟开拓铁路运输与陡沟绞车提升	人工、蒸汽铲掘机开掘—窄轨铁道运输、卷扬机提升
2	抚顺千金寨露天煤矿	缓沟开拓铁路运输与陡沟绞车提升	人工、蒸汽铲掘机开掘—窄轨铁道运输、卷扬机提升
3	抚顺杨柏堡露天煤矿	缓沟开拓铁路运输与陡沟绞车提升	人工、蒸汽铲掘机开掘—窄轨铁道运输、卷扬机提升
4	阜新孙家湾露天煤矿	外部沟螺旋运输	单斗—窄轨铁道
5	新邱露天煤矿	外部沟螺旋运输	单斗—窄轨铁道
6	新邱南露天煤矿	外部沟螺旋运输	单斗—窄轨铁道
7	新邱东露天煤矿	外部沟螺旋运输	单斗—窄轨铁道
8	新邱北露天煤矿	外部沟螺旋运输	单斗—窄轨铁道
9	孙家湾太平区南部露天煤矿	外部沟螺旋运输	单斗—窄轨铁道
10	鹤岗兴山北二层露天煤矿	倾斜沟开拓单钩串车绞车提升	手镐挖掘、钻孔爆破
11	鹤岗兴山北三层露天煤矿	倾斜沟开拓单钩串车绞车提升	手镐挖掘、钻孔爆破
12	鹤岗兴山北五层露天煤矿	倾斜沟开拓单钩串车绞车提升	手镐挖掘、钻孔爆破
13	黑河西岗子露天煤矿	串车绞车提升	手镐挖掘、钻孔爆破

第二节　旧中国露天煤矿开拓方式

旧中国露天煤矿采用的开拓方式主要有缓沟窄轨铁路运输与陡沟绞车提升开拓、双卷筒提升绞车开拓、无固定出入坑道及倾斜单钩串车提升等开拓方式。

1914 年(民国三年)，抚顺古城子露天煤矿开拓依靠人力剥离和采煤，采用绞车提升。1915 年(民国四年)，采用蒸汽铲掘机剥离土砂及岩石，用蒸汽机车牵引矿石车运输，形成缓沟铁路运输与陡沟绞车提升联合开拓方式。

1917 年(民国六年)，抚顺千金寨露天煤矿采用缓沟铁路运输与陡沟绞车提升开拓方式。1920 年(民国九年)，北帮剥离设置固定铁路干线，南帮采煤设置大型卷扬机，箕斗提升；1926 年(民国十五年)，西北帮建设固定铁路干线，由西北帮设折返向东配出采掘运输线；1928 年(民国十七年)，在南帮东 300m 位置建设东大卷，安装 2 台单卷提升绞车；1929 年(民国十八年)开始实现电气化铁路运输；1931 年(民国二十年)在南帮西 1260m 位置建设西大巷，安装 2 台双卷筒提升绞车。

1926 年，黑龙江省鹤岗露天开采为无固定出入沟道，剥土方式不规则，工作面不分段，自坑底至地表工作帮坡角一般在 30°左右，为土法开采。1930 年，莲江口—兴山铁路正式运营后，将铁路延伸至兴山三层露天坑内，在剥离工作面直接装车外运。1933 年，兴山南北二层露天采用倾斜单沟串车绞车提升，三层、五层露天随着开采深度增加，亦采用此种开拓方式。

1937 年，辽宁省新邱露天煤矿采用外部沟螺旋运输方式，开拓系统分为上下部，上部系统由剥离站出线通往 204m 以上各水平；下部系统由剥离站出线，以 20‰坡度用螺旋方式沿非工作帮下到标高 180m 以下，改用折返方式降段，采用蒸汽机车运输。

1945 年，抚顺西露天煤矿开拓系统为：北帮从西部地表至坑边 +62m 水平为外部固定出入沟，坑内 +62m 水平以下为内部移动式折返坑线，主要用于剥离运输，南帮从地表设置陡沟绞车提升系统。东大卷和西大卷用于煤炭提升，并设有 10 条 220kW 绞车提升系统，用于清理崩岩和部分煤炭提升。

第三节　旧中国露天煤矿开采工艺

旧中国处于半封建半殖民地状态，露天煤矿的生产力水平极低，其开采工艺为人工采装、窄轨矿车运输、箕斗提升，其特点是劳动强度大、设备简陋、生产力低下。此后由于日本帝国主义侵略中国，采取掠夺式开采，当时采用了较先进的采运设备，1915 年抚顺西露天煤矿采用了蒸汽铲掘机剥离土砂及岩石。

1925 年，抚顺千金寨露天煤矿开采工艺采用北帮剥离设置固定铁路干线，南帮采用大型卷扬机进行开采。

1926 年，黑龙江鹤岗兴山三层、五层及黑河西岗子露天煤矿开采工艺为土法开采，即用手镐挖掘开采。

1938 年，古城子露天堀、千金寨露天堀及杨柏堡露天堀合并成抚顺西露天煤矿，采用电铲采煤、窄轨电机车运输、罐笼翻车、西大卷箕斗提升开采工艺。

露天煤矿的岩石穿孔主要使用 C 型地钻冲击式穿孔机、B 型风钻及大架子人力拉线式穿孔工具。

1943 年，黑龙江露天煤矿开采工艺开始使用煤电钻打眼，实行爆破采煤工艺。

第四节　旧中国露天煤矿开采设备

旧中国露天煤矿开采设备主要采用蒸汽铲掘机、窄轨铁道箕斗、矿石车装运及铁路运输。

抚顺古城子露天堀采用绞车提升，后改为蒸汽机车牵引、矿石车铁路运输。

千金寨露天堀 1925 年采用箕斗提升，从 1930 年开始使用电气化铁路运输煤炭。

1926 年，鹤岗兴山三层、五层露天开采全靠人工撬锹装入麻袋外运，1933 年露天坑铺设 7.2kg/m 轻轨，手推木矿车，由绞车提升至地面，栈桥翻入装车站，火车外运。

1949 年新中国成立前，露天煤矿遗留下来的采装设备共有 64 台。其中，抚顺西露天煤矿有 43 台，阜新地区共 21 台，主要为日本产 200B、150B、50B 蒸汽铲和德国多斗铲，这些设备规格小且年久失修。

第二章 新中国露天煤矿的发展

第二章　新中国露天煤矿的发展

新中国成立后，伴随着社会主义建设的前进步伐，我国露天煤矿发生了巨大的变化。根据我国国民经济发展战略，新中国露天煤矿的发展过程从 1949 年至 2007 年经历了 5 个时期，即国民经济恢复时期、稳定发展时期、“调整、巩固、充实、提高”时期、“文化大革命”时期和全面发展时期。按照国民经济发展的统一部署和需求，煤炭工业紧跟国民经济的发展步伐，并有力地支持了国民经济的发展。

第一节　国民经济恢复时期
（1950—1952 年）

随着新中国成立，煤矿回到人民手中，被帝国主义、官僚资本主义肆意蹂躏宰割的悲惨历史宣告结束。在中国共产党的领导下，在党中央“全面恢复、重点建设”的方针指引下，露天煤矿同其他各行各业一样进入了国民经济恢复时期（1950—1952 年）。从 1950 年开始，旧中国遗留下来的露天煤矿迅速恢复生产和改造。

辽宁省相继新建和改造了抚顺西露天、东露天、阜新海州露天、新邱北露天、新邱东露天、金家洼子露天、平庄西露天、铁法大明小露天及南票邱皮沟小露天等共计 11 个露天煤矿，3 年生产原煤 520 万 t。

黑龙江省鹤岗兴山二层、三层露天和东山二层露天恢复生产，3 年生产原煤 17.9 万 t。

新疆六道湾井田新建设年产 4 万 t 的露天煤矿。

在国民经济恢复时期，露天煤矿生产工艺以单斗—铁道开采工艺为主，同时也采用箕斗提升系统，抚顺西露天、阜新海州露天煤矿改扩建后其生产规模及开采技术代表了新中国成立初期中国露天煤矿的生产水平。

国民经济恢复时期，旧中国留下的露天煤矿得到全面恢复，为国民经济恢复时期的能源需求提供了保证，同时也为第一个五年计划期间煤炭的增长和发展奠定了基础，开创了重点建设的新局面。

一、主要开拓方式

国民经济恢复时期，露天煤矿的开拓方式主要采用固定坑线开拓、移动坑线开拓和联合坑线开拓方式。

1. 固定坑线开拓

固定坑线开拓的开拓运输系统设置在非工作帮上，其特点是在开采过程中不受工作帮推进的影响。

1953 年前设计的辽宁海州露天煤矿的开拓运输系统为双入车沟半螺旋底板折返固定坑线开拓、铁道准轨电机车运输。

2. 移动坑线开拓

移动坑线开拓的开拓运输系统设置在工作帮上，其特点是在开采过程中随着工作帮向前推进而不断改变其位置。

抚顺西露天煤矿工作帮剥离一直采用移动坑线开拓方式。

3. 联合坑线开拓

联合坑线开拓是指在同一矿山采用两种或两种以上相结合的开拓方式。

抚顺西露天煤矿在很长时期内采用固定坑线、工作帮移动坑线和陡沟提升相结合的开拓方式。

1914 年开发的抚顺西露天煤矿，解放初期颇具规模，其开拓系统是工作帮自地表至坑边 +62m 水平为外部固定沟，坑内 +62m 水平以下为内部移动式折返移动坑线，主要用于北帮剥离运输，非工作帮(南帮)为多出口内部陡沟开拓，在 W1260 和 E300 各配一套箕斗提升系统，称西大卷和东大卷，主要用于运煤，并在非工作帮设置 10 套单车提升系统，称小卷，用于清理崩岩和部分煤炭提升。

二、主要开采工艺及采、运设备

已生产的十几个露天煤矿中，开采工艺主要以单斗—铁道开采工艺为主。其具有代表性的露天煤矿是抚顺西露天煤矿和阜新海州露天煤矿，采装设备主要采用 3 ~ 4m^3 单斗铲、80 ~ 150t 电机车和蒸汽机车运输。

国民经济恢复期间，抚顺西露天煤矿和阜新海州露天煤矿生产的煤炭为支援钢铁、电力、铁路运输、化工等企业作出了重要贡献。

第二节 稳步发展时期
(1953—1957 年)

1953—1957 年为新中国成立后的第一个五年计划时期，全国 156 项重点工程开始建设，辽宁阜新海州露天煤矿和抚顺西露天煤矿被列入全国煤炭工业基地之一的重点建设项目。由前苏联列宁格勒煤矿设计院设计的海州露天煤矿用三年零四个月建成投产，年设计生产能力为300万t，是当时亚洲最大的露天煤矿。

1956年，抚顺西露天煤矿进行了大规模的改扩建工作，编制《抚顺总体改造设计》，由国家委托前苏联列宁格勒煤矿设计院设计，设计规模为年产500万t原煤和1400万m^3油页岩的大型露天煤矿。

1957年，沈阳煤矿设计院设计的云南省小龙潭露天煤矿（设计年生产能力45万t）、布沼坝露天煤矿（设计年生产能力35万t）建成投产；西安煤矿设计院设计的陕西省铜川矿务局前河露天煤矿（设计年生产能力30万t）开始建设。

在此期间，正在设计的露天煤矿有沈阳煤矿设计院设计的阜新新邱露天煤矿、河南义马露天煤矿、扎赉诺尔灵泉露天煤矿及平庄西露天煤矿等。

一、主要开拓方式

1. 联合开拓方式

1955年，抚顺西露天煤矿提出（总改设计）方案，在非工作帮建固定折返坑线，在工作帮利用旧采区（在西端帮）的有利地形，把外部固定出入沟改成“S”形，降到+40m水平与布置在工作帮西区的内部移动式折返线连接，后期逐步用南帮固定坑线代替北帮移动坑线，并废除东大卷陡沟提升系统。实现单一的非工作帮固定折返坑线开拓，此坑线的位置因受东、西大卷的限制选定在东南帮（称东出沟），并在东南帮先后建成了+96m、+88m、+72m、+56m等水平。

2. 陡沟固定坑线开拓方式

1957年建成的云南省小龙潭露天煤矿，采用陡沟固定坑线开拓。由于该矿地处山间盆地，盆地内除了煤田外均为高产农田，征地十分困难，外排土场、储煤场均选择在盆地以上的山坡地带。为缩短煤、岩运距及两个方向分流，采用了采煤、剥离两个出入沟。采煤出入沟设在靠近地面系统储煤场附近的采场北帮。为减少矸石混入和煤的损失，沿煤层顶板拉沟，采煤沿煤层底板拉沟，向顶板推进(1967年，布沼坝露天煤矿采场进行改扩建工程时，为了减少建设对生产的影响，考虑与原生产系统的良好衔接，剥离出入沟利用原有的绞车道改造而成，使与原排土场各运输通道连接方便，基建量小，建设周期短，对生产影响不大。而出入沟设在西端帮中间，初期需增设临时出入沟)。该矿开拓系统中，由于采煤出入沟在采场北帮与工作线推进方向相反，坑内所有平盘运输均需由南绕经整个北帮到出入沟，运距增大，坑内运输系统复杂。

3. 外部沟螺旋运输开拓方式

阜新新邱北露天煤矿采用外部沟螺旋运输开拓方式。

4. 组沟移动坑线开拓方式

河南义马露天煤矿采用组沟移动坑线开拓方式。

5. 多出入沟固定坑线开拓方式

平庄西露天煤矿采用多出入沟固定坑线开拓方式。

二、主要开采工艺

以阜新海州、小龙潭露天煤矿为代表，开采工艺为单斗—铁道工艺。同时建设了多个小型窄轨铁道—斜坡卷扬运输工艺为主的露天煤矿。

三、主要采、运、排设备

稳步发展时期，主要采、运、排设备在使用国外设备的基础上，开始使用国产制造的露天采矿采掘设备。表 2－1 列举了阜新海州露天煤矿的主要开采设备情况。

表 **2－1**　阜新海州露天煤矿的主要开采设备

	设备名称	型　　号	规格/参数	生产国/厂家
投产初期	挖掘机	CЭ－3	10 台，$3m^3$ 平装	前苏联
	挖掘机	CЭ－3Y	6 台，$3m^3$ 上装，8m 深	前苏联
	电力多斗挖掘机		1 台	前苏联
	蒸汽多斗挖掘机		2 台	前苏联
	200B 型挖掘机		1 台	日本
	电机车	80t	38 台，自重 80t	前苏联
	电机车	60t	238 台，自重 60t	前苏联
	大连穿孔机	БУ20－2	13 台，孔径 220m，深 50m	前苏联
	自翻车	60t	238 台	前苏联
扩建后生产期	挖掘机	CЭ－3	10 台，$3m^3$ 改 $4m^3$	国　产
	挖掘机	CЭ－3Y	吊沟上装，8m 深	前苏联
	挖掘机	WK－4	$4m^3$ 平装	太　原
	挖掘机	WK－10	$10m^3$ 平装	太　原
	挖掘机	WK－6	$6m^3$ 吊沟上装，10m 深	太　原
	穿孔机	GZ－160	孔径 180mm	宣　化
	穿孔机	δY20－2	孔径 220mm	前苏联
	电机车	80t	80t	前苏联
	电机车	80t	80t	韶　峰
	电机车	100t	100t	原民主德国
	电机车	150t	150t	捷克斯洛伐克
	电机车	150t	150t	韶　峰
	卡　车	贝拉斯	32t	前苏联
	卡　车		20t	国　产

这一时期，阜新海州露天煤矿的采、运、排设备代表了该时期国内露天煤矿开采的最高水平。

第三节 “调整、巩固、充实、提高”时期（1958—1965年）

1958—1965年是实行国民经济第二个五年计划时期，煤炭工业生产的指导思想首先是保证足够的工业用煤，特别是优先保证钢铁和国防工业用煤，配合农业合作化的发展，适当照顾民用煤的需要。为贯彻国家提出的“以钢为纲”、“以煤保钢”、“全民办矿”、“两条腿走路”的方针，全国各煤矿煤炭生产年年坚持高指标，产量大幅度增加。例如，1962年新疆哈密矿务局露天煤矿年生产能力达150万t，1965年平庄西露天煤矿年生产能力达315万t。同时，新设计露天煤矿建设的步伐也迅速加快，露天煤矿设计规模也逐渐增大。1960年我国新设计的河南省义马北露天煤矿和云南省可保露天煤矿的设计规模为60万t/a，同年黑龙江鹤岗建成了设计规模为30万t/a的兴山三槽露天煤矿。由于“大跃进”时期盲目追求高指标严重违背了煤炭生产的客观规律，露天煤矿采剥关系严重失调、设备失修，露天煤炭工业进入了“调整、巩固、充实、提高”时期。

一、主要开拓方式

这一时期各露天煤矿开拓方式以固定坑线和移动坑线为主。

抚顺西露天煤矿根据多年的实践经验在开拓方式上作了相应调整，工作帮采用全区大折返移动坑线，非工作帮沿用原有的陡沟开拓系统。1958—1960年，由于非正规大量开采煤炭，造成剥采严重失调，很难继续执行《抚顺总体改造设计》。西区已采成死区，工作帮移动坑线由西区小折返改成全区大折返。并于1960年建成第一个28站—九段站—十三段站的大折返，简化了开拓运输系统。停建东南帮固定折返坑线，将已建成的部分通过东端帮与工作帮28站连接，使工作帮移动坑线由28站分流为东西两个出入沟口。1961年进行第二次技术改造设计，其开拓方式为工作帮采用全区大折返移动坑线，非工作帮沿用原有的陡沟开拓系统，为提高提升能力，在东大卷东侧新建了一套箕斗提升系统。

1958年，阜新海州露天煤矿进行改扩建，开拓运输系统是经过对东帮大坡道工程、▽95站~▽120站工程、▽86站~▽38站工程，以及坑内折返站、平盘出入车线逐步改造而成。改造后，东帮大坡道Ⅰ、Ⅳ号空、重车干线比原设计垂深增加了48m，▽62站以上为双重双空运输系统，提高了坑内运输能力；▽95站~120站工程提高了站干线运输能力；▽86站~▽38站工程结合非工作帮清理，将▽70站外移3次，东帮▽86站，将Ⅰ、Ⅱ重车干线于北帮限制坡度经东帮与▽86站连接，Ⅲ、Ⅳ号干线于北帮▽102站处会合与Ⅰ、Ⅱ号干线平行进入▽86站，▽86站～▽38站为双重一空干线，空车部分为2.95%大坡道。此项工程双重干线又增加垂深24m，▽46平盘以上升坑减少折返两次，缩短运距2.2km。坑内东西折返站先燕尾后套袖，入车线下滑，出车线全部上挂一个水平。这种折返站和平盘配线系统，结合时空的发展和生产能力既经济又可行，适应开拓延深初级和后期不同采剥运量的需要，充分利用了非工作帮和端帮的空间，形成了东降西升，空车入车线下滑，重车出车线上挂的配线格局。该矿已形成的开拓系统为：大坡度，小半径，空重车分流，单向行车，各行其道，上部干线半螺旋双重一空、下部一重一空，空车入车线东入下滑，重车出线上挂的平盘配线方式及每隔24m形成一座初期燕尾后期套袖式折返站。该矿新水平开拓利用露天中部断层岩石带铺设中间站开拉东西煤沟，既能加速延深又能增加生产能力。深部新水平煤沟低于中间站一个水平，岛子坡底标高与环线同一水平。这种新水平准备是在3个水平上进行的，增加了采煤工作面，两端以岛子形式避免了东西两端尽头装车，可以多配车平行作业，东西环线逐步扩展，既满足形成环线时东西折返站铺设或发展的要求，又遵循煤层赋存规律，没有人为将煤沟缩短。

1958年，黑龙江兴安六层露天煤矿采用单沟及坑内折返坑线轨道运输开拓方式。

1964年，正在设计中的岭北露天煤矿采用非工作帮设固定折返干线、在端帮设环线、在工作帮按水平分层的开拓方式。

1965年，依兰露天煤矿采用单出入沟顶板折返移动坑线开拓方式。

二、主要开采工艺

为适应煤炭市场的需求，此时期设计的露天煤矿规模逐渐增大，但指导思想仍然采用前苏联的设计理念，以单斗—铁道工艺为主，该工艺占我国露天煤矿的90%以上。新设计的义马北露天煤矿、哈密三道岭露天煤矿、平庄西露天煤矿、鹤岗岭北露天煤矿、灵泉露天煤矿及公乌素露天煤矿均采用这种工艺。

同时，在生产管理上基本上延续前苏联模式，即多层次、大而全的管理方式。

三、主要采、装、运装备

此时期新设计的露天煤矿开采设备主要以4m^{3}电铲为主，运输设备以80～150t电机车和蒸汽机车为主，这些主要的采、装、运设备已经国产化，得到普遍使用，而且品种、规格也逐渐增多。例如：

(1)义马北露天煤矿使用4m^{3}电铲，80t、150t蒸汽机车，60t自翻车。

(2)哈密三道岭使用4m^{3}电铲，80t蒸汽机车，60t自翻车。

(3)平庄西露天煤矿使用4m^{3}电铲，100t电机车，60t自翻车。

(4)鹤岗岭北露天煤矿使用4m^3 电铲，80t、150t 电机车，60t 自翻车。

(5)灵泉露天煤矿使用4m^3 电铲，80t 电机车，60t 自翻车。

(6)公乌素露天煤矿使用4m^3 电铲，150t 电机车，60t 自翻车。

第四节 “文化大革命”时期
（1966—1976 年）

1966 年开始的“文化大革命”导致了十年动乱，煤炭工业遭受严重冲击，生产管理秩序被打乱，生产停滞不前，产量下降，只采不剥或只采少剥现象严重，造成露天煤矿采剥失调。在此期间仅辽宁省各露天煤矿的露天剥离欠量就达到 3395 万 m^3。

此时期露天煤矿建设或建成投产的有：

(1)1967 年，鹤岗矿务局北大岭西露天煤矿建成投产，规模 60 万 t/a。

(2)1967 年，云南省小龙潭露天煤矿开工建设，规模 60 万 t/a；布沼坝露天煤矿建成投产，规模 90 万 t/a。

(3)内蒙古自治区海勃湾公乌素露天煤矿建设规模 120 万 t/a。

(4)新疆哈密三道岭露天煤矿建成投产，规模 150 万 t/a。

以上建设的露天煤矿开采工艺均采用单斗—卡车工艺或单斗—铁道工艺。

1976 年 10 月，“文化大革命”宣告结束。1977 年全国露天煤矿开始恢复正常生产。

“文化大革命”时期，煤炭生产企业管理不善，在极“左”思潮的影响下，大幅度的剥离欠量，给以后煤炭工业的建设和发展带来了巨大影响。

第五节 全面发展时期
（1978—2007 年）

1978 年中国共产党第十一届三中全会后，按照国民经济发展的需要，煤炭工业认真贯彻执行国家制定的“调整、改革、整顿、提高”的政策，1981 年提出了“优先发展露天开采”的方针，以露天开采作为持续、稳定、健康发展煤炭工业的一项重要战略决策，开始规划建设霍林河、伊敏、平朔、准格尔、元宝山五大露天煤矿。露天煤炭工业进入快速全面发展的新时期。

1982—2007 年，我国相继建设一大批露天煤矿，生产规模不断扩大，最大规模已达到年产 2000 万 t 的生产能力。这期间典型的大型露天煤矿生产设计能力如下：

抚顺西露天煤矿进行第五次改造扩能，设计年生产能力 500 万 t。

阜新海州露天煤矿改扩建设计，年生产能力 500 万 t。

1982 年，新疆乌鲁木齐铁厂沟矿田建设年生产能力 150 万 t 的露天煤矿。

1983 年，黑龙江省投产兴山矿五井二层、三层露天；兴安矿南四层、五层露天和南山斜井群一层、二层、三层露天煤矿。至 1990 年，黑龙江省露天煤矿(含地方露天煤矿)共有 27 个，产量达到 1127 万 t。

1984 年，设计年生产能力 300 万 t 的霍林河露天煤矿投产。

1985 年，设计年生产能力 1500 万 t 的平朔安太堡露天煤矿开工建设。

1988 年，设计年生产能力 1000 万 t 的霍林河露天煤矿二期扩建工程破土动工。

1990 年，设计年生产能力 1200 万 t 的准格尔煤田黑岱沟露天煤矿（含选煤厂）破土建设。2007 年，技术改造后的黑岱沟露天煤矿设计年生产能力达 2000 万 t。

1990 年，设计年生产能力 500 万 t 的平庄元宝山露天煤矿开始建设。

1990 年，年生产能力 500 万 t 的伊敏露天煤矿一期工程正式批准设计。

2005 年，年生产能力 1100 万 t 的伊敏露天煤矿二期改扩建设计开始；2007 年，伊敏露天煤矿三期改扩建设计年生产能力达 1600 万 t。

2006 年，年生产能力 1100 万 t 的黑龙江双鸭山宝清朝阳露天煤矿开始设计，目前正在建设中。

2007 年，锡林郭勒盟锡林浩特市胜利苏木境内的胜利东二号露天煤矿开始设计，设计年生产能力为 1000 万 t。

一、主要开拓方式

全面发展时期对生产露天煤矿的开拓运输系统进行了优化，新建露天煤矿采用了多种开拓方式。

1. 抚顺西露天煤矿

抚顺西露天煤矿于 1974 年开始第三次技术改造方案设计，废除东、西大卷，建设南帮固定折返坑线开拓系统。1976 年又进行第四次技术改造，开采系统用大车、大镐清理南帮崩岩；在清理南帮崩岩的同时，自上而下形成南帮干线并逐步代替北帮移动坑线。

1981 年进行第五次技术改造，采用“分区开采、联合运输、内部排土”的生产方式。该方式首先集中开采西区，西区到界后，在东区下部采用水平分层、纵向运输、内部排土的开采方法。在开拓方式上，上部仍沿用准轨电气化铁路运输，将全区大折返改为东区小折返，下部剥离由卡车运输及电气化铁路运输外排过渡为卡车及电气化铁路分别内排，煤及油页岩通过卡车—破碎站—带式输送机运至地面。这一方式的特点：上部剥离物初期外排，后期内排，运距大大缩短，煤炭由带式输送机运至地面。在开拓延深上，深部采用卡车运输而更加灵活，东南帮固定干线的建成，将逐步取代北帮移动坑线，解决了移动坑线在北帮陆续到界压煤问题；为减少煤炭的损失和贫化，采用沿煤层顶板掘剥离开段沟，开段沟向顶帮水平推进，沿煤层倾向延深，掘沟方法采用端工作面多排孔微差控制爆破，长臂电铲全断面采掘。掘沟深度为 8m，沟底宽度由挖掘机的技术规格确定。这种开拓方式一直延续至 2007 年。

2. 阜新海州露天煤矿

此间，阜新海州露天煤矿在非工作帮设立固定干线，形成东进西出的环线运输，采深每降低 24m，在坑下建立一个折返站，直至深部。原设计在太平层顶板拉沟向底板推进，投产后，由于在旧矿井已采区上拉沟难以保证运输安全，因而改为从太平下层底板拉沟开出台阶平盘，向顶板水平推进，开拓运输系统为两对固定干线，分成上、下两个系统。上部为Ⅱ、Ⅴ号，服务▽ 110 以上各平盘；下部为Ⅵ、Ⅶ号，服务▽ 110 以下平盘。建矿后经过多次改造，1976 年空车线采用 30‰的大坡度运输，由▽ 110 站至▽ 70 站再至▽ 62 站，原有区间一重一空的运输方式改为双重直接升坑，空重分流，增加了深部运输能力。

固定干线设在非工作帮，工作帮与非工作帮之间的运输以东、西两端环线相连接，新水平开拓建成以环线与固定干线折返站的形成为标志，新水平开拓准备工作完成，再拉一个水平煤沟，新水平开段沟（最深煤沟）低于临时中间站一个水平，临时中间站低于环线一个水平。

3. 霍林河一号露天煤矿

霍林河一号露天煤矿采用工作帮移动坑线、端帮半固定坑线、多出入沟开拓方式。沿走向布置工作线，倾斜方向推进，首采区接近采区西部边界时，二采区开始沿煤层露头重新沿走向拉沟，沿倾斜方向推进。西侧端帮每两个台阶设一运输平盘以方便内排。采用多排土场、多出口。

4. 安太堡露天煤矿

安太堡露天煤矿采用多出入沟、直进、回返移动坑线内排开拓方式。内排开始前，矿坑下部平盘和上部平盘南部的剥离物经南出入沟运至南排土场排弃，上部平盘北部的剥离物经北出入沟运至西排土场排弃，煤经南出入沟运至选煤破碎站。转入内排后，运至南排土场排弃的 4 号煤层以下层间剥离物，经坑内斜坡道运到各内排平盘排弃。内排开始前，西帮斜坡道和南帮斜坡道是固定坑线；内排开始后，西帮斜坡道改建在内排土场工作帮，变为移动坑线，南帮斜坡道仍为固定坑线，整个一号坑开采期间，北帮运输道路均为固定坑线。为了缩短运距、调节车流密度，在部分平盘建立移动的或半固定的斜坡道，与运输干道连接起来。由于采用卡车运输，且道路机械能力比较强，因此该矿的开拓运输系统比较灵活，能够根据矿山工程发展和情况变化的需要，随时改变部分开拓运输道路。

5. 伊敏露天煤矿(原伊敏一号露天煤矿)

伊敏露天煤矿一期采用移动坑线，两个出口，北出口为剥离物，南出口为煤；二期采用多个出口——东北方向工作帮出口、西北帮出口、东南方向一采区煤的出口；三期仍为移动坑线、多出入沟方式。

6. 黑岱沟露天煤矿

黑岱沟露天煤矿采用水平拉沟、多出入沟方式。达产后，东排土场、西排土场、东南沿帮排土场排弃终了，排土场除了内排土场外，还有阴湾外排土场。2002 年前，黑岱沟露天煤矿工作帮和端帮移动坑线升至 1215m 水平，经西北帮 1215m 水平出入沟；2007 年经改扩建达到设计产量 200 万 t/a，工作帮和端帮移动坑线升至 1215m 水平，新出入沟，排到阴湾外排土场。

7. 元宝山露天煤矿

元宝山露天煤矿采用多出入沟、分流站集中分流的联合开拓方式。

8. 宝日希勒露天煤矿

宝日希勒露天煤矿开拓运输方式为工作帮移动坑线组沟开拓，实行煤岩分流的采场运输方式，初期采用外部排土，达产后 3 年即实现全部内排。

二、主要开采工艺

这一时期露天开采工艺和技术装备亦得到较大发展。露天煤矿开采工艺由单斗—铁道工艺，逐步发展为单斗—卡车工艺、单斗—卡车—破碎站—带式输送机半连续开采工艺、轮斗—带式输送机—排土机连续工艺及联合开采工艺并存。1980 年前，全国 19 个露天煤矿中采用单斗—铁道工艺的占 91%，采用单斗—卡车的占 9%；1981 年后，引进国外先进设备，半连续工艺得到广泛使用。

三、采、运、排装备

近 30 年来，随着科学技术水平的进步，露天煤矿装备向大型化、现代化方向发展，采掘设备的挖掘机斗容从 $4m^3$ 到 $55m^3$，自卸卡车从 20t 级发展到 220t 级；穿爆设备的冲击钻发展到高效能的潜孔钻和牙轮钻；斗容为 $8 \sim 35.2m^3$ 的液压铲；运输设备从 35t、68t、77t、108t、154t、172t、186t 到 229t 自卸卡车；生产能力已达到 $6200m^3/h$ 的排土机和 3000t/h 破碎机等，在露天煤矿得到应用。

随着产量的增长，$1500 \sim 2000m^3/h$ 轮斗挖掘机得到广泛采用，准格尔黑岱沟露天煤矿和元宝山露天煤矿分别使用 $3100m^3/h$ 和 $3600m^3/h$ 轮斗挖掘机。

(1)黑岱沟露天煤矿轮斗挖掘机在采黄土如图 2－1 所示。

(2)黑岱沟露天煤矿采场电铲装车作业如图 2－2 所示。

(3)黑岱沟露天煤矿吊斗铲(斗容 $90m^3$)作业如图 2 - 3 所示。

(4)安太堡露天煤矿采场采装作业如图 2 - 4 所示。

(5)安太堡露天煤矿 PH4100 电铲、930E 卡车在岩石台阶作业如图 2 - 5 所示。

(6)内蒙古元宝山露天煤矿排土机($5000m^3/h$)在作业如图 2 - 6 所示。

(7)内蒙古霍林河一号露天煤矿地面生产系统圆形堆取料场如图 2 - 7 所示。

(8)伊敏露天煤矿自移式破碎机作业如图 2 - 8 所示。

(9)海州露天煤矿单斗卡车在作业如图 2 - 9 所示。

(10)云南小龙潭布沼坝露天煤矿大型轮斗连续工艺在作业如图 2 - 10 所示。

图2-1 黑岱沟露天煤矿轮斗挖掘机在采黄土

图2-2 黑岱沟露天煤矿采场电铲装车作业

图2-3 黑岱沟露天煤矿吊斗铲（斗容$90m^3$）作业

图2-4 安太堡露天煤矿采场采装作业

图2-5　安太堡露天煤矿PH4100电铲、930E卡车在岩石台阶作业

图2-6　内蒙古元宝山露天煤矿排土机（5000m^3/h）在作业

图2-7　内蒙古霍林河一号露天煤矿地面生产系统圆形堆取料场

图2-8 伊敏露天煤矿自移式破碎机作业

图2-9 海州露天煤矿单斗卡车在作业

图2-10　云南小龙潭布沼坝露天煤矿大型轮斗连续工艺在作业

第三章 新中国露天煤矿的建设与创新

第三章 新中国露天煤矿的建设与创新

第一节 露天煤矿开采工艺及创新

一、露天煤矿开采工艺的发展概况

人类从事固体矿物的开采是从45万年前的旧石器时代开始的。按照固体矿物开采方法分类，主要分为露天开采和地下开采两大类。露天开采固体矿物历经约41万年开始进入地下开采。在我国固体矿产资源中，露天开采占很大的比例。我国主要矿石露天开采所占比例见表3－1。

表3－1 我国主要矿石露天开采所占比例

矿物原料	比例/%	矿物原料	比例/%
铁矿石	85～90	建筑材料	100
有色金属矿石	50	煤炭	6～7
化工原料矿石	70		

在世界主要产煤国家中，露天开采煤炭由于受自然赋存条件限制，比例有所不同。20世纪以来，世界煤炭总产量与露天开采的产量增长情况见表3－2。由表3－2可知，露天开采的产量增长速度远高于地下开采，尤其近30余年来，露天开采发展更为迅速。据统计，近40年间露天开采产煤净增量占同期世界煤炭总净增量的2/3以上。1996年，美国露天开采所占比例为61%，原东德露天开采所占比例为100%，原西德露天开采所占比例为54%，俄罗斯露天开采所占比例为60.9%，澳大利亚露天开采所占比例为73.8%，印度露天开采所占比例为75%。我国虽然是第一产煤大国，但煤层赋存条件复杂，适合露天开采的比例不大。目前，我国煤炭产量露天开采所占比例约为6%。

表3－2 世界煤炭产量及露天开采所占比例

年份	世界煤炭产量/Mt	露采煤炭产量/Mt	露采开采所占比例/%
1913	1341	90	6.7
1952	1922	452	23.4
1981	3762	1510	40.1
1990	4069	1743	42.8

注：表中数据为世界9个主要产煤国家统计数据。

随着露天煤矿建设的发展，露天开采工艺不断创新，从最初由简单的人力开采发展到今天的机械化大规模开采，已经形成了以大型机械化开采为主的各种开采工艺并存的局面。世界各国根据自身矿产资源赋存状态形成了各具特色的露天开采工艺系统。美国中小型露天煤矿以单斗—卡车工艺为主，大型矿山以单斗—卡车、吊斗铲倒堆配合半连续工艺为主；俄罗斯以单斗—铁道、单斗—卡车工艺为主；德国形成了适合自身埋藏条件的连续开采工艺——轮斗铲带式输送机采煤工艺；澳大利亚形成了以吊斗铲倒堆为主要工艺的硬煤开采工艺和连续开采工艺系统为主的褐煤开采工艺。目前，露天煤矿常用的开采工艺系统主要是根据开采的物料流是否连续进行划分，分为间断式（亦称周期式）、连续式和半连续 3 种；也有的根据开采工艺的主要环节（采掘、运输、排卸）是否由不同设备完成分为独立式与合并式 2 种。露天开采工艺系统综合分类见表 3－3。

表 **3－3**　露天开采工艺系统综合分类表

工艺分类		工艺类型示例
依据开采的物料流的连续性分类	依据采掘、运输、排卸主要环节的设备状况分类	
间断式	独立式	单斗挖掘机—卡车开采工艺系统 单斗挖掘机—铁道开采工艺系统合并式
	合并式	吊斗铲剥离倒堆开采工艺系统 机械挖掘机剥离倒堆开采工艺系统
连续式	独立式	轮斗挖掘机—带式输送机开采工艺系统
	合并式	轮斗（或链斗）挖掘机—运输排土桥开采工艺系统 轮斗（或链斗）挖掘机—悬臂排土机开采工艺系统
半连续式	半连续式	轮斗挖掘机—卡车（或铁道）开采工艺系统 单斗挖掘机—自移式破碎机—带式输送机开采工艺系统 单斗挖掘机—卡车—半固定（固定）式破碎站—带式输送机开采工艺系统

二、新中国露天煤矿开采工艺的发展

新中国露天煤矿的发展史就是新中国露天煤矿的创新史。新中国成立后，广大“露天人”从几乎空白的露天开采技术开始，充分利用世界露天开采技术的成果，大胆进行开采工艺创新，取得了露天开采技术的飞速发展。新中国成立后，露天煤矿开采工艺发展进程大致经历了 3 个阶段。

1. 第一阶段（1949 年新中国成立初期至 20 世纪 70 年代末期）

这一阶段建设的露天煤矿主要以单斗—铁道开采工艺为主，单斗—卡车开采工艺和轮斗—带式输送机—排土机连续工艺开始应用。具有代表性的露天煤矿是辽宁抚顺西露天煤矿和阜新海州露天煤矿，阜新海州露天煤矿是新中国成立初期由前苏联列宁格勒煤矿设计院设计的，设计生产能力为300万t/a。在吸收、消化前苏联的技术基础上，我国自行设计的辽宁阜新新邱露天煤矿（设计生产能力60万t/a）和云南小龙潭露天煤矿（设计生产能力80万t/a）都采用单斗—铁道开采工艺。

随后建设的河南义马露天煤矿（设计生产能力60万t/a）、新疆哈密三道岭露天煤矿（设计生产能力180万t/a）、内蒙古平庄西露天煤矿（设计生产能力315万t/a）、黑龙江鹤岗岭北露天煤矿（设计生产能力60万t/a）均沿用单斗—铁道开采工艺。

1980年前我国主要露天煤矿建设时间、开采工艺及生产规模见表3－4。由表3－4可知，这一时期建设的露天煤矿单斗—铁道工艺比例占80%以上，单矿平均设计生产能力150万t/a，实际核定生产能力130万t/a。

表3－4 1980年前我国主要露天煤矿建设时间、开采工艺及生产规模

序号	露天煤矿名称	建矿时间	开采工艺	生产规模/(万$t\cdot a^{-1}$)
1	抚顺西露天煤矿	1914年始建，后经多次改扩建	单斗—铁道开采工艺	200～500
2	阜新新邱露天煤矿	1937年始建，后经多次改扩建	单斗—铁道开采工艺	60～90
3	阜新海州露天煤矿	1953年始建，后经多次改扩建	单斗—铁道开采工艺	300～550
4	云南小龙潭露天煤矿	1953年始建，后经多次改扩建	单斗—铁道开采工艺后改为轮斗—带式输送机开采工艺	150
5	平庄西露天煤矿	1958年始建，后经多次改扩建	单斗—铁道开采工艺	150～315
6	灵泉露天煤矿	1960年始建，后经多次改扩建	单斗—铁道开采工艺	60～180
7	义马北露天煤矿	1960年始建	单斗—铁道开采工艺	60
8	可保露天煤矿	1960年始建	单斗—铁道开采工艺	60
9	哈密三道岭露天煤矿	1962年始建	单斗—铁道开采工艺	200
10	鹤岗岭北露天煤矿	1964年始建	单斗—铁道开采工艺	60
11	公乌素露天煤矿	1970年始建，后经多次改扩建	单斗—铁道开采工艺	60～120
12	大峰露天煤矿	1973年始建	单斗—卡车开采工艺	90

2. 第二阶段（1980—2000年）

这一阶段建设的露天煤矿主要以单斗—卡车开采工艺为主，单斗—卡车—半固定式破碎站—带式输送机半连续开采工艺开始应用。

1973年，建成投产的宁夏大峰露天煤矿（设计生产能力90万t/a）是我国最早采用单斗—卡车开采工艺的露天煤矿。此时期建成的伊敏一号露天煤矿（设计生产能力500万t/a）、平朔安太堡露天煤矿（设计生产能力1533万t/a）等都采用了单斗—卡车—半固定式破碎站—带式输送机半连续开采工艺。

3. 第三阶段(2001—2007 年)

这一阶段我国露天煤矿建设发展迅速，新建和改扩建的露天煤矿普遍采用联合开采工艺，而且吊斗铲无运输倒堆开采工艺开始应用。内蒙古霍林河一号露天煤矿改扩建(设计生产能力1000 万 t/a)、黑岱沟露天煤矿技改后(设计生产能力2000 万 t/a)均采用联合开采工艺。尤其是黑岱沟露天煤矿采用联合开采工艺中的吊斗铲无运输倒堆开采工艺，代表了我国露天煤矿开采工艺发展的先进水平。

总之，以五大露天煤矿为代表，伊敏、霍林河、平朔、准格尔、元宝山露天煤矿相继投产，其中以 1987 年平朔安太堡露天煤矿建成投产为标志，国内第一个产量过千万吨的特大型露天煤矿问世，露天煤矿开采工艺由剥离以单斗—卡车工艺为主，进而转向半连续开采工艺，形成联合开采工艺为主导的露天煤矿开采工艺系统。1980 年后我国建设的主要露天煤矿建设时间、开采工艺、生产规模见表 3 -5。

表 3 -5　1980 年后我国建设的主要露天煤矿建设时间、开采工艺、生产规模

序号	露天煤矿名称	建矿时间	剥离开采工艺/采煤开采工艺	设计能力/(万 $t \cdot a^{-1}$)
1	伊敏一号露天煤矿	1984 年投产	剥离：单斗—卡车、单斗—自移式破碎机—带式输送机半连续开采工艺 采煤：单斗—卡车—半固定式破碎站—带式输送机半连续开采工艺	550 ~ 1650
2	霍林河南露天煤矿	1984 年 9 月移交投产	剥离：单斗—卡车开采工艺 采煤：单斗—卡车—半固定式破碎站—带式输送机半连续开采工艺	300 ~ 1000
3	平朔安太堡露天煤矿	1982 年开工，1987 年 9 月投产	剥离：单斗—卡车开采工艺 采煤：单斗—卡车—半固定式破碎站—带式输送机半连续开采工艺	1533
4	神华准格尔黑岱沟露天煤矿	1990 年 4 月开工，1996 年投产	剥离：单斗—卡车开采工艺、轮斗—带式输送机—排土机连续开采工艺、吊斗铲倒堆开采工艺 采煤：单斗—卡车—半固定式破碎站—带式输送机半连续开采工艺	1200 ~ 2000
5	元宝山露天煤矿	1990 年 10 月 19 日开工，2005 年 4 月移交，2006 年达产	剥离：轮斗—带式输送机—排土机连续开采工艺 采煤：单斗—卡车—半固定式破碎站—带式输送机半连续开采工艺	500 ~ 800
6	平朔安家岭露天煤矿	2001 年 6 月试生产，2003 年达产	剥离：单斗—卡车开采工艺 采煤：单斗—卡车—半固定式破碎站—带式输送机半连续开采工艺	1000 ~ 1500

表 3－5（续）

序号	露天煤矿名称	建矿时间	剥离开采工艺/采煤开采工艺	设计能力/（万 t·a^{-1}）
7	扎哈淖尔露天煤矿	2003 年 7 月投产	剥离：单斗—卡车开采工艺 采煤：单斗—卡车—半固定式破碎站—带式输送机半连续开采工艺	250～1500
8	胜利一号露天煤矿	2005 年始建	剥离：单斗—卡车开采工艺 采煤：单斗—卡车—半固定式破碎站—带式输送机半连续开采工艺	1500
9	胜利东二号露天煤矿	2006 年始建	剥离：单斗—卡车开采工艺 采煤：单斗—卡车—半固定式破碎站—带式输送机半连续开采工艺	1000
10	白音华一号（平庄）露天煤矿	2005 年 7 月开工	剥离：单斗—卡车开采工艺 采煤：单斗—卡车—半固定式破碎站—带式输送机半连续开采工艺	500
11	白音华二号露天煤矿	2005 年开工	剥离：单斗—卡车开采工艺 采煤：单斗—卡车—半固定式破碎站—带式输送机半连续开采工艺	500～1500
12	白音华三号（中电投）露天煤矿	2005 年 7 月 3 日开工	剥离：单斗—卡车开采工艺 采煤：单斗—卡车—半固定式破碎站—带式输送机半连续开采工艺	500～1400
13	白音华四号（海州）露天煤矿	2006 年 8 月 3 日开工	单斗—卡车开采工艺	500～1000
14	新疆准东露天煤矿	2006 年 8 月 28 日开工	剥离：单斗—卡车开采工艺 采煤：单斗—卡车—半固定式破碎站—带式输送机半连续开采工艺	1000～1500
15	神华哈尔乌素露天煤矿	2007 年始建	单斗—卡车开采工艺	1000

随着我国改革开放进程的不断推进，露天煤矿的开采规模发生了质的飞跃，千万吨级的特大型露天煤矿山陆续投产，14 个生产能力达百万吨级及以上的露天煤矿平均设计年生产能力 1500 万 t，总能力达到 2 亿 t，单矿平均设计的核定年生产能力较 1980 年前投产的 12 个主要露天煤矿设计生产能力提高了 8～10 倍；各种开采工艺系统也陆续在我国得到快速、全面发展，标志着我国露天煤矿开采工艺技术已达到世界露天煤矿开采工艺的先进水平。

三、新中国露天煤矿开采工艺的特点

(一)露天煤矿各开采工艺的特点

1. 单斗—铁道开采工艺

新中国成立初期，工业基础薄弱，采掘设备主要依赖前苏联进口的 $3m^3$、$4m^3$ 的单斗挖掘机为主。单斗—铁道开采工艺是以单斗挖掘机采装、铁道机车运输为主的开采工艺。其主要优点是：初期投资小、作业成本低。缺点是：基建工程量大、生产效率低、推进强度小。

由于受设备的限制，此时期的单斗—铁道开采工艺成为20世纪50—70年代中期的主导工艺。

2. 单斗—卡车开采工艺

随着露天煤矿开采的需要和装备技术的发展，我国开始采用单斗—卡车开采工艺，该工艺以单斗挖掘机采装、矿用卡车运输为主要运输工具。其主要优点是：作业机动灵活，可以较早实现内排，占用土地面积少，对不同规模的露天煤矿适应性强、建设速度快、投资较低。缺点是：卡车运输成本高、柴油消耗量大、需增设破碎设备、设备维修费用高、卡车服务年限短。

20世纪70年代中期，30万t/a及以上生产能力的露天煤矿已有8座采用单斗—卡车工艺。

3. 单斗—卡车—坑下(坑上)半固定式破碎站—带式输送机半连续开采工艺

单斗—卡车—半固定式破碎站—带式输送机半连续开采工艺，是以单斗挖掘机采掘，矿用卡车运输，物料经过破碎站进行破碎后，由带式输送机运输。半连续工艺发展迅速，现已成为我国露天煤矿开采的核心工艺。其主要优点是：可扩大开采规模，提高挖掘机效率25% ~30%，降低成本。缺点是：初期投资大，需增加破碎机，费用增大。

1984年，抚顺西露天煤矿首次采用半连续开采工艺。20世纪80年代末期，我国大型、特大型露天煤矿设计均采用半连续开采工艺。例如，内蒙古伊敏一号露天煤矿(一期设计生产能力500万t/a)采用单斗—卡车—半固定式破碎站—带式输送机半连续开采工艺。

4. 轮斗—带式输送机—排土机连续开采工艺

轮斗—带式输送机—排土机连续开采工艺是以轮斗实现采掘、带式输送机运输，通过排土机排弃剥离物的连续性生产工艺。其主要优点是：高效率、低成本，在软岩中得到广泛应用。缺点是：开采过程中需配备转载机辅助作业，时间增多，有效生产能力利用率较低，受制于选采大的工作面作业限制。

1986年7月，设计生产能力为60万t/a的云南小龙潭露天煤矿剥离系统投产，首先采用小型轮斗挖掘机连续生产工艺，此后云南小龙潭布沼坝露天煤矿采用中型轮斗挖掘机连续开采工艺。

5. 吊斗铲无运输倒堆开采工艺

吊斗铲无运输倒堆开采工艺是世界上一种先进的露天开采工艺，它集采掘、运输、排土作业于一体，将剥离物直接倒堆在露天煤矿采空区内。其主要优点是：生产能力大、作业效率高、环节少、设备少、生产成本低、生产可靠性高等。缺点是：投资高、要求有较大的工作线长度，在很大程度上限制采煤工艺的作业空间和坑内储备煤量，要求有很高的管理与维修水平。

如黑岱沟采用了吊斗铲倒堆剥离工艺，年产超过2000万t/a，工效达到141t/工。

6. 联合(综合)开采工艺

露天煤矿几十年的生产实践证明，单一开采工艺模式限制了生产规模，限制了经济效益的提高。根据露天煤矿煤层赋存条件，对于矿床开采条件复杂的露天煤矿，其技术经济指标趋于恶化，因此要求采用联合开采工艺，以获得高生产效率的最佳经济效益。

例如：我国的霍林河露天煤矿、黑岱沟露天煤矿等均因地制宜，采用不同的单一工艺组成联合开采工艺，取得了很好的综合经济效益。

(二)新建露天煤矿开采工艺系统的主要特点

露天煤矿开采工艺系统的发展主要取决于煤层的赋存条件和设备制造能力。1980年以来，我国新建的大型露天煤矿开采工艺系统的主要特点如下：

(1)剥离以单斗—卡车工艺为主，五大露天煤矿(伊敏、霍林河、平朔、准格尔、元宝山)均采用了此类工艺；后续建设的露天煤矿也纷纷采用单斗—卡车工艺系统用于剥离。

(2)表土剥离在条件适宜的矿山采用了连续工艺系统，如黑岱沟、元宝山、哈尔乌素、布沼坝。

(3)煤炭开采以半连续工艺系统为主，表3－5所列生产能力在百万吨以上、开采深度超过100m的露天煤矿均如此。

(4)大型矿山均采用了综合开采工艺系统，即单一矿山采用两种或两种以上开采工艺系统同时运行。

(5)具备条件的矿山开始考虑引进大型吊斗铲倒堆工艺，如黑岱沟、哈尔乌素等。

(6)开采运输设备大型化趋势加速，单斗挖掘机的斗容由3～4m^3提高到25～27m^3(安太堡露天煤矿于2006年引进了斗容为55m^3的单斗挖掘机，黑岱沟露天煤矿于2007年引进了斗容为60.4m^3的单斗挖掘机)；运输卡车载重由20～32t提高到154～190t(黑岱沟露天煤矿于2007年引进了载重为326t的卡车)。

四、典型露天煤矿开采工艺创新实践

20 世纪 80 年代初期，国民经济发展对能源需求的剧增使露天煤矿建设得到快速发展。随着大型露天开采设备的引进，一方面，推动了我国民族装备制造业水平的提高，我国已具备了自行设计、制造年产千万吨级露天采矿设备的能力；另一方面，露天煤矿建设的理念得到更新，为获得露天煤矿开采的最佳经济效益和提高煤的回采率，我国新建、改扩建的露天煤矿的开采工艺在生产实践中不断进行创新。

(一)露天煤矿开采工艺的创新

1. 平庄西露天煤矿

至 2007 年已开采 50 年的平庄西露天煤矿，将原有的单斗—铁道开采工艺，深部改为单斗—卡车开采工艺，组成联合开采工艺；将采煤方法由沿煤层走向布置工作线倾向推进，改为沿煤层倾向布置工作线，沿走向推进内排。主要优点是：实现内排、剥采比小，具有较好的经济效益。

2. 霍林河一号露天煤矿

霍林河一号露天煤矿随着采场降深加大，采场内断层揭露更加复杂，使大型采矿设备作业效率受到严重限制，给煤炭回采率稳步提高带来了较大的困难。为此，露天煤矿科学合理安排采矿布局，缩小运距，以降低材料消耗的成本，霍林河露天煤矿利用小型设备回采薄煤层提高了煤炭的回采率，增加了煤炭销售收入。

为减少卡车运距，以电代油，将原设计剥离环节的卡车运输改成带式输送机和卡车联合运输，实现半连续开采，降低了能源的消耗。一号露天煤矿增设 3 套剥离半连续工艺系统，第一套剥离半连续工艺系统，在南部端帮 843m 水平设半固定式破碎站，南区 820 ~ 850m 剥离物由 27.6m^3 单斗挖掘机装 220t 自卸卡车运到南破碎站，破碎后带式输送机经过端帮巷道运到排土场，由排土机排弃；第二套剥离半连续工艺系统，在露天采场中部 870m 水平设西部破碎站，南区 790 ~ 810m、北 840 ~ 850m 剥离物由 27.6m^3 单斗挖掘机装 220t 自卸卡车运到西破碎站，破碎后由带式输送机运到西排土场，由排土机排弃；第三套剥离半连续工艺系统，计划 2009 年末建成，2010 年投入运营，破碎站建立在西部 906m 水平，开采工艺的创新有效地提高了生产效率。

3. 伊敏一号露天煤矿

由中煤国际工程集团沈阳设计研究院设计的伊敏二期扩建工程，创新性地采用了单斗挖掘机—自移式破碎机—带式输送机的半连续开采工艺系统。该系统在澳大利亚 BHP 公司 Goonyalla Riverside Mine 露天煤矿首次采用，伊敏露天煤矿是世界上第二个采用该系统的露天煤矿。

该系统由单斗挖掘机、自移式破碎机、A 型转载机、工作面移动式带式输送机、端帮B型转载机和端帮半固定式带式输送机组成。系统采用的自移式破碎机靠两条履带行走，整机无支腿，换位无须排空物料移动，机动灵活，生产效率高。该套系统可在含水率高达39.5%、极端气温-48.5℃的条件下实现全年连续生产，为世界上第一套真正意义上的自移式破碎机半连续工艺。该套系统的成功应用，实现了“以电代油”，提高了露天煤矿综合竞争能力。

4. 安太堡露天煤矿

安太堡露天煤矿原设计的开采工艺为单斗—卡车开采工艺。1987年投产后至1998年，卡车的加权平均运距已超过4km，单斗—卡车开采工艺系统挖潜降低成本已接近限值。因此，将原系统改为单斗—卡车—半固定式破碎站—带式输送机半连续开采工艺。

开拓方式上采取内排和工作帮“搭桥”树枝形分叉运输系统、双环内排方式。其优点是：大大缩短了剥离运距，有利于分区开采接续。

5. 黑岱沟露天煤矿

黑岱沟露天煤矿经技术改造后，采用联合开采工艺。在下部岩石采用吊斗铲无运输倒堆工艺，集采掘、运输、排土作业于一体。煤层以上45m厚岩层采用抛掷爆破，将30%~35%的岩石直接抛掷到采空区，爆堆用推土机推平并为吊斗铲准备好扩展平盘，台阶坡面用电铲或反铲清理，最后由吊斗铲倒堆。吊斗铲工艺主要设备有：斗容90m^3吊斗铲1台，310mm孔径牙轮钻机5台，D475推土机(641kW)4台，20m^3液压反铲1台。

黑岱沟露天煤矿在以下两个方面实现了开采工艺创新：

（1）工艺方面。①吊斗铲工艺的采掘带首次采用80m的宽度，突破设计宽度60m；②吊斗铲工艺下的煤层开采首次采用分层追踪式开采、中间沟运煤开拓运输系统。

（2）抛掷爆破方面。①抛掷爆破采用倾斜深孔柱状药包法，亚临界孔间延时间隔，超临界排间延时间隔，多排倾斜深孔，排间斜线逐孔同向顺序起爆，孔间及排间微差定向控制的抛掷爆破方法；②在国内煤层开采中首次采用端工作面一次爆破分层开采的方法；③首次提出8ms内一次起爆药量，避免了爆破震动的破坏；④一个爆区深孔爆破起爆药量首次超过1200t；⑤深孔爆破首次采用孔间亚临界、排间超临界的爆破方式；⑥露天煤矿一个爆破区内首次采用乳化炸药、重铵油炸药、铵油炸药、低密度炸药同时进行爆破；⑦深孔爆破首次采用多排逐孔微差爆破方式。

6. 平朔矿区安家岭露天煤矿

开采工艺：剥离采用单斗—卡车间断工艺；采煤采用单斗—卡车—半固定式破碎站—带式输送机半连续工艺。

开采设备：引进美国P&H公司斗容为35m^3、55m^3的电铲，172t、290t自卸卡车。

穿孔设备：YZ35C、KY-250B钻机(孔径为250mm)、KQ-150钻机(孔径为

150mm）。

7. 元宝山露天煤矿

开采工艺：第四系层剥离采用轮斗—带式输送机—分流站—排土机连续开采工艺；第四系层以下剥离及煤炭采用单斗—卡车—半移动式破碎站—带式输送机半连续开采工艺。

开采设备：2 台轮斗挖掘机，生产能力为 $3600m^3/h$；斗容为 $4.6m^3$、$10m^3$、$15m^3$ 的单斗挖掘机，配 68t、91t 自卸汽车，破碎站，WK10、ЭКГ－15 型挖掘机；3 台生产能力为 2000t/h 的国产双齿辊破碎机；生产能力为 $5000m^3/h$ 的排土机。

8. 白音华二号露天煤矿

开采工艺：采用单斗—自移式破碎机—带式输送机—排土机半连续开采工艺，是我国第一个全部采用半连续开采工艺的露天煤矿。

开采设备：35 ~ $50m^3$ 单斗挖掘机，3000 ~ 7000t/h 自移式破碎机及配套的带式输送机和排土机。

9. 宝日希勒露天煤矿

开采工艺：剥离采用单斗—卡车 + 拖拉铲运机联合开采工艺；采煤采用单斗—卡车—半固定式破碎站—带式输送机半连续开采工艺。宝日希勒露天煤矿是目前国内以外包剥离为主的唯一大型露天煤矿。

10. 其他露天煤矿

除上述露天煤矿之外，马家塔露天煤矿、武家塔露天煤矿及乌兰露天煤矿均采用单斗—卡车开采工艺。

马家塔露天煤矿为我国唯一在河床中开采的中型露天煤矿，采用旱、汛分采开采程序，有效地解决了乌兰木伦河汛期洪水对矿山开采的影响和威胁。

武家塔露天煤矿为减少基建工程量，在坝渠沟中拉沟基建；为解决上游洪水对矿山生产的影响，采用非工作帮泄洪渠措施，给露天煤矿生产和建设带来了很大效益。

乌兰露天煤矿为最大限度地回采煤炭资源，采用端帮采煤机技术。

（二）露天煤矿生产过程的创新

露天煤矿生产过程包括生产准备、穿爆、采、运、排及煤的加工等过程。随着开采条件的变化，露天煤矿生产过程需要不断优化和创新。

1. 抚顺西露天煤矿

抚顺西露天煤矿进入深部开采后，采矿重心逐年下降，运输距离逐渐增大，开采范围逐渐缩小。在前 4 次改造基础上，1984 年抚顺西露天煤矿实施第五次技术改造，采用单斗挖掘机—铁道间断工艺、单斗挖掘机—卡车—半连续破碎站—带式输送机的半连续联合开采工艺，形成了“分区开采、联合运输、内部排土”的生产格局。

在开拓方式上，上部仍沿用准轨电气化铁道运输，将全区大折返改为东区小折返，然后过渡为非工作帮固定坑线；下部剥离由卡车运输及准轨电气化铁道运输外排，过渡为卡车及准轨电气化铁道分别内排的方式；煤炭及油页岩通过卡车—破碎站—带式输送机分别运至选煤厂、炼油厂。

1)穿爆

(1)穿孔。抚顺西露天煤矿采用的钻孔方式有3种，即垂直孔、倾斜孔和水平孔。垂直孔的钻孔和装药都比较容易，但由于钻孔不平行于台阶坡面，所以柱状药包爆破所产生的冲击波在岩体内的作用是不均匀的，而且由于底盘抵抗线大，容易产生根底。当台阶坡面较缓时，倾斜孔爆破可以克服上述缺点，因而可以减少根底、后冲、大块及浮石等，使岩块破碎均匀、块度小；采用较小的孔径和较高的台阶，可以减少炸药单耗和降低成本，同时可以避免台阶坡面浮块对人员及挖掘机的威胁，在较大程度上保证了安全生产。但穿凿斜孔时钻机效率低，装药及充填炮孔复杂，而在水平钻孔时这种缺点更为严重。所以，目前抚顺西露天煤矿应用最多的是垂直孔。

孔径及孔深根据采矿作业条件、地质条件及炸药性能等方面来确定。一般情况下，钻孔孔径为150mm，超深为1m(煤台阶一般不超深)。一般为多行孔，孔距为6m，边眼距为4m。近几年对高段台阶的孔距进行了调整，实行单行孔，孔距为6.5~7m，边眼距为5m。

为满足挖掘机对爆破量的需要，2~5m^3挖掘机采装时，宜采用单行孔或双行孔爆破；6~15 m^3挖掘机采装时，宜采用双行孔或多行孔爆破。

(2)爆破。抚顺西露天煤矿主要采用铵梯炸药和乳化炸药两种。

不同岩种的炸药单耗：绿色页岩高段台阶为185g/m^3、绿色页岩一般台阶为160g/m^3，褐色页岩为150g/m^3，矸石为140g/m^3，混煤为105g/m^3。炸药单耗除与岩种有关外，还与地质条件及采装设备等有关，在实际操作中应作适当调整。

抚顺西露天煤矿年消耗乳化炸药为2600~3000t。

爆破方式采用垂直深孔松动爆破，连续装药，装药高不超孔深的2/3，使用非电导爆系统，孔外微差爆破。非电导爆系统是靠塑料导爆管内的冲击波起爆雷管，其优点是：安全、抗水，网络连接操作简便，便于检查，经济效果好。

为了增加块煤率，从2000年开始，将原来的8kg、120mm直径的炸药改为4kg、90mm直径的炸药，进行不耦合爆破。

为了提高边坡的稳定性，2001年开始，对到界台阶采用了预裂爆破的方法，用直径35mm、长2m的“直肠”乳化炸药降低炸药单耗，提高了爆破效果。

2)采装

(1)单斗—铁道开采工艺。抚顺西露天煤矿主要采用3种采装作业方式，即端工作面上装车、侧工作面上装车、侧工作面平装车。

端工作面上装车适用于掘沟，采用 Cэ-3Y 型长臂挖掘机，全断面一次掘沟。煤炭或剥离物向上一水平的自翻车卸载。掘沟深度为 8m，沟底宽为 15m。

侧工作面上装车主要用于开段沟的扩采，有时也用于工作面的扩采。装车时，装车线位于台阶坡顶的边缘，在列车运行的机械震动下，可能引起坡顶滑落而威胁行车安全，所以要求上装车的采区只能采用对向行车的配线方式，并要求机车在后，空车用推进式进入采区，挖掘机必须向配车的方向采掘，实行“一爆、一采、一移”，且装车线的移设宽度必须等于采掘带宽度。

侧工作面平装车是采用最多的一种装车方式，挖掘机和运输设备站在同一水平装车。在段高小于 13m 的工作台阶，由于爆堆宽度较小，通常实行“一爆、一采、一移”；在段高大于 13m 的工作台阶，由于爆堆宽度较大，且受斗容为 $4m^3$ 挖掘机规格限制，必须实行“一爆、两采、一移”。

(2)单斗—卡车开采工艺。该矿采用斗容为 $4m^3$(WK-4 型)、$10m^3$ 的(WK-10 型)单斗挖掘机，装载到 108t(SF3103 型)矿用自卸卡车。

作业方式为采用端工作面平装车和侧工作面平装车。端工作面平装车主要用于开挖出入沟与开段沟。掘沟深度为 8~12m，沟底宽度为 25~35m。侧工作面平装车用于扩帮。

配车方式根据采场的规格和行车组织可分为尽头式和环形式，根据行车方向可分为对向行车和同向行车。

尽头式配车必须采用对向行车，环形式配车一般采用同向行车。采用对向行车向采区配车时，卡车必须在采区调头，调头方式可采用三角折返式调头或回返式调头。

3)运输

1989 年之前，抚顺西露天煤矿的运输系统的主要运输形式是以电气化铁道运输为主，以少量的卡车运输为辅。电气化铁道运输担负着绝大部分剥离和煤炭运输任务；卡车运输主要担负形成矿坑南部固定公路和建设破碎提升系统剥离任务，以及卡车装电铁的重点工程。“分区开采、联合运输、内部排土”的技改方案实施并竣工后，1990 年开始，经过一年多的试运行，破碎提升系统正式投产使用。这样，就形成了电气化铁道、卡车、带式输送机 3 种运输方式。其中，电气化铁道可作为独立的运输方式，卡车和带式输送机运输为联合运输方式。卡车运输担负全矿的煤炭运输和部分剥离运输任务。

卡车运输将采场的绿色页岩及矸石等运到坑内汽车排土场，将毛煤和油页岩从采场运到坑下 -188m 水平破碎提升系统的受煤坑和油页岩受料坑中。

在露天采矿业的发展中，卡车运输在露天煤矿建设和开采过程中发挥了重要的作用，它具有灵活机动、爬坡能力大、便于选采、建设速度快和开采强度大等优点。对于开采地形或矿体产状复杂的露天煤矿，深凹露天煤矿，以及考虑进行分期、分区开采的露天煤矿效果尤为显著。卡车运输由于受经济合理运距的限制，常常与带式输送机相配合，实行联合运输。

破碎提升系统将煤炭或油页岩破碎后，经带式输送机运往选煤厂、地面储煤场或炼油厂。

4）排土

（1）排土场及演变。排土场亦称舍场。抚顺西露天煤矿使用 3 个外排土场，即西舍场、东舍场及汪良舍场。1990 年，抚顺西露天煤矿实行“分区开采、联合运输、内部排土”第五次技术改造后期，开始在采掘场内建设内排土场，截至 2007 年，采掘场内已建设 5 条排土线，2007 年，内排土量占全矿排土量的 67.6%。

（2）排土工艺。西露天煤矿排土工艺主要有推土犁排土、电铲排土、卡车—推土机排土。

推土犁排土的主要工艺过程是：由电力机车牵引装有页岩的自翻车进入排土线后由翻车工按照工作面情况依次将页岩倾翻，待所翻页岩起垅后，用推土犁推至台阶下，以形成新的受土容积，再依次倾翻页岩。连续地进行多次翻土及推土，当达到推土犁最大允许的推土宽度和高度时，排土线移路。剥离列车驶入刚移完路的排土线时，速度限制为 5km/h。推土犁推土作业时，要求行驶速度为 5～10km/h，推土犁最大推土宽度为 4.75m，推土能力为 800～1000m^3/h。此间使用的推土犁有 KT－1 型、SPC 型和 TCC97 型 3 种，自重为 88.4～97t。

电铲排土主要用于排土场基础整平，也用于高段排土，电铲排土段高可达 20～30m，移路步距 10m 左右。其工艺过程除了自翻车倾翻的页岩由电铲倒堆、整平新路基外，在线路维修和移路等方面与推土犁基本相同。电铲排土与推土犁排土相比，具有移路步距大、移路周期长、效率高及维修线路用工少等特点。1986—2007 年，西露天煤矿在电铲排土方面，同时使用电铲排土和推土犁排土两种排土工艺。

卡车排土是第五次技改实施后的一种采掘场内排土方式。工艺过程相对简单，自卸卡车剥离物由电铲装入，运到排土场排弃。排土场边沿清理及路面平整由推土机或装载机完成。西露天煤矿卡车排土运距依开采情况逐年均有变化。自 1992 年实行卡车排土以来，排土运距最短为 2.01km，最长为 3.20km。

2. 黑岱沟露天煤矿

1）优化轮斗开采参数，实现组合台阶开采

露天煤矿上部黄土主要采用轮斗采掘，轮上土原设计采用单斗—卡车间断工艺剥离。由于轮上土量不大、采掘推进度小，用电铲采掘轮上土成本高，增加修筑移动运输道路，施工难度大，优化后改用 1 号轮斗铲直接采轮上全高的黄土。通过利用轮斗Ⅱ系统闲置的两台带式输送机配轮斗进行组合台阶开采，轮上土由轮斗挖掘机直接采掘，实现了轮斗采掘替代单斗采掘的开采方式，采掘高度达到31m，提高了轮斗采掘量，每年可减少单斗系统剥离量170万m^3；同时，将带式输送机移设步距由原来的40m一移设改为现在的80m一移设，提高了效率。

2）调整排土场参数，优化采排关系

黑岱沟露天煤矿生产中对原设计东排土场、北排土场、西排土场参数进行了调整，实现了采排关系优化。

（1）东排土场参数调整。东排土场为卡车与排土机联合排土场，原设计1275、1260台阶为排土机排土台阶，1240台阶及以下全部为卡车排土台阶。排土参数为上排台阶高度15m，下排台阶高度20m，卡车排土台阶高度20m。按照原设计排土方式，下部单斗系统排土台阶将有3000万m^3的剥离量为上部轮斗系统排土台阶做准备工程，否则将影响上部轮斗系统的排土，而东排土场的运距比北排土场和西排土场的运距远1.2～1.3km。在内排土场全部形成前，单斗系统的外排量大部分集中在东排土场，加大了单斗系统的外排运距，增加了露天煤矿的剥离成本，而运距近的北排土场和西排土场却得不到充分利用，确定突破原设计下排高度20m、排土机限制最大下排高度25m的规定，排土机下排高度增加到40m，改变东排土场的排土方式，减少了东排土场单斗系统的排土量，也缩短了卡车运距，减少了东排土场卡车排弃量1370万m^3，提高了30%卡车运输能力。

（2）北排土场扩容和出入沟改造。为了缓解内排土场不能正常启用所带来的外排压力，经边坡稳定分析，除1260台阶可扩容外，还增加1275台阶扩容，总排弃容量增加2600万m^3。

从采场至北排土场的端帮公路标高为1215m水平，原设计从北排土场边界开始起坡至1230m水平，当达到1260m水平时，已延伸至排土场中央，折返排弃增加了运输距离，为此改变原北排土场的出入沟，将北排土场的1215～1230m水平的斜坡道变坡点位置向采场移动550m，增加北排土场容量470万m^3，缩短运距700m，提高卡车能力25%。

（3）修改西排土场的设计境界。为了缩短运距，减少征地费用，修改了西排土场的设计境界，将西排土场尽量设置在靠近端帮处和现有征地范围内，使卡车运距缩短500m，卡车能力提高20%，同时减少征地1000.42亩（1亩=666.6m^2）。

3）对非工作帮残煤实施井工开采，提高资源回采率

黑岱沟露天煤矿开采非工作帮残煤在国内尚无先例，特点是矿井前期不需投资建巷出煤（非工作帮井口所开采残煤平均热值20.5MJ/kg，灰分22.4%，硫分0.67%），每年可配采大量的劣质煤，从而减小了露天煤矿的剥采比，节约了成本，缓解了市场对煤

炭热值要求高的矛盾，也为国家回收了大量煤炭。

4)优化吊斗铲工艺系统，提高生产效率

(1)采掘带宽度优化。原设计吊斗铲采掘带宽度为60m，采煤工作线长度为60m，煤层开采分3个台阶作业，电铲作业及供电困难，煤层开拓运输系统难于形成。在生产实践中，吊斗铲采掘带宽度为80m，采煤工作线长度优化为2140m，煤层开采分2个台阶作业。优化后吊斗铲行走时间减少，改善了吊斗铲作业条件和采煤作业条件。

(2)吊斗铲扩展平台优化。抛掷爆破后，需用推土机等辅助设备为吊斗铲作业做扩展平台，原设计吊斗铲作业水平全部由推土机处理到一个水平，推土量大，尤其后部推土运程太远，不但降低了推土效率，而且增加了很多不必要的工作。因此，生产中吊斗铲作业工作面后部用电铲采装，前部用推土机推平。这种优化方式既减少了推土运距，又降低了铲推土时间，保证了吊斗铲作业平台宽度。优化后推土机使用台数较原设计减少了1台。

(3)预裂爆破优化。吊斗铲剥离台阶坡面角原设计为75°，实施后由于岩石节理发育，发生了多次大面积片帮，为保证安全，经稳定性计算，将坡面角调整为65°，但对预裂爆破效果产生较大影响。经对预裂爆破设计优化，预裂孔装药结构采用空气间隔器分段装药，每孔由下至上分三段装药。采用低密度炸药进行预裂爆破，炸药单耗由初始的铵油炸药（0.6kg/m^3）调整为超低密度炸药（1.1kg/m^3），取得显著效果。

3. 安太堡露天煤矿

安太堡露天煤矿开采的是近水平煤层，在二采区正常开采时，除地表部分剥离物进入采场外的北排土场排弃外，其余大部分剥离物均实现了内排。内排方式为：4号煤层以下双侧压帮、双向内排；4号煤层以上东侧留沟、西侧压帮、单向排土。二采区向三采区的过渡采用扇形转向，按照原设计，转向过程中，三采区地表缓帮北部剥离物运往外排，地表南部剥离物进入南寺沟排土场排弃，而中部的剥离物经二采区北帮和西帮进入内排土场。经计算，虽然内排土场容量能够满足转向期间剥离量的排弃要求，但三采区1300~1360m 4个水平剥离物的平均内排运距达5.5km，露天煤矿面临卡车不足和运输成本增加的局面。

为解决上述问题，确定实施反向内排。在二采区靠界过程中，优先将靠近三采区东部区域全面靠界，腾出空间。同时在内排土场的发展规划上，适当滞后东部，优先推进西部，从而在二采区的东北角形成一定的空间。三采区1300~1360m 4个平盘的剥离物可以从4号煤层底板直接由北向南向下排弃，实现反向高段内排，段高达100m，三采区4号煤层顶、底板缓帮剥离物的内排运距大大减小。反向排土的排土平盘会从1个水平(1300m)逐渐增加到4个水平(1300m、1345m、1375m、1405m)，绕二采区北帮和西帮进入内排土场的量逐渐减少，最终实现内排的南北对接。反向排土如图3-1所示。

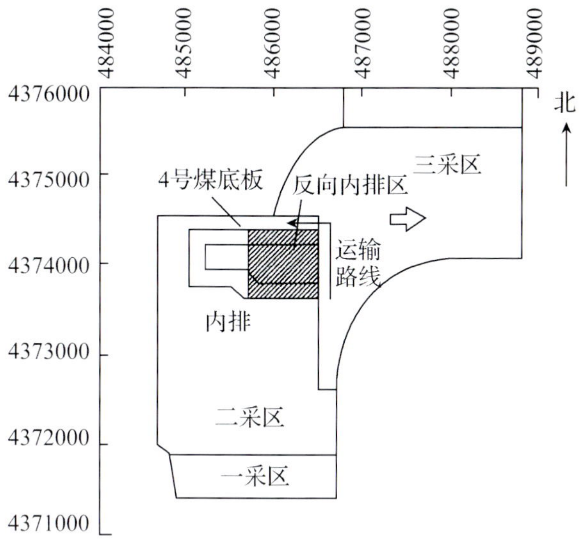

图 3－1　反向排土

反向内排实施过程：首先优化并加快二采区 11 号煤层顶板剥离台阶和 11 号煤层的靠界；在三采区 4 号煤层底板北端开始延深时，修筑一个坡道，剥离物从坡道运出，直接从 4 号煤层底板向西、向南在采空区进行高段排土；随着 1300m 平盘推进，逐渐向上建立各反向排土平盘。反向内排从 2002 年开始实施，仅当年节约 3150 万元剥离运输费。

第二节　露天煤矿边坡稳定与治理

一、露天煤矿边坡的特点

露天开采工程将矿床中部分矿岩采出后，形成了露天采场。露天采场四周由台阶、沟道及其附近土体、岩体组成的斜坡，称为露天煤矿边坡或露天煤矿边帮。

对一个露天煤炭企业而言，除上述露天采场的边坡以外，还有由剥离的土岩堆积而成的排土场边坡。后者或位于采场境界外，或位于境界内采空区。露天煤矿位于山区或丘陵地带时，其地面工业建筑和道路工程等常涉及自然边坡。

露天煤矿边坡主要有以下的特点：

(1)露天煤矿边坡较高，常达数百米；走向较长，常数千米。如抚顺西露天煤矿、阜新海州露天煤矿的设计采深分别达 480m 和 350m，走向长分别为 6.41km 和 4.0km。因而露天煤矿边坡揭露的岩层多，边坡各部分地质条件差异大，变化复杂。

(2)露天煤矿边坡岩石主要是沉积岩，层理明显，软弱夹层较多，岩石强度较低。

我国有些露天煤矿的土质边坡较高，达80m以上。排土场边坡则是由破碎的岩石和表土堆积而成的。

(3)露天煤矿边坡变形破坏的形式主要是滑坡。露天煤矿的滑坡主要沿层面、软弱夹层发生，其次是沿断层、节理发生。滑动面下部还往往切断岩层。沿层面、软弱夹层、断层的滑动面较明显，而沿节理与切断岩层部分的滑动面则不明显。

(4)露天煤矿边坡是开挖工程形成的边坡，边坡岩体较破碎，而且一般不加维护，因而易受风化作用的影响。

(5)露天采场每日频繁地进行爆破作业，边坡上常有运输设备运行，因而边坡常受震动影响。而且运输设备质量越来越大，台阶上载荷有日益加大的趋势。

(6)露天最终边坡由上至下是逐渐形成的，上部边坡和下部边坡服务年限不同。上部边坡可长达几十年，下部边坡则为十几年或几年，最底下的台阶边坡在采矿结束后即可报废。未到界的边坡是临时性的，其服务年限较短。至于排土场边坡，其空间位置大都随排土工程的推进而经常变化。

(7)露天煤矿边坡的不同地段要求达到的稳定程度不同。当边坡上部地表有重要建筑物、不允许发生变形时，要求的稳定程度最高。边坡上部有站场、运输线路，下部有开采作业时，要求的稳定程度亦较高。对生产影响小，且边坡上无采矿建筑设施时，稳定程度可低些，甚至不考虑其稳定性。

(8)露天煤矿边坡对地质条件无可选择的余地，不能因地质条件而改址。

二、露天煤矿的边坡稳定

露天煤矿边坡上常设有铁路、公路、带式输送机线路、倾斜提升机线路，以及站场、通信、输电、防排水设施，矿岩转载、破碎站等。非工作帮上的安全平台和清扫平台用来承接和清除上部的落石，以保证露天采场深部作业的安全。临近边坡的地面常设有工业广场、建筑物等，如调车场、矿仓、提升机房、机修厂、选煤厂等。因此，边坡稳定与否关系到露天煤矿的生产是否正常和人身设备的安全。

露天煤矿在开采过程中，采掘场和排土场边坡的稳定性是一个复杂的系统工程。露天煤矿边坡稳定性包括最终合理边坡角、边坡形状、边坡监测和滑坡防治等，对露天煤矿经济效益和安全有着重要影响。

露天煤矿边坡稳定分为采掘场与排土场边坡。采掘场边坡划分为非工作帮边坡、端帮边坡、最终工作帮边坡。排土场边坡为人工堆积而成。

在设计中，边坡稳定系数的计算与内摩擦角、凝聚力、边坡的岩层构成、分布、地下水温差变化及爆破震动、构造应力影响等因素有关。

目前，在露天煤矿边坡设计中，应用最广泛的是极限平衡法中的毕肖普法，有限元分析法、概率分析法也有运用。

三、影响边坡稳定性的因素

1. 采掘场

(1)采掘场边坡岩石的抗剪强度(黏聚力值和内摩擦角值综合代表)值低，影响岩体力学指标值，使稳定系数降低。

(2)岩体节理发育、裂隙多，岩体力学指标低，使稳定系数降低。

(3)地下水的影响，使岩石力学指标与稳定系数下降。

(4)弱层的存在，使稳定系数急剧下降。

(5)边坡整体高度越高，稳定系数越低。

(6)边坡角越陡，稳定系数越低。

(7)岩层倾向与边坡倾角，岩层与岩层之间(顺层剪切)的力学指标低于其他方向。

2. 外排土场

(1)土、岩混排力学指标低，使稳定系数降低。

(2)边坡高度越高，稳定系数越低。

(3)边坡角越陡，稳定系数越低。

(4)排土场平盘、台阶坡面、基底土层渗入大气降水，使稳定系数降低。

(5)随物料排弃高度增加，对基底土层的压力也增加，当超过 800kPa 时土体微结构被破坏且被压密，不易透水，使土体上层的矿物泡水软化，形成衍生弱层，稳定系数随即降低。

3. 内排土场

基底为开采最下部煤层底板，基底有倾斜，倾角为 3°～8°时，若基底排水效果不佳，使排土场边坡上的雨水未排出。

四、边坡稳定治理措施

1. 采掘场边坡稳定治理措施

(1)为防止滑坡，设计合理的边坡角及边坡稳定系数。

(2)地面防排水、地下水疏干的处理。建立地面防排水、地下水疏干系统，最大限度地降低地下水位，根据需要进行预先疏干，并建立地下水疏干计算机控制系统、地下水位监测计算控制系统。地面防排水和坑内排水的渠道采用防渗措施，最大限度地防止地表水渗入地下。地下水疏干采取打井抽水、巷道疏干和水平孔放水等措施来降低地下水水位。

(3)设立监测系统。边坡稳定监测系统包括地表位移监测系统、地下位移监测系统、地下水位监测系统及应力应变监测系统等。地表位移监测系统采用高精度的GPS监测设施或全自动的全站仪监测设施，可提高边坡地表监测的效率和精度。地下位移监测系统采用测斜仪、地下应变监测设施，并辅以数据自动传输设施，可探察边坡内部的位移变形。地下水位监测系统以水文观测孔为主，在水文观测孔内可设置水位观测设施，并将水位信息转换为数字信号传输到控制中心，在综合CAD系统以三维形式表示出来。应力应变监测系统是在局部弱层地带做一些锚索工程，在锚索头部设置应力应变装置，实时监测地下应力变化过程。锚索工程既起到了抗滑作用，又起到了监测地层应力应变的作用。

2. 排土场边坡稳定治理

1)依据剥离物的强度调整排弃顺序

坚硬物料排在边坡的下部有利于边坡的稳定，排在边坡的上部不利于边坡的稳定。排土场中部可适当排弃一些强度低的物料，而周边对边坡稳定要求较高的地区则必须排弃一些强度较高的物料。对于一些强度较低、含水量较大的物料不能排弃在排土场边坡基底或下部，应与其他强度较高的物料进行混排，避免排土场局部区域强度较低造成滑坡。

2)完善采掘场、排土场周边防排水体系

(1)在外排土场未建立之前，排土场周边的排水系统必须尽早建成，为此，在排弃时，基底尽量排弃块大的、坚硬的、见水不易泥化的物料，尽量不要破坏原有的径流条件，保持基底排泄畅通。

(2)为了保证内排土场边坡稳定，应在采掘场边坡周边建立完善的防排水设施，使外部积水不入坑，并在排土场边坡上建立完整排水系统，使排土场边坡上的雨水尽快排出，坑内的积水也应尽早排出，以降低地下水水位，提高内排土场边坡的稳定。

3)加强内排土场基底管理

(1)在内排土场基底应尽量排弃块大的、坚硬的、遇水不易泥化地物料，并保持其连续性，以尽量将排土场内部的水排出。

(2)必要时对基底作麻面防滑处理，既有利于疏排水流畅，又增大了与物料的摩擦力，确保内排土场边坡稳定。

(3)必要时利用底板倾斜坡度的有利排水条件，在煤层底板设置“刺状”的排水沟和集水沟，沟内预埋设滤(渗)水管和反滤层，形成沿内排土场底部的排水系统，及时将内排土场底部的水排出，以确保内排土场边坡稳定。

(4)在局部稳定性较差的地区，可做一些局部物料加强措施，并与排水措施相结合，提高不稳定区域的物料强度。

4)强化疏干

应高度重视排土场的地下水控制工作，全面提高采掘场和排土场边坡的稳定性。

5）控制雨水、地下水渗入排土场底部的措施

（1）在排土场达到最终位置平盘和坡面铺一层不透水的黏土或来源方便的替代物用压路机夯实，形成防渗层，在其上再铺一层土壤，绿化植被。

（2）在内排土时沿端帮境界排弃10m宽的隔水墙，减少地下水的渗入。

（3）在边坡形成期间和形成之后，定期监测内、外排土场边坡的位移变形情况下，当发现某一部位变形异常，应提高监测频度，提出相应的治理措施。

6）加强工程地质勘探和各项数据监测

工程地质条件较为复杂条件下，随着采深的增加，由于局部地层中存在着不连续的弱层，且随着采矿工程的发展和地层变化的不均一，层中地下水疏干程度不均一，局部边坡稳定状况可能较差。因此，应加强工程地质勘探，加强边坡地表、地下监测，加强地下水位监测。

五、边坡稳定治理经验

（一）抚顺西露天煤矿

1. 滑坡事故

抚顺西露天煤矿自建矿以来至2007年12月共发生滑坡90多起。其中，南帮崩岩14起、大镜面9起、西端帮20多起、西北帮19起、北帮东部4起、南帮东部3起。其中最大2处滑坡事故：一处为西端帮滑落，滑落体长270m、宽280m、高100m，滑落体总量达77万m^3；另一处是南帮煤壁滑落，滑落体长165m，落差53m，滑落体总量约6.5万m^3，切断了23段、堵塞了25段东部运煤环线，使全矿采煤处于停产状态。各帮滑坡情况如下所述。

1）西端帮及西北帮滑坡

西端帮第一次滑坡发生在20世纪40年代，至今已发生不同规模滑坡20次以上，给露天煤矿生产安全带来非常不利的影响。20世纪90年代西端帮及西北帮滑坡实例见表3-6。

表3-6　西端帮及西北帮滑坡实例

滑坡时间	滑动范围	滑坡面积或体积	滑动岩层	滑坡原因分析
1990-09	W1235~W1480 N105~N320	42万m^2	凝灰岩及煤壁	下部回采煤壁切层及上部地表水侵入
1991-07	W1655~W1625 N300~N360		凝灰岩	老滑落体下部残采煤壁
1992-04	W1425~W1743 N321~N470	20万m^3	凝灰岩	-30~-65m水平推移，地表水大量下渗

西端帮及西北帮曾多次因回采下部煤壁而发生过滑坡。这部分较硬岩层厚度只有6～7m，能起到一定保持凝灰岩稳定的作用，但由于剥离爆破的不规范，对炸药量、爆破次数及爆破孔的数量没有明确的限制，也导致了滑坡。

另外，滑动岩层中多含有凝灰岩，其中软质凝灰岩，质松软，黏土矿物成分含量多（最高达14%），遇水易膨胀呈泥状，极易引起滑坡，是不稳定的岩层。

2)北帮滑坡

此区域基本上是由绿色泥岩构成的边坡。一号断层出露地点虽达到E800，但最终边坡上的位置已在±0m以上，白垩系岩层在边坡上的出露范围东部要比西部小得多。而白垩系岩层不稳定，如W200区域的20站北侧粉砂岩滑坡。20世纪80年代北帮滑坡实例见表3－7。

表**3－7**　北帮滑坡实例

滑坡时间	滑动范围	滑坡体积/万 m^3	滑动岩层	滑坡原因分析
1986－06	28段站附近	4.5	砂岩砾岩	处于一号断层破碎带，又有冲积层补水
1987－04	E750～E850 N1000～N1100	5.2	绿色泥岩	上部切层岩层下部受次级构造影响顺层滑坡
1993－08	E750～E1325 N860～N1270	450	绿色泥岩	倾倒滑移变形，雨量大地下水位上升

表3－7中的区域影响边坡稳定性的原因主要有以下3个方面：

（1）风化作用。煤层顶板以上岩层抗风化能力低，特别是绿色泥岩在采后五六年就可能变缓到破碎岩石的安息角35°～40°。

（2）地质构造。由于小褶曲造成绿色泥岩层理局部向南倾，而且还存在许多南倾断层，造成对边坡的切割作用，对边坡的稳定性极为不利。

（3）地面水与地下水。引起加速岩石风化、降低结构面强度和增加含水裂隙水压的作用，地面水与地下水对边坡稳定同样不利。

此区域较其他区受外界自然条件影响严重，尤其与北面一些工业与民用建筑较近，滑坡的危害和影响更加严重。

3)南帮及东端帮滑坡

南帮及东端帮区域为到界边坡，本层煤底板以下的凝灰岩向东逐渐变厚，由1～2m逐渐增加到100m(E3600)。由于软质凝灰岩的赋存及其较差的工程地质条件，曾发生过多次滑坡。

该区域滑坡是由于软质凝灰岩遇水易膨胀呈泥状，且抗风化差、吸水性强、人工河的地下渗水、汛期的高强暴雨及采掘的因素，对边坡的稳定性都极为不利。南帮及东端滑坡实例见表3－8。

表 **3-8** 南帮及东端帮滑坡实例

滑坡时间	滑动范围	滑坡体积/万 m^3	滑动岩层	滑坡原因分析
1986-09	E800~E900 H+82~+106		玄武岩	电铲破段拔岩，切断节理面，造成+106m平盘滑落
1993-08	E3490~E3570 S60~S5	2.2	凝灰岩	暴雨条件下，沿软质凝灰岩滑坡
1993-08	E3040~E3240 H-31~-56	1.5	凝灰岩	暴雨条件下，沿软质凝灰岩滑坡

1986 年滑坡发生在表土半风化玄武岩及未风化坚硬玄武岩上。滑坡基本上沿结构面发生。滑坡时在滑坡下界东侧可看到半截残留的炮孔，说明滑坡发生在坡脚并段爆破，促使岩体沿节理面滑动。即使是坚硬的玄武岩，在不利的采矿地质条件下仍会发生滑坡。

2. 滑坡类型

抚顺西露天煤矿的滑坡，按滑坡的岩体结构及滑动面特征，边坡滑动分为圆弧滑坡、平面顺层滑坡、平面圆弧滑坡、楔体滑坡和倾倒式边坡变形滑坡 5 个类型。

1)圆弧滑坡

圆弧滑坡（图 3-2）主要发生在第四纪黏土层或基岩风化带上。例如，北帮一段站白垩系砂岩、砾岩滑坡和 E900 绿色泥岩风化带滑坡。

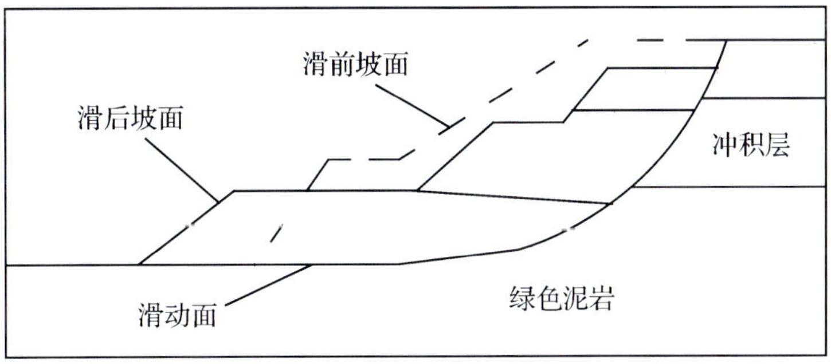

图 3-2 圆弧滑坡

2)平面顺层滑坡

岩体沿岩层软弱结构面(如凝灰岩)滑动，滑床位置受弱层面控制。在采掘过程中，下部切断了弱层容易造成平面顺层滑坡（图 3-3）。例如，1964 年南帮南机电厂滑坡和 1979 年 W700 滑坡。

3)平面圆弧滑坡

平面圆弧滑坡（图 3-4）的典型实例是 1979 年西端帮大滑坡。在西端帮岩层倾角

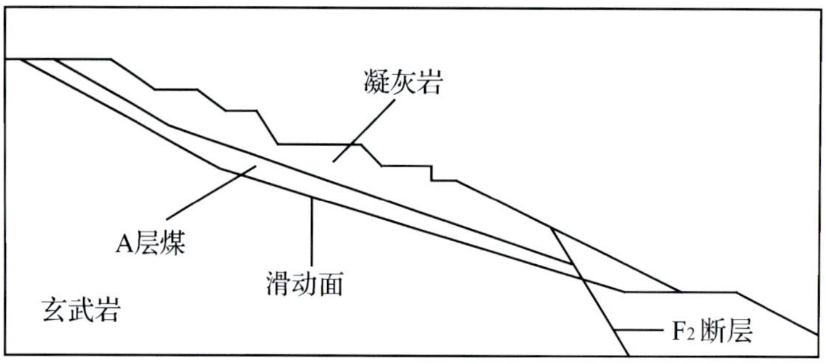

图 3-3　平面顺层滑坡

大，采煤过程中下部虽未切断底板凝灰岩层理，但边坡达到一定高度后，发生滑坡。上部沿 A 层煤弱面，下部横切软质凝灰岩层理，滑面上部呈平面，下部呈圆弧形滑面。

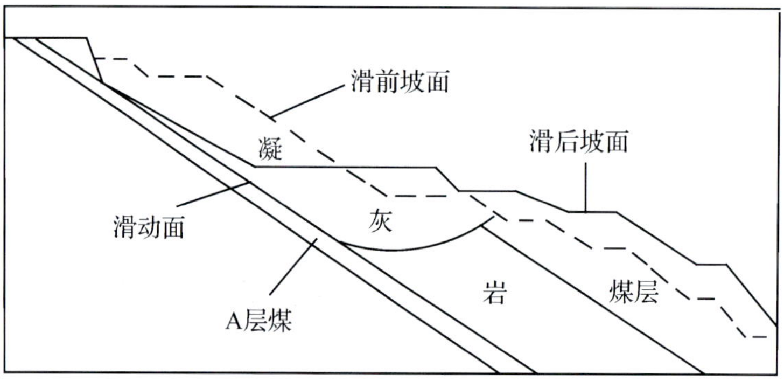

图 3-4　平面圆弧滑坡

4）楔体滑坡

楔体滑坡（图 3-5）是指在特定的地质构造和采矿条件下发生的滑坡。滑面由两个或两个以上的弱层面或节理裂隙组成。滑体呈楔形，通常沿岩体结构面组合交线滑动，如西北帮绿色泥岩滑坡和南帮玄武岩中发生的滑坡。

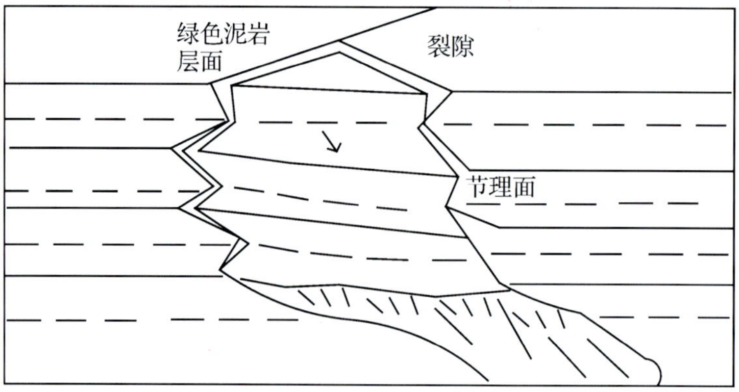

图 3-5　楔体滑坡

5）倾倒式边坡变形滑坡

在向斜轴部，岩层褶曲强烈，北翼岩层倾向由顺倾斜变为反倾斜，此部分边坡常发生倾倒式边坡变形。例如，北帮28站站场严重变形和西北帮一段站变形破坏。

除了以上的几种滑坡外，还有反倾向岩体滑坡（如北帮E800滑坡）、复式褶曲变形单段滑坡（片帮）、蠕变变形（如南帮、西南帮人车巷部位边坡变形）滑坡等。

3. 滑坡原因的分析

1）原因分类

从抚顺西露天煤矿建矿以来所发生的90多次滑坡，经归纳其原因分为以下5类：

（1）岩体岩性。南帮煤层底板的软质凝灰岩、主煤层以下的A层煤和B层煤，以及黑色泥质页岩层的软弱结构面；北帮绿色泥岩中的褐色页岩夹层，层理异常发育，韵律清楚，遇水变软，是容易发生滑坡的弱层。如南帮1993年8月的滑坡。

（2）地质构造。滑坡受到地质构造条件控制的居多。例如，西北帮处于向斜构造倒转并隆起，岩层直立倒转，构成了岩体变形的边界条件。此外北帮的次一级复式褶曲发育，岩体受构造运动的影响，节理裂隙十分发育；断层也破坏了岩体的完整性，使断层以下的岩层变陡（如南帮F_2断层）等，这些地质构造都成为造成滑坡的原因，如1985年28段站滑坡。

（3）水。地下水和地表水的活动对露天煤矿边坡稳定非常不利，尤其在7、8月份的汛期，对降雨水的疏导至关重要。这些水不但对岩体产生静水压力和动水压力，增加岩体的重量，而且软化岩体、降低抗剪强度，因此地下水和地表水是产生滑坡的诱导因素。如1965年W800滑坡。

（4）井工采动。井工开采主要造成上覆岩层移动，破坏岩体的完整性，产生不均匀沉降致使地表倾斜或出现裂缝，当倾斜方向和裂缝走向方向分别与边坡方向和边坡走向方向一致时，破坏了原有的边坡稳定，产生滑坡。露天煤矿深部煤层由原深部矿井和胜利矿井工开采，对有的一些旧巷、采空区充填率太低，特别是高落式采煤，使上覆岩体破坏严重，对边坡稳定很不利，如1987年北帮E800滑坡。

（5）人为生产活动。人为生产活动主要包括机车动载荷、爆破震动和不规范的采掘活动。机车的震动使岩体内部产生松动变形，从而诱发滑坡，如西北帮W1000滑坡和南帮W700滑坡。除爆破震动本身产生的震动影响外，滑坡还与不规范的采掘活动有关。由于对炸药量、爆破次数及爆破孔的数量没有明确的概念，导致采剥比失调从而引起滑坡，如1981年2月和11月的两次滑坡、1977年W800滑坡；因采掘部位不合理，1964年南机电厂滑坡等。

2）原因统计分析

（1）原因类别。从岩体岩性、地质构造、水、井工采动、人为生产活动的原因分析，可以看出由于早期技术力量薄弱，规章制度不健全，导致采掘活动不合理而促使滑坡的比率较大。相比较来说，后期则有了明显的好转。规章制度不健全可以通过人为的努力来改变，使滑坡降到最低点。

滑坡原因分类饼状比例如图 3－6 所示。滑坡原因分类柱状比例如图 3－7 所示。

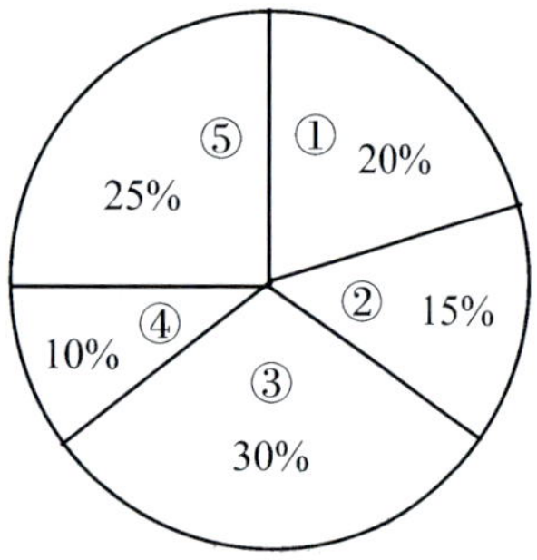

①—岩体岩性；②—地质构造；③—水；
④—井工采动；⑤—人为生产活动

图 3－6　滑坡原因分类饼状图

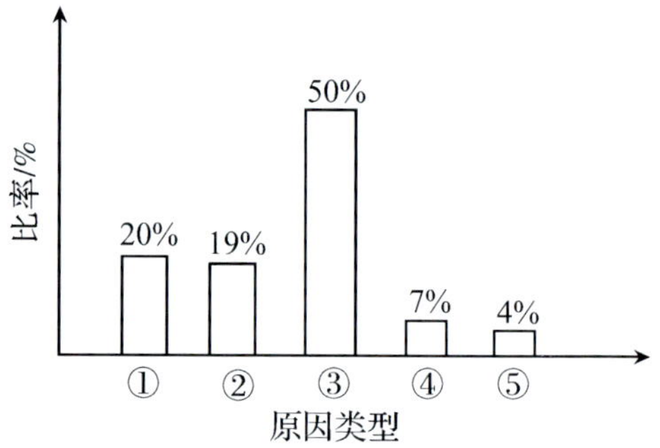

①—岩体岩性；②—地质构造；③—水；
④—井工采动；⑤—人为生产活动

图 3－7　近 30 年滑坡原因分类柱状图

由于采区的不断降深，边坡角的加大，以及近年来连年暴雨的原因，地下水和地表对露天煤矿边坡稳定造成严重的影响。

(2)季节原因。按一年四个季度对滑坡进行划分，根据抚顺本地的气候情况分为：一季度(春季)为3、4、5 月；二季度(夏季)为6、7、8 月；三季度(秋季)为9、10、11 月；四季度(冬季)为 12、1、2 月。按季节划分饼状比例如图 3－8 所示。

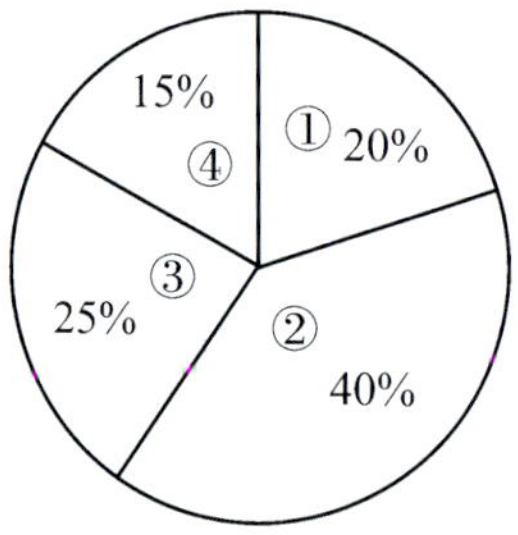

①—第一季度；②—第二季度；③—第三季度；④—第四季度

图 3－8　按季节划分饼状图

从图 3－8 可以看出，夏季所占比例最大，其次是秋季和春季，冬季比例最小。夏季降雨及春季解冻时地表水对边坡稳定产生的影响，对滑坡起到了直接或间接作用。

4. 滑坡防治经验

抚顺西露天煤矿在生产中对滑坡进行处理，加速了崩岩清理，同时积极采取疏干抗滑、减重、“压脚”、护坡、减震等综合治理措施，取得了良好效果。

1) 巷道疏干

从20世纪50年代中期执行矿区总体改建规划时，开凿3条疏干巷道改善南帮边坡稳定条件。其中，冲积层疏干巷道长1539m，每米工程造价701元；凝灰岩层疏干巷道长1909m，每米工程造价269元；A层煤疏干巷道长622m，每米工程造价759元。3条疏干巷道均起到较好的疏干作用。

2) 钢轨抗滑桩加固边坡

采用钢轨抗滑桩加固边坡措施。在南崩岩区采取两级抗滑桩，打抗滑桩264个，总挖桩井9835延长米，混凝土用量13.5万m^3，钢材总量15.421t。经加固后，效果良好。

3) 弱层换填法

在治理计军屯东站场西北帮滑坡时，采用换填和“压脚”法取得较好效果。

4) 改变滑体重心位置

有滑坡的迹象时，改变滑体外形使滑坡体重心移向滑体下部。采取上部减重以减少滑坡推力，下部加载，进行压脚回填。

5) 减震爆破

爆破采用减震松动爆破，对到界台阶采用预裂爆破。

6) 加强边坡监测

对边坡动态进行监测，是边坡防治的一项重要措施。对边坡表面变形，设立观测线和测点，采用测量边坡表面水平和垂直变形；对边坡岩体内部变形，在钻孔中安设传感器，用电阻应变仪观测不同深度岩体内岩的变形。综合采取疏干抗滑，减重“压脚”、护坡、减震等措施，取得良好效果。

(二) 阜新海州露天煤矿

1. 滑坡事故

1954—2005年，海州露天煤矿共计滑坡98起，其中最大的滑坡发生在1976年7月27日。因下暴雨发生重大滑坡事故，滑落体总量172万m^3。

2. 滑坡治理措施

1) 巷道疏干

海州露天煤矿做疏干巷道3800m，混凝土支护，每日排水量6000~7000m^3。此外，在露天外围修筑4条永久性排水沟，拦截南帮西部、东部和东西帮地表水浸入。露天坑内设永久性纵向水沟，每隔500~800m设横向水沟。雨季期各纵向水沟通到横向水沟汇入露天坑深部坑底煤沟，以保证雨季期安全生产和边坡稳定。

2) 弱层换填法

在靠近台阶坡面的弱层小三角揭出，改换填土和剥离岩石，使弱层和围岩成为一体，以消除弱层。1979—1985年共进行13次换填工程，总工程量为$14.2\times10^4m^3$。

3)钢轨接滑桩加固

从1974年开始使用钢轨抗滑桩加固边坡，在发现有滑坡迹象的地点使用，取得工期短、费用低、见效快的效果。1974—1985年11年间，在16处有滑坡症状的地点采用抗滑桩，共用钢轨1415根。同时，采用钢轨桩和混凝土桩组合使用加固，取得很好效果。

4)滑坡治理

1986年9月3日，北帮E90+50~E11+69；N793~N766；标高+87.2~+23.3m；东西长215m，南北宽205m；滑落体积$31.15\times10^4m^3$；滑落原因为8月8日后速降大雨，9月3日降大暴雨，24h降雨104mm，是前两次滑坡的发展，另外，中部1号断层破碎带、7号弱层是主体滑面，造成▽86~▽38的3条铁道运输干线全部中断；生产全部中断。

采取治理措施：

（1）清理边坡土方。将临时的铁道恢复到原设计的位置。

（2）改造排水沟。将北帮原有的6条顺水沟进行了改造，并新增了7处砌石的平盘横向水沟。

（3）分级加固滑体。加固方法见表3-9。

（4）断层破碎带地下水疏干。对于垂直降水孔，在方桩周围埋设ϕ600mm混凝土管，内设潜水泵，将水抽至地面水沟内，降低水位，改善地下水条件；对于水平放水孔，在▽70水盘向中部1号断层带与断层走向呈50°~60°打6个水平放水孔，使帮坡内含水流出至地面水沟内。

表3-9　加　固　方　法

加固工程标高	推力/10^5Pa	岩体特征	加　固　方　法
▽70	85	较完整	ϕ500mm空芯组合钢轨桩
▽54	86	较完整	ϕ300mm实芯组合钢轨桩
▽43	114	较完整	2.5m×3.5m钢筋混凝土抗滑桩
▽22	38	破　碎	ϕ300mm实芯组合钢轨桩基档墙

注：方桩、滑面上8m，面下锚固段5m。

（三）平庄西露天煤矿

平庄西露天煤矿属山坡—凹陷相结合的露天煤矿。现行的生产工艺系统是：单斗电铲采装，准轨铁道电机车与卡车联合运输，电铲排土。开拓运输方式为：沿煤层底板拉沟，走向布置工作线，水平分层，倾向推进，底帮固定折返坑线与顶帮移动坑线相结合，外部排土场排弃。

平庄西露天煤矿于1958年8月开工建设，设计年生产能力315万t/a。至2006年末，已形成走向长3.8km，倾向宽0.7～1.2km的露天煤矿。底部最低标高+380m，底帮地表标高+550m左右，顶帮地表标高+550～+716m。底帮为顺层边坡，边坡最大高度170m，帮坡角15°～20°；顶帮为逆倾边坡，边坡最大高度336m，帮坡角17°～28°，其中，到界帮坡角22°～34°，局部最大帮坡角45°。

1. 滑坡事故

在生产过程中有记载的滑坡为60多次，其中底帮顺层滑坡和西北帮F_3断层顺层滑坡导致多次运输铁道扭曲、变形、悬空，运输机车车辆脱轨倾覆，输电线路、排水管路破坏，造成重大经济损失和生产中断。

2. 滑坡治理措施

影响平庄西露天煤矿滑坡的因素较复杂，其中边坡岩体的工程地质、水文地质条件发生变化，边坡的内外部形态的改变，以及外力震动的作用等，或诸因素综合作用，都有可能导致滑坡。滑坡的过程有可能很漫长，也有可能在短时间内完成，这主要取决于上述各因素的变化程度。本质上讲，滑坡是边坡应力平衡—失衡—新的平衡的过程，这一过程中的平衡—失衡阶段是预测预报滑坡的关键阶段。

平庄西露天煤矿工程技术人员与国内外的科研院所高等院校合作，积极开展边坡工程地质、水文地质研究工作，在此基础上对底帮的主要站场及干线实施单轨桩、抗滑挡墙、抗滑桩、预应力锚索加固，并建立以地面观测点、地下观测孔、边坡应力监测为主要内容的边坡监控网络，形成了滑坡预测预报的管理机制。其中，2006年与中国矿业大学合作研发的“边坡应力远程智能监测系统”、“对边坡稳定进行评价”、“边坡治理的合理投入”、“滑坡的预测预报”，应用于滑坡治理。

2005年5—8月份，西露天煤矿488锚索加固区在连续几场降雨后3号应力计出现预应力快速增加的情况，7月11日在边坡上出现裂缝，附近的监测孔在下测斜仪时受阻。边坡的变形直接影响488站的安全，这种情况下及时采取补打锚索的加固措施，避免了一次灾害性滑坡。

预应力锚索测力计数值的变化可以超前灵敏地反映出边坡岩体应力由平衡—失衡—新的平衡的动态变化过程。

边坡应力远程监测方法其基本原理是：首先给边坡施加一个预应力参加到边坡的应力平衡中，由于施于边坡的预应力属抗滑力，当边坡内应力产生有利于滑坡的变化时，通过该预应力的变化，对边坡的稳定作出判断和预报。项目开发对应力监测的适时性、不间断信息自动采集、无线传输、自动接收及全过程信息转换成应力变化动态变化曲线和仿真演示软件系统等提出要求。3号应力计应力变化曲线如图3－9所示。

该系统功能优势主要体现在4个方面：

（1）监测数据的自动采集。

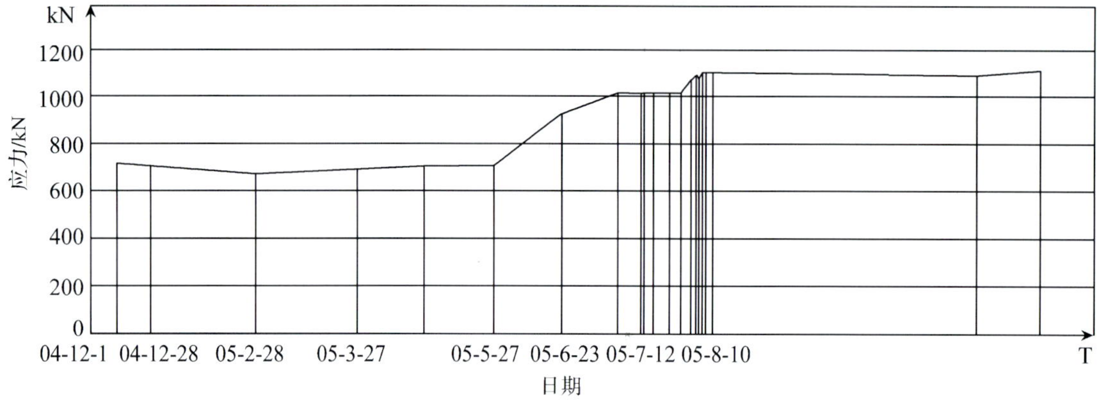

图 3－9　3 号应力计应力变化曲线

（2）边坡应力状态远程无线监测，数据传送和接收不受距离限制。

（3）现场监测数据的实时自动接收。

（4）全过程信息转换成应力变化动态曲线和仿真演示软件系统。

滑坡地质灾害预防是人类面对自然的重大课题之一，边坡应力远程智能监测系统通过监测边坡应力平衡—失衡过程中的应力变化进行滑坡预报，具有实时性、超前性、准确性的特点。系统的自动化，使边坡监测工作变得简单明了。这一系统的推广应用必然为人类减少滑坡灾害作出贡献。边坡稳态远程监测技术原理流程如图 3－10 所示。

2008 年在西露天煤矿顶帮边坡安装的远程智能监测系统成功预报了该矿的 9·15 滑坡。72－1 监测点水平位移监测曲线(稳定边坡)如图 3－11 所示。监测点水平位移监测曲线(不稳定边坡)如图 3－12 所示。

(四)伊敏露天煤矿

1. 滑坡事故

伊敏露天煤矿于 1984 年投产，2001 年 7 月 13 日东端帮边坡岩体发生局部边坡的变形破坏，滑体宽度 100m、高度 24m、位移 30m、滑落体积 2.34 万 m^3。变形体随时间进一步扩展，至 2001 年 7 月下旬变形已由局部破坏发展成为整体边坡的大变形。经踏勘测绘：顶部 687、678 平盘出现三组连续、完整的张性裂缝；底部 603、613 采煤平盘出现底鼓现象，已构成潜在滑坡体。

2. 滑坡治理措施

通过岩土物理力学性质试验、模型试验、边坡变形数值模拟分析，采取变形及控制开采技术。用垂直工作帮，采宽控制在 30m 以内，自上而下开采煤炭，采完后快速回填。

(五)陕西铜川矿务局前河露天煤矿

自 1957 年开采以来，由于采场的不断扩大，经常出现边坡滑坡塌陷，给剥离、运输造成困难。1964 年发生边坡整体移动，滑动体积达 12 万 m^3 左右，掩埋了整个露天

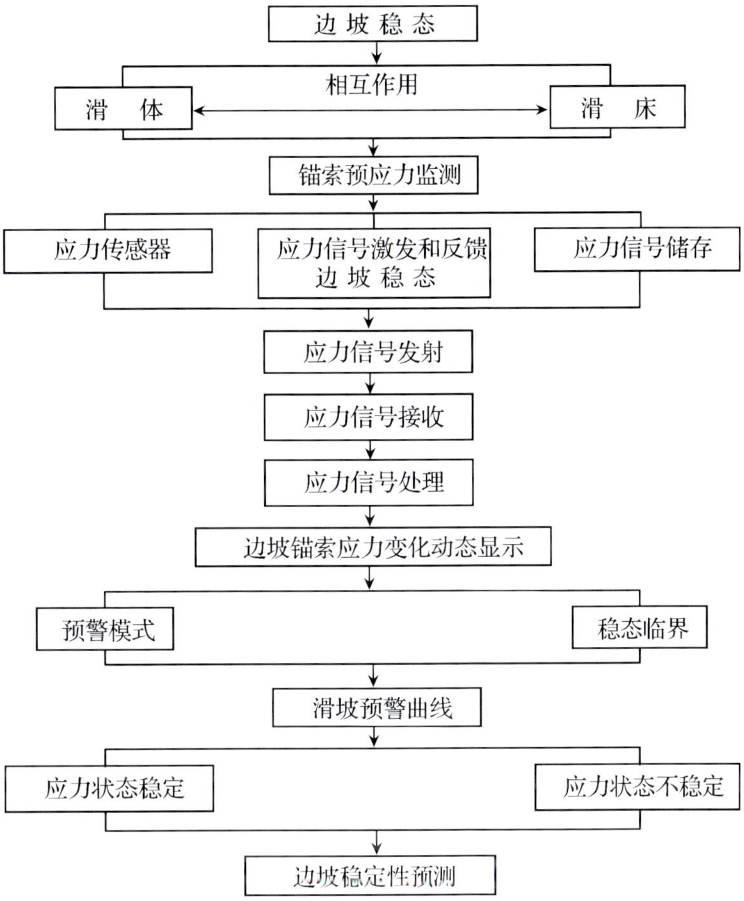

图 3-10 边坡稳态远程监测技术原理流程

采煤坑。与此同时，南部工业和民用建筑场地也发生大面积堆积层滑坡，滑动量约 3.5 万 m^3。为确保前河露天煤矿的安全生产，开始边坡治理。

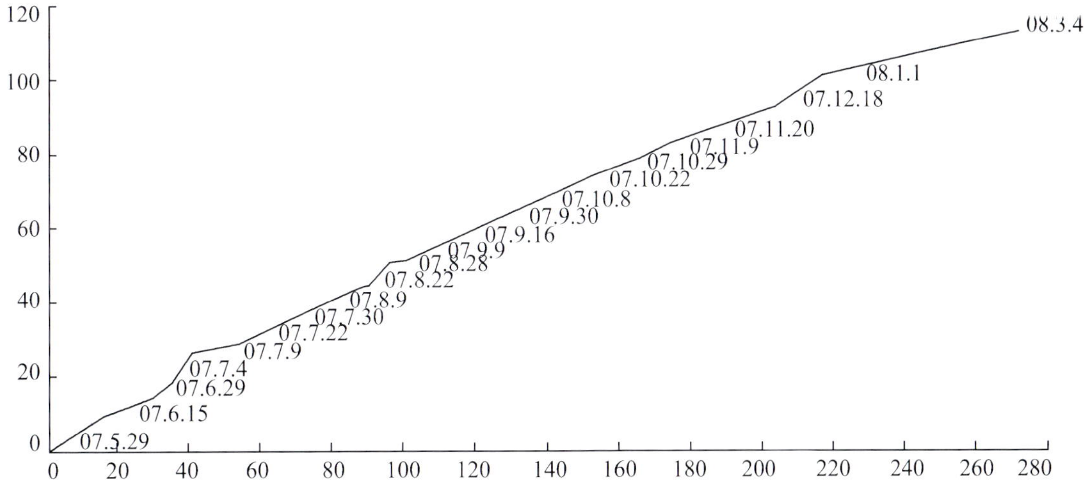

图 3-11 平庄西露天煤矿 72-1 监测点水平位移监测曲线(稳定边坡)

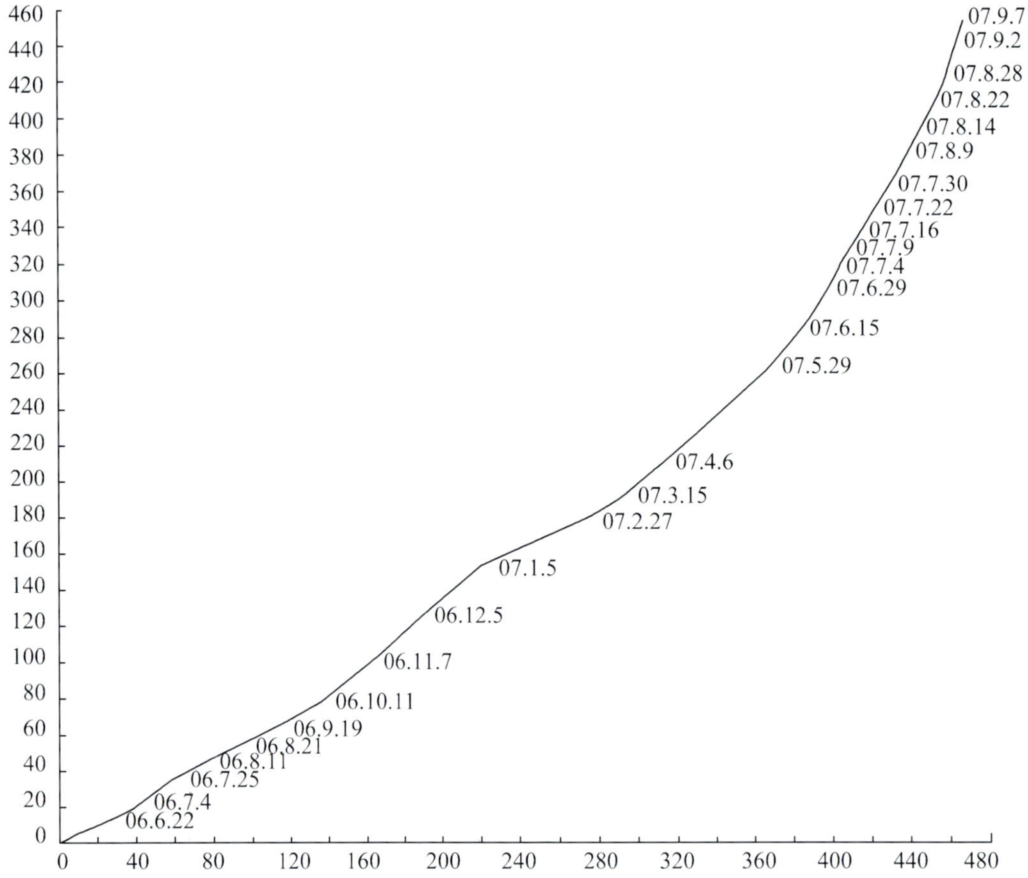

图 3－12　平庄西露天煤矿 464－2 监测点水平位移监测曲线（不稳定边坡）

1. 严格按设计边界施工

杜绝乱挖乱采现象的发生。在开采过程中，一到平盘设计边界就停止开采。开采到最后一个台阶采掘带时，严格按设计界限施工，爆破、挖装及最终台阶的坡面角力求做到边坡形状整齐。

2. 建设地表疏水工程

把地面水排至露天以外。前河露天煤矿处于狭窄的山沟地带，四周水系庞杂繁多，自由流散，冲刷边坡，是诱发边坡塌落的主要原因。因此采用截流、导流等方法，将地面水集中引至露天边坡范围以外。1980 年前后，在露天东帮地面修建两条截水沟，总长度 2000 余米，基本上拦截了东帮上部的流水。在西帮哑吧沟修建截水沟约 400m，避免了滑体的出现。

3. 设置防滑桩和挡土墙

为防止露天东帮整体滑动，危及焦坪煤矿 150 万 t 生产系统和其他建筑物，先后两次沿东帮灌注钢筋混凝土防滑桩 39 个。防滑桩钢筋采用 38kg 重轨与圆钢结网；断面积为 $2\times(2.5\sim2.8)m^2$；桩深 16～30m，桩间距 6m。在哑吧沟＋1320m 水平采用石砌挡土墙加固边帮和台阶。

4. 移回填减重，恢复植被

1979 年在前河露天煤矿东帮一次减重土石方 17 万 m^3。1982 年后，对露天坑采取随采随填的方法，借以降低露天边坡高度，减轻边坡载荷，从而防止了坡体滑动。在非工作帮植树种草，恢复天然植被，预防水土流失，消除边坡滑动隐患。

5. 设置观测点，定期观测边坡动态

为了确保露天剥采工程的正常进行，1974 年在前河露天煤矿东帮平台上设置几十个观测点，定期进行边坡动态监测。通过监测，及时掌握边坡滑动情况，采取防范措施，防止了两次大滑坡的发生。

（六）安太堡露天煤矿

1. 滑坡事故

1991 年 10 月 29 日 0 时 10 分，南排土场靠工业广场一侧发生大规模滑坡。滑体最大走向长度 1095m，滑后倾向覆盖最大宽度 665m（其中，滑体宽 420m，前缘坡底冲出距离 245m），滑体垂高 135m，海拔高度 1315～1450m，滑落体积约 1000 万 m^3。滑坡发生后，造成矿区 7 台设备陷于滑体内，致使平鲁公路 1000m 堵塞，750m 毁坏，滑坡体前缘冲入工业广场，摧毁并埋没了分选车间、灯桥、矿大门守卫室等设施，刘家口水源供电线路中断，排水沟被埋 600m，滑体前缘紧逼供水塔，临近办公楼和更衣室。这次滑坡不仅造成了重大的经济损失，而且严重威胁着工业广场的安全与生产的正常运营。

2. 滑坡产生的原因

1）强度的原因

外排土场基底为第四系黄土，其强度较弱。此外，随含水量及压力的增加，软塑层强度急剧下降。

2）水的影响

排土场排弃物料及其基底土层的含水量增加时，粉质黏土和黏土强度迅速减小，造成南排土场失稳。

3）排土工艺

岩土在排弃过程中的分层作用和排土的推进强度的不均衡，易产生滑坡。

3. 南排土场滑坡综合治理措施

（1）滑坡体前缘清理。对滑坡体前缘进行清理需提供工业广场水塔至办公楼一线的安全距离（60～80m），以及维修部门前车辆进出与停放的最小场地要求（80～100m）。

（2）滑体上部 1450 平盘减重。

（3）滑体中后部 1380 平盘回填反压。

（4）坡面防渗层和排水系统。防止大气降水沿坡面渗入，防渗材料选用采掘场剥离黏土，沿坡面堆放后，由推土机推平碾压，要求压实厚度为 1 ~1.5m。

建立滑坡界外水拦截工程，在滑体东侧建截水土坝及导水沟系统；在 1380 与 1360 平盘建过水路面排水、导水系统；在 1330 平盘建排水沟系统。

(5)护坡与挡墙工程。进行台阶斜坡护坡处理时，均需用砌筑浆砌石挡土墙。

(6)科学合理的坡面林木栽植。在坡面的被动段栽植深根性的高大乔木。待被动段林木长大后，再在斜坡主动段栽种耐旱性强、树干矮而根多且深、消耗水分大和蒸发量高的灌木(自身质量小、助滑力小)，如沙棘等。

(七)黑岱沟露天煤矿

边坡稳定是影响露天煤矿安全生产的重要因素。黑岱沟露天煤矿在生产过程中所遇到的边坡稳定，既有加载造成的边坡不稳定因素(如排土场)，又有挖方和填方造成的边坡不稳定因素(如工作帮、非工作帮和内排土场)。

1. 排土场边坡

黑岱沟露天煤矿共有东排土场、北排土场、西排土场、阴湾排土场、东沿帮排土场 5 个外排土场和 1 个内排土场。5 个外排土场均坐落在典型的黄土高原沟壑区内。黄土基底滑坡是多种因素综合作用的结果，因此稳定排土场边坡的措施不可能是单一的，必须采取综合防治措施。

造成排土场失稳的主要因素有基底因素、排弃物料因素、自然因素、设计因素、土地复垦因素及生产管理因素等。

1)基底因素

基底因素的处理措施如下：

(1)调整排土场基底应力状态。将基底容易失稳的风化黏土用推土机清理，并将排土场边坡上部进行缓坡处理，局部区域采用压脚处理。

(2)提高基底土体排水固结强度。将大块岩石排弃在基底，严格控制加荷速率，使孔隙水压有充分的时间得到消散，使地基固结强度的增长能适应剪应力的增长。

(3)坡面防水系统。矿场剥离高岭土(黏土)沿坡面及平盘堆放，由推土机推压碾压，防止水的渗入。用黄土沿坡顶做挡土墙，防止上一台阶的水冲刷坡面后流入下一台阶。

(4)完善控制监测系统。滑坡在破坏前均无预兆，因此对边坡采取控制监测是预防边坡滑坡的重要手段。黑岱沟露天煤矿对每一个排土场均布设了地表位移监测线及地下位移监测孔，根据情况调整监测周期，并密切注意裂缝的监测工作。

(5)强化边坡管理。边坡管理的严格要求是所有措施得以实现的前提。

2)排弃物料因素

在充分研究排弃物料的物理力学性质后，制定出以下具体措施：排弃初期坡底大块岩石压角、中部台阶进行岩土混排、上部台阶用黄土覆盖，在排土场形成后进行土地复垦，坡顶边缘作挡土墙、修排水沟，既有利于排土场的水土保持，又能节省大量的灌溉用水。

3）自然因素

自然因素的处理措施如下：

（1）气候因素。随时恢复排土场形成后各平盘、坡面地表水的排泄体系。

（2）地震因素。根据《准格尔黑岱沟露天煤矿外排土场边坡稳定研究》的分析，本地区地震较为频繁，基本烈度为7度，排土场设计均按7度烈度考虑。

4）设计因素

排土场的选址、排土参数的确定，应充分考虑排土场的工程地质条件及形成过程中工程地质条件的演变规律，尤其是黄土基底排土场特殊的滑坡机制，确定合理的排弃参数及排土工艺与程序，以保证排土场的安全，提高排弃容量。

5）土地复垦因素

排土场是将采煤过程中废弃的散体物料堆积在一起的特殊工程，在排土场表面上复田垦殖，对于维护排土场边坡的稳定、自然环境的改善及水土保持，均具有重要的社会及经济意义。黑岱沟露天煤矿每年均在土地垦殖方面投入大量的人力、财力、物力，使黑岱沟露天煤矿的自然环境得到极大的改善。

6）生产管理因素

强化生产管理是保证排土场边坡稳定的重要前提，尤其是在生产期间，始终应严格按照设计要求实施建设，例如，西排土场基底风化严重，排土场随时都有发生滑坡的可能，在排弃过程中通过采取基底处理、底部排弃大块岩石、土岩混排、控制排弃强度和边坡角、排弃到位后进行防渗水处理，以及种植树木等措施后，西排土场使用10年来未发生滑坡事故。

2. 排矸场边坡

由于排矸场（选煤厂排弃的矸石）与西排土场位置紧密相连，基底情况基本相同，但排矸场地理位置的四周有选煤厂、装车站、铁路环线及南坪支线等重要的建筑设施，因此，排矸场边坡是否稳定，关系着选煤厂和铁路的安全，为了实现排弃量最大化，又不影响周围重要的建筑设施，在实施排矸场建设时，主要采取以下措施：

（1）对排矸场边坡护坡。通过排水系统排水，避免水渗入到边坡中而引起水的富集。

（2）合理分层提高排矸强度。在每一分层上用黄土阻隔空气，防止排矸场自燃，保持排矸场边坡稳定和避免污染环境。

（3）调整边坡参数对排矸坡面进行控制。采用基底置换，将基底容易失稳的风化黏土用推土机清理出排土场，将大块岩石排弃在基底；人工支挡（设置大型钢筋混凝土抗滑桩、大型预应力锚索边坡加固系统等），以实现应力、位移的远程、实时、自动监测，根据监测结果制定相应排弃方案。

1）应力监测

通过应力监测岩体产生的变形和内部应力状态发生的变化，当应力达到岩体强度时岩体发生破坏，因此监测岩体应力变化是一种积极主动的监测措施，它比位移监测能更早地获得岩体变形特征和滑移信息，对及时掌握滑坡动态和采取治理措施至关重要。通过连续、自动监测应力变化预测和评价边坡岩体的稳态，是确保选煤厂设施、铁路安全行之有效的措施。

（1）测点布置。测点布置在沿山坡黄土基底的排弃物荷载作用下的坡脚下方的黄土层中产生不同程度隆起和裂缝的位置，能及时准确反应边坡岩体内应力变化。在排矸场与选煤厂、铁路之间布置4个应力监测点，可完全控制排矸场对铁路和选煤厂的威胁范围。

（2）建立边坡应力远程、实时、自动监测系统。监测系统与锚索连接可直接测得锚索拉力，间接获得滑坡推力；监测系统与抗滑桩连接可直接测得抗滑桩受弯曲产生的拉力，间接获得滑坡推力，排矸场应力监测同时采用这两种方法。

（3）监测系统构建。监测系统主要由两个系统构成：一是智能传感、采集、发射系统，安装到监测现场，将监测点的应力数据自动采集、自动发射到接收分析系统；二是智能接收分析系统，将自动接收现场发来的数据，通过处理形成动态监测曲线和监测预警曲线，根据监测预警曲线判断监测对象的工作状态。

（4）边坡应力监测系统的功能优势主要体现在4个方面：①监测数据的自动采集；②边坡应力状态远程无线监测，数据传送和接收不受距离限制；③现场监测数据的实时自动接收；④全过程信息转换成应力变化动态曲线和仿真演示软件系统。

（5）系统设计。接收分析系统一般安装在主控制室内，实时显示监测各监测点的应力变化情况。根据需求，可以将变化的数据以变化的网页形式上网，使监测者在任何地方都可以实时地监测边坡应力变化情况。通过软件可以分析应力变化情况，对发生报警事件的信息可以通过短信的方式发送给监测者，以提醒决策人员采取相应的排矸场稳定性预控技术研究措施。

（6）锚索加固。岩石和土壤的锚固是一种把锚杆锚入地层进行预应力的施工技术。锚索插入预先钻凿的孔眼中并固定于其底端。固定后，通常对其施加预应力，锚索外露于地表的一端用锚具固定。锚索是一种带有静力作用的装置，它可按给定方向将力从结构传到岩土介质（地层）。

2）位移监测

位移监测主要监测地表和排矸场表面位移，采用全站仪监测系统获取位移信息，可以形成自动监测系统，通过 GPRS 模块将数据传输到中继站，再通过有线或无线方式传送到监测中心进行数据处理，确定是否发出警报，采用自动监测系统可以节省成本（与人工量测相比耗时少、需要人力资源较少）、不受天气情况的影响、可以得到实时数据、测量数据超过警戒值时系统会自动发送 SMS 短信通知。

（1）测点布置。位移侧线布置与滑坡主轴方向一致，测点布置在边坡内应力变化的敏感位置，如易隆起、下沉和容易产生裂缝、坡脚等部位，同时紧紧围绕确保选煤厂、铁路安全这一目标合理布点。

（2）位移实时、自动监测系统构造。自动监测系统的组件包括：Leica TCA2003 全站仪、数据传输模块（GPRS 模块或其他通信方式）、计算机和 GeoAuto 系列自动化监测系统软件等。

（3）预警曲线。目前，滑坡预报的主要途径之一是通过边坡体的位移变化或位移速率的变化及位移总值来进行的。边坡在滑动之前，其位移或位移速率会突然增大。根据这一规律，就可以对滑坡进行预报。

3）排矸场稳定性预控

通过对边坡位移、应力的实时监测，可有效地实现对边坡稳定性预测和滑坡预报，预报预警指标为位移、应力变化速率和变化总量，这两个指标与岩性、边坡结构、工程水文地质条件及边坡的重要程度等因素有关，因此，将研究确定这两个指标临界值作为预警限。当应力、位移监测值达到预警限时，预警系统会自动出现异常响应，应立即启动滑坡应急处理预案，调整排弃计划或采取必要的防治措施。

4）排矸场自燃

排矸场内煤矸石的自燃使煤矸石的强度明显弱化，承载能力大大降低，容易造成靠近坡顶及坡面的岩土体失稳破坏，发生滑坡，同时造成环境污染。因此，应优化排弃程序（包括矸石和黄土的排弃顺序、分层厚度及排弃范围等），避免煤矸石的自燃。

3. 片帮

黑岱沟露天煤矿引进了吊斗铲倒堆抛掷爆破高台阶剥离岩石工艺。吊斗铲倒堆前，必须采用抛掷爆破技术对下部岩石高台阶（38～45m）进行爆破。由于地质条件及爆破作业等因素的影响，加之煤台阶高度为 26～32m，易导致下一采幅的抛掷爆破台阶片帮，对露天煤矿生产及安全等方面造成不利影响。

通过片帮原因深入分析研究（包括地质构造、岩石力学性质和炸药敏感度等指标的匹配关系及其对抛掷爆破台阶的影响，爆破作业其他因素对抛掷爆破台阶片帮的影响），减少抛掷爆破后的侧冲，合理坡面角的优化，提高预裂爆破效果等措施，防止片帮的发生。

4. 抛掷爆破高台阶安全预警

为确保采煤工作面人员和设备的安全，采用国际先进的雷达监测报警仪对工作面的抛掷爆破高台阶进行实时监控预警。

设备由澳大利亚 GroundProbe 公司生产，通过雷达监测边坡、数据分析及预警，提前通知将发生片帮，避免设备及人员的损伤，在澳大利亚、美国等国家成功应用。

该装置设在非工作帮距离监控地点 200～800m 的位置，能监测采煤工作面 800m 范围内抛掷爆破高台阶坡面的变化，其精确度达到 2cm，通过测定变量，用雷达软件分析被观测对象的运动速度及加速度等的变化，确定是否发生片帮或滑落，达到提前预警的目的，确保安全生产。

5. 选煤厂边坡

黑岱沟选煤厂厂址坐落在古滑坡带上，且地下水位偏高，虽然在 1994 年 9 月完成了产品仓北侧边坡钢筋混凝土护坡桩、抗滑桩等工程，对控制滑坡起到了积极作用，但并没有完全解决边坡稳定问题。1995 年当选煤厂施工完成后，产品仓北侧边坡移动加速，已由蠕动演变为滑动。此处若发生滑坡，对选煤厂、铁路装车站将产生灾难性影响。准能公司随即对产品仓边坡采取了反压护堤、仰斜孔排水等临时性抢救措施，基本上抑制了失稳边坡的滑动，为今后对滑坡体进行全面治理赢得了宝贵时间。其后准能公司会同沈阳设计研究院、铁道部科学研究院西北分院对选煤厂边坡本着“彻底整治，不留后患”的原则，采取了以下技术措施对产品仓边坡进行了整治。

1）截水盲洞

在产品仓北侧边坡下设置水平疏水孔，利用水平孔排水控制边坡内地下水位的上升，在产品仓南部距煤仓中心线 25m 处设置截水盲洞一条，将截水盲洞产品仓一侧作成不透水墙，防止地下水渗漏，盲洞另一侧作进水结构，使盲洞单侧进水，彻底阻断地下水对滑坡体弱层的影响。产品仓至铁路站线间的边坡，采用水平疏水孔加坡脚下盲沟排水。

2）旋喷桩加固

对产品仓地基采用筒仓筏基外侧机械成孔的钢筋混凝土灌注桩，桩间以旋喷水泥桩周边围箍，仓下劈裂水泥灌注桩的方法进行加固。

3）预应力锚索

在尽量不扰动滑坡体、又便于施工的情况下，使用预应力锚索来锁定滑坡体。这种锚索自上而下按照各段滑坡推力的大小设计它们的锚索深度，按照不同部位土体的密实程度来设置预应力的大小和确定预应力可能消散的程度，坡面用钢筋混凝土板将锚索连接起来，最后将滑坡体同基岩锁定在一起，形成一个稳定的整体。

随着时间和环境的变化，该滑坡体后部平台上出现了多条弧形拉张裂缝，表明该滑坡体整体复活，处于蠕动变形阶段，随时有变形加剧，乃至整体失稳下滑的可能。2007 年 9 月邀请中铁西北科学研究院对黑岱沟选煤厂产品仓边坡进行滑坡研究和治理。

工程主要技术措施如下：

（1）预应力锚索立柱。沿挡墙设立26根锚索立柱，每根立柱设2孔压力分散型预应力锚索。

（2）预应力锚索框架。第一、二级坡面均设预应力锚索框架13片，结点处设压力分散型预应力锚索。

（3）仰斜排水孔。进一步降低地下水位提高滑带岩土抗剪强度，改善该滑坡体的稳定性。

通过采取以上各项措施，滑坡治理已取得较好的控制效果。

（八）新疆三道岭露天煤矿

三道岭露天煤矿于20世纪50年代末设计，经5次技改，最终规模为180万t/a。新疆三道岭露天煤矿在边坡治理上严格管理，制定了边坡管理细则，从施工管理、排水疏干与灭火管理、试验研究等方面制定了多项管理细则。在生产实践中实施了“治水、缓坡、加固、清理”，以“预防为主，治理为辅”的防滑措施。

第三节　露天煤矿地下水的控制与治理

露天煤矿开采过程中，逐步揭露各含煤地层的充水因素进入采掘场，影响正常开采。地下水控制是露天煤矿开采成败的关键问题之一，也是露天煤矿安全开采的重要条件之一。

一、露天煤矿地下水的控制

对采掘场涌水量的估算，通常采取廊道法估算各煤组水压水涌水量，根据各露天煤矿的不同情况，分别进行控制。1980年后，采用非稳定流理论计算疏干涌水量，目前采用数值法计算疏干涌水量。

（1）煤组含水岩组富水性非常弱的条件下，多采用平盘排水沟疏导地下水。

（2）煤组含水岩组属弱富水层的条件下，采用平盘放水孔及平盘排水盲沟疏放地下水。

（3）疏干排水系统安置在采掘场台阶平盘，布设移动式排水管路，用排砂潜水泵将水平放水孔和排水盲沟的水排至采掘场排水泵站。

（4）采掘场排水系统。进入采掘场的大气降水、地表汇水及地下水残余水，由设在采场坑底贮水的排水方式，按剥、采、排工程位置确定的采掘场排水系统排出。

（5）建立地下水动态观测网。涌水量较大的露天煤矿，通过建立地下水动态观测网，以掌握地下水压（位）变化规律、断层的导水性，以及预测地下涌水量。露天煤矿在缺乏含水层的分布及边界条件等资料不足情况下，可布置若干个地下水位(压)观测孔。

二、露天煤矿地下水的控制典型经验

抚顺西露天煤矿地下水疏干采取疏干巷道和疏干井措施。

(一) 疏干巷道工程

1. 冲积层疏干巷道

为拦截采场西南部冲积层地下水，在W2400、S250、+55m—W1200、S750、+81m区间开掘一条冲积层疏干巷道，总长1539.86m。

2. 凝灰岩疏干巷道

位于西南帮W1200～W1650、+55m水平开凿第一条凝灰岩疏干巷道，长1909.64m，采用巷道、钻孔联合放水方式。

3. A层煤疏干巷道

位于西南帮W1200～W1650、+55m水平，沿A层煤底板开挖，巷道内采用垂直和仰角放水孔放水，总长621.9m。

4. 西北帮疏干巷道

位于W1800～W1000、+35m水平，在巷道内采用垂直和倾角放水孔放水，即疏放冲积层孔隙潜水兼疏放白垩系岩层裂隙水，巷道长1572m。

(二) 疏干井工程

1. 冲积层疏干井

1982年在W1200～W1900建造冲积层截排疏干井16眼，疏干井总长505.2m，至1992年末，共排水1360.3万m^3。

2. 岩层疏干井

为疏放基岩白垩系裂隙水，1987年5月开始，在北帮沿7～28干线北侧的W600～E800区间，建造基岩疏干井22眼，进尺658.7m，至1992年末，共排水95.5万m^3。

3. 水平放水孔工程

水平放水孔设置仰角3°～5°、孔径89mm，直径2in（1in=0.0254m）的塑料管。

4. 垂直放水孔工程

1988年以来，在W200～W800分别施工垂直放水孔6个，进尺1437.6m，由绿色页岩边坡向下穿过油母页岩进入老空巷，取得较好的效果。

三、露天煤矿防排水的经验

1. 抚顺西露天煤矿

防排水工作是露天开采的重要组成部分，直接影响西露天煤矿的安全生产和安全度汛工作。根据长远发展规划的采矿部分，随着采剥降深及大规模内排土场的发展，坑底的长度、宽度逐年减小，深度逐年加大，最终西区坑底宽度为265m，采深标高达－396m；中区坑底宽度为40m，采深标高达－380m；东区坑底宽度为36m，采深标高达－256m。坑底储水能力逐年减小，汇水高差逐年增大，将逐渐形成深凹的“锅底状”露天煤矿坑，为了确保大规模内排土场边坡稳定、地面重要设施安全及坑底采剥工作的顺利进行，立足防大汛、抗大灾，提高综合防汛能力，建立与生产实际相配套的防排水系统，西露天煤矿防排水系统是按抗百年一遇特大暴雨规划、设计和施工的。

矿坑面积10.866km^2，总汇水面积1183.5万m^2。为合理拦截、疏导该范围内地表水及地下水，在南、北地表设两条截水沟，即北沿帮水沟由东岗向西流入大官暗渠，南沿帮水沟由注砂井向西流入古城子河。坑下不同水平设永久和临时性水沟、铁渡槽等疏水系统，分别流向各泵站。其中，地面直排泵站4座，南昌井下泵站1座，坑下临时捣泵站1座，泵船1座，另外坑底还设有E600、E900、E2700三个下水口，分别流向胜利井下－425m泵房、－280m泵房、－190m泵房。地面各泵站总排水能力为40万m^3/d。大型蓄水消能池5座，总容积为2.4万m^3，共有土水沟30085m，块石水沟13190m，铁渡槽1770m。排水管路20多公里，按百年一遇暴雨标准形成了一个比较完善的防排水系统。

2. 伊敏露天煤矿

治理南侧底板残留水，解决底板残留水水量较小和杂质较多的问题，更换了水泵型号，选择了排水扬程高的排砂泵。为解决底板水补给慢的问题，沿着煤掌子边缘和内排土场外沿与超降井挖一条环行的顺水沟，加快底板水的疏干。南坑的底板水疏干后，用泥岩将顺水沟埋上，隔断底板水的补给源；拆除超降井和管路，采出南侧的底板煤。

北侧的底板水疏干和南侧的一样，在适当位置打超降井，沿主要底板水的补给方向挖顺水沟，因北侧底板煤比较厚，挖顺水沟时将顺水沟挖到底板泥岩500mm以下，使顺水沟起到挡水沟的作用。为了控制南侧底板水的水位，沿着南侧煤掌子的边缘和北侧煤掌子的边缘挖一条顺水沟，与北侧的顺水沟连通，使南侧的底板水流到北侧超降井，用北侧的超降井将水排入地面的排水沟。

通过采取上述措施，疏干了底板煤残留水，保证了底板煤的正常开采和内排土场的正常推进，提高了回采率。

第四节　露天煤矿的信息化

露天煤矿开采的对象是赋存于地壳浅部的煤炭资源，煤炭赋存的地质环境、空间形态变化很大；露天煤矿的主要生产环节为采装(含穿爆)、运输、排土，还包括地质测量、疏干排水、供电、破碎、分选等。因此，生产环节、生产系统比较复杂。为提高露天矿生产规模及管理水平，实现高效、安全生产，必须走高度集中化开采与集约化经营之路，在实现露天采煤机械大型化、连续化、系列化的同时实现企业管理计算机化与露天煤矿建设的信息化尤为必要。我国露天煤矿在信息化建设上做了大量工作，为建设数字化矿山打下良好基础。

一、建立信息化管理

20 世纪 50—70 年代末，露天煤矿生产管理基本上实行以局、矿生产调度制进行生产管理，即通过岗位责任制、汇报制度、调度会、平衡会等方式，以及使用调度设备传达信息，实现企业生产管理。由于调度设备比较简单，以有线通信设备为主，辅以模拟板盘、管理图表牌板加以管理。随着生产力的发展和科学技术的进步，进入 20 世纪 80 年后露天煤矿的生产管理实现了新的突破。

21 世纪初，中国现代露天煤矿已经初步建立了综合信息系统，以满足传输各类信息的需求，将生产过程中的语音、数据、图像等信息及时反映到监控系统中，使整个生产过程处于受控状态，生产出合格的产品。

国有大型露天煤矿各生产环节，已分别实行不同程度的信息化管理。

（1）地面 35kV 配电所的微机保护、测控及 35/6kV 移动变电站的监测，通过现场总线联网进行智能化管理，并通过上级机构纳入计算机管理系统。

（2）生产系统的坑内排土系统、坑内运煤系统、地面生产系统分别采用可编程序控制，在集中控制室设置可编程序控制主机、工业计算机和打印机，在各分控室设置远程分站。

（3）疏干系统控制采用微机遥控、遥测，实现对潜水泵的实时控制。

（4）生产集中控制系统对各运行设备的状态，大型带式输送机的打滑、跑偏、纵向撕裂，转载点物料堵塞，仓内料位，电子皮带秤等实行信息化管理。

（5）生产调度通信：

①有线调度通信。通过对 C&C08 - S - 1024 型数字程控交换系统进行分群，提供数百线调度用户电路，可实现对调度用户“单呼”、“线呼”、“群呼”和“一键直通”，获得信息。

②GPS 及无线调度通信系统。矿用卡车采用 GPS 自动调度系统，对卡车、电铲等设备的自动导航、动态跟踪、精确定位、卡车重新调配、超速报警、状态统计、设备维修、实时统计运输量等信息，提高矿山设备的利用率和生产效率，达到优化管理的目的。

（6）计算机管理信息系统。建立计算机信息管理系统（MIS）已成为行政和生产管理的重要组成部分。通过建立计算机网络，实现资源共享、互联应用，成为获取信息成本最低、传输最快的信息系统。

二、信息化管理经验

（一）伊敏露天煤矿

煤炭科学研究总院沈阳研究院与伊敏煤电公司合作在伊敏露天煤矿在实现企业信息化管理方面做了大量的工作，先后建立了管理信息系统（MIS）、工业监控系统（包括卡车调度系统、疏干集控系统、35kV供电保护系统、电铲工作参数监测系统、加压泵站系统）和技术应用系统（包括地理信息系统GIS、矿床地质模型系统、采矿计划系统、测量验收系统）等，建设了以光缆为基础的高速企业网，与Internet对接并建立了网站系统。这些系统的使用为露天煤矿生产、经营、管理提供了先进的技术手段，为生产管理决策的快速、准确、优化提供了全面数字化。

1. 生产监控系统

2004年前实施了生产监控系统，包括露天煤矿卡车自动化调度系统、疏干排水集控系统、破碎机—输送带集控系统等。

以露天矿卡车调度系统为例。该系统集全球定位系统（GPS）、无线传输系统、计算机网络系统于一体，整个系统由调度中心、车载终端、无线电台、GPS接收与差分设备4部分组成，可自动采集电铲及卡车的位置、速度、方向、状态、物料等各类信息。这个系统填补了国内自主开发的空白，获得科技部技术创新支持；独创多项先进技术，性价比明显优于国外同类产品；系统功能强大，优化调度效果明显，提高生产效率显著；系统使用安全可靠，抗干扰、抗严寒、抗震动、防尘防雨能力强；在华能伊敏露天矿和抚顺西露天矿得到应用。

2. 管理信息系统

在管理信息系统，进行数字矿山总体方案设计，建立的三维矿床地质模型系统、三维采矿计划系统，2004年投入运行；2006年供电系统、供水系统、电铲运行参数监控系统投入运行；2007年生产过程模拟系统、决策分析系统、边坡监测系统、卡车调度系统二期投入运行；2008年又实现了各系统的应用集成与数据整合，编制了总控界面，在统一的数字矿山总控平台下调用各个系统。

伊敏露天煤矿信息化建设，为建设数字矿山打下了基础。数字伊敏露天煤矿整个系统分为技术应用、生产监控、管理信息、决策分析四大板块。其中，技术应用系统包括矿床地质模型、采矿计划优化、测量验收、采矿生产过程模拟、地理信息系统、边坡监测系统等；生产监控系统包括卡车调度系统、疏干集控系统、供电系统、供水系统、破碎机—输送带监控系统、电铲运行参数监控系统等；管理信息系统包括人事、档案、计划、消耗、供应、销售等功能；决策分析系统包括统计、分析、决策等功能。同时为实现建设数字矿山的长期目标与主要内容(实现资源与开采环境的数字可视化，技术装备智能化与生产过程控制自动化，信息传输网络化与资源高度共享化，管理与决策科学化，开采环境的安全化和环保化)迈出了可喜、扎实的一大步。

（二）安家岭露天煤矿

1. 工业电视监控系统

2004年，安家岭矿建立了矿区工业电视图像监控系统，监控范围覆盖了矿坑生产现场、维修厂区和车间及原煤作业。

2. 生产调度管理系统

2006年，安家岭矿与煤炭科学研究总院沈阳研究院合作开发了露天煤矿生产调度管理系统软件。

该系统自动将数据进行整理、计算、汇总，制作成设备停机明细、日统计、月统计、年统计、生产日报和各种分析图表，将各种数据图标直观地显示出来。各级领导及生产指挥人员通过网上查询就能够及时地了解生产和维修现状，发现工作中存在的问题，解决问题于萌芽状态，充分发挥设备效率，从而提高企业的效益。

（三）安太堡露天煤矿

1. 系统更新

安太堡露天煤矿调度主要由无线通信网络系统更新为数据集群信号系统。新系统建立在矿区面积延伸，以及增加新设备和人员的情况下投入实施。新系统步话机通信设备在安太堡矿区投入了约50余部台式步话机和150多部手提式步话机。

2. 数据处理

生产结果最终由生产报表来体现，生产报表的形成主要是依靠人工进行统计计算为主，数据输入终端为辅；产量报表由调度室输入员将生产班采掘设备工票汇总平衡后算出；设备报表仍由输入员将本班设备状态统计后输入终端AS400软件后月终所得，通过此软件可获得设备延误小时报告、设备指标考核报告、日产量报告、维修时间利用报告、装载设备产量报告及分平盘产量报告等所需报表。

矿计划引入GPS技术、无线数据通信技术和计算应用技术的矿山信息管理系统实现：

（1）统一应用平台，不仅调度系统人员可以使用本系统，各二级单位领导及相关部门也可通过GPS安装系统，扩展了综合调度管理系统的应用范围。

（2）统一数据集成平台，集成实时监控数据。

（3）采矿设备实行统一管理，实时优化调度、各生产环节的实时自动监控和管理、矿山基础信息和运行数据的管理、查询和报告，进而达到利用高科技手段来实现进一步提高生产率、降低运营成本和提升矿山管理水平的总目标。

（4）实时跟踪生产设备运行情况，及时调度，确保安全。该系统可以随时监测矿坑生产运输情况，实现调度信息分流处理，实现计划工作的及时性、准确性、可追溯性。

3. 建立GUI故障诊断系统

1）图形用户接口功能

（1）显示机器工作状态。

（2）显示、设定提升和推压限位（起重臂外形限位）。

（3）故障说明和报警。

（4）显示温度监测。

（5）显示支臂状态。

（6）显示登机梯的位置。

（7）显示润滑系统的设定值和状态。

（8）手动启动润滑循环状态。

2）标准诊断系统

Centurion GUI标准诊断系统包括：

（1）标准的温度监测系统对所有的电动机（绕组和轴承）、滚筒轴轴承、悬臂上的推压大轴衬套及环境温度监测。在触摸屏上有相应图形化的温度显示。

（2）维护人员可以借助驱动程序和分析软件来记录分析，也可在线诊断电铲主动作的参数、设置、性能。

（3）控制逻辑软件使以诊断为目的的维护人员能够看到控制器逻辑程序、功能校验和参数。

（4）输入/输出（I/O）设备监测和故障检查系统能够鉴别故障的类型和位置。

（5）标配了自动集中润滑系统，向所有主要系统定量供应所需润滑脂和开式齿轮油。气驱动林肯泵的比率为75∶1。在润滑室装备有大型润滑油箱，并配有加热器。润滑油箱铺设了管道，穿过润滑油室的前壁，并装备了凸轮锁定装置，以便从润滑油室外就可以注油。润滑脂油箱的容量为2271L，开式齿轮油箱的容量为1514L。在每一个润滑油箱上都装备了液位传感器，用来监视润滑油的油量。润滑油的液位可以在润滑油室的显示单元上看到，并在GUI上显示。标准的集中润滑系统为3个区域配备3个泵，每个区域一个泵。润滑脂系统有两个区域，一个是上车区域和工作机构，另一个是下车区域。开式齿轮油系统是一个单独的区域，涵盖了工作机构、大齿圈和环轨区域。在每个主要注油组处都装有压力传感器，在GUI上显示系统压力，用来进行报警和诊断。

（四）黑岱沟露天煤矿

黑岱沟露天煤矿在开采主设备大型化、工艺组合简单化、生产管理机动灵活化的基础上，形成了数字化露天煤矿开采体系，包括十多个子系统。其中，已经投入运行的子系统包括“EAM(设备资产管理)系统”、“劳动人事管理系统”、“财务管理系统”、“生产调度管理系统”、“抛掷爆破设计模拟效果分析应用系统”、“运输车辆交通预警系统”及“水土保持与生产环境重建技术系统”等子系统；正在研发的子系统包括“大型车辆故障诊断系统”、“基于 GPS 的调度与管理系统”及“剥、采、排与土地复垦综合预控系统”等子系统。

正在筹建的“基于 GPS 的调度与管理系统”，通过 GPS 实时跟踪和采集所有开采设备的位置信息，并通过数据无线通信网络传输到主控系统。系统根据开采位置、时间、设备、物料等与生产有关的信息，在生产过程中的各种限定条件下进行复杂的综合运算，优化得出卡车、电铲等设备运行的最佳调度方案和路线，再通过通信系统下达指令信息引导运输车辆按既定的方案和线路装载、运输和卸载。力求实现以减少采矿设备相互等候时间和空载运行时间、降低额外耗来达到提高设备利用率、降低运行成本和提高生产率的目的。预计 2009 年底正式投入使用。

正在开发的“现代露天煤矿剥、采、排与土地复垦综合预控技术”包括“领导桌面分层分类管理”、“总体展示、超前演示、实时演示、历史回放虚拟仿真”、“生产计划、作业优化”、“验收测量”、“边坡稳定分析”、“土地复垦”、“生产复垦”、“生产成本管理”、“三维建模与算量”、“煤质管理”、“储量管理”及“地质构造”11 个模块。它通过建立剥离、采煤、排弃三维模型及数字化采集系统，集成其他数字化子系统的信息，实现精确、实时动态跟踪的 GPS 测量，实现采场移动设备位置、工程位置、工艺技术参数、地形模型、地质模型、生产管理要素等信息动态处理和应用，最终建立现代露天煤矿数字化绿色开采技术的时空信息平台，把信息转化为数字模型，再把数字模型转化为直观的信息提供给决策者，作出优化的信息方案用于生产，从而实现提高生产率的目的。该项目预计在 2009 年底完成。

（五）霍林河一号露天煤矿

1. 采用了“模拟市场管理”方式

采取相互承诺、层层联保的动作方式，将竞争与约束机制引入各个生产环节。A、B、C、D 四大横班任务均分，各部门间形成“市场上下环式连接”，服务对象就是市场，下道工序就是上道工序的市场规则。从而使各个工序间互创条件、减少摩擦、降低内耗，实现了穿爆、采掘、运输、服务环节间有效协调与整合，提高了整体运作效率。

2. 成本最小化是露天煤矿追求的目标

确定目标成本后，进行成本倒算，层层分解指标，使每一个单位“细胞”均成为“成本主体”，最终达到自觉控制“成本源”的目的。过去，大车司机往返值班室吃饭，造成空驶浪费。如今，生产运输部搞了“五到现场”，仅司机往返吃饭一项，全年就能节约柴油费用支出几十万元。

3. 采取了“人机互保、指标联考”的管理模式

露天煤矿生产，设备是保证，生产设备的好坏决定单机效率。为使每一台单机达到产出最大化，露天煤矿制定了“人机互保联考”的管理方法。实施后极大地调动了管理人员和司机的积极性，出现了设备效率和运输能力不断提高、各种材料消耗不断下降的良好发展态势，为露天煤矿高产高效持续发展提供了可靠的保证。

第五节　露天煤矿的生态重建

自20世纪50年代以来，矿产资源的大量开采已给陆地生态环境带来了严重的损害。据报道，中国受采矿业影响的土地大约有300万 hm^2，20世纪末中国每年因采矿造成的废弃地面积达3.3hm^2。据对矿山典型调查，冶金矿山占地中耕地约占20%，煤炭矿山占地中耕地约占70%，而目前的复垦率只有9%，这与发达国家目前75%的复垦率相差甚远。

随着科学技术的不断进步，人们日常生活水平的日益提高，露天煤矿土地复垦生态重建已备受人们广泛关注。

露天煤矿开采使原生地表、地形、地貌被破坏，原生土体结构被扰动，自然生态被破坏，排出大量的剥离物，形成大量的废弃地，需要土地复垦生态重建。土地复垦生态重建包括土地整治、水分调控、土壤熟化及植被建设等工作，是一项综合的系统工程。

一、露天煤矿对生态的影响

露天矿山开采过程中的主要生态问题包括土地破坏、次生地质灾害、植被破坏、环境污染、水土流失和土地沙漠化等。

1. 土地破坏

露天矿的开采、尾矿堆放、塌陷等需要占用大量土地，特别是占用农田、耕地、林地等，破坏了农村生态系统。露天开采彻底改变了土壤养分的初始条件，且增加了养分流失的机会。露天煤矿是露天矿中土地破坏较为突出的一种。据有关调查与资料统计，每开采万吨煤约破坏土地0.22hm^2。其中，挖掘破坏约为0.12hm^2，外排土场压占约为0.1hm^2。“九五”期间，我国年计划露天开采煤炭0.1Gt。估算年破坏土地面积约2200hm^2。我国现有露天煤矿1000多座，总堆积量达30亿t。占地5800hm^2，并且每年新增排放量1.5~2.0亿t，占地300~400km^2。

2. 次生地质灾害

矿产分布的地区多是地质构造较复杂、不稳定的地区，在这些地区的断裂、褶皱等

构造非常发育，断裂和褶皱的切割展布致使岩层破碎，促进了表层破碎岩土侵蚀的发生，所以，这些地区都存在产生次生地质灾害的隐患。露天矿区在开采中极易引起山体滑坡、崩塌、泥石流、地面沉降等次生地质灾害。

3. 植被破坏

矿山生产中，由于矿石堆放、开山修路、地面塌陷与露天采矿等都会导致植被破坏。据调查，我国因采矿直接破坏的森林面积累计达106万hm^2，破坏草地面积为26.3万hm^2。植物是生态系统的初级生产者，它的破坏使得矿区的生物生存条件遭到破坏，生物量减少，生态系统结构受损、功能及稳定性下降，引起水土流失和沙漠化。

4. 环境污染

露天矿生产中对环境污染包括水污染、大气污染和重金属污染等。矿石的淋滤容易对地表水、地下水产生污染。矿石堆的淋溶水、选矿废水等排放量大且成分非常复杂，含有大量的悬浮物、重金属和放射性物质，危害大。以我国某省为例，该省中型以上国有矿山固体废弃物历年累计产生量为35564.8万t，大部分堆放于河谷、岩溶洼地等地下水分布较浅的地带。雨季时，受矿渣污染的雨水下渗，对地下水造成严重污染。同时，堆于江边的矿渣也对江河水质造成污染。如澜沧江水系的某支流由于上游铅锌矿的大量无组织开采，矿渣沿江堆放，使其水质严重恶化，总铅平均浓度0.077mg/L，最高浓度达0.177mg/L；总氟的平均浓度达0.0154mg/L，最高浓度达0.0409mg/L，严重超标。另外，由于露天矿是露天开采，大气污染问题较地下矿严重。生产过程中产生的粉尘被吸入人体后会导致硅肺病甚至癌症的发生，直接危害工人和周围居民的身体健康。生产过程中噪声和燃煤废气的排放对当地环境产生了非常不利的影响。

5. 水土流失和土地沙漠化

露天矿建设和生产中，由于地面植被覆盖率减少、土壤松化、矿渣排放等，容易造成水土流失。植被减少、地下水位的下降还会造成土地沙化、干化。水土流失导致下游河湖的淤积，土壤营养元素的损失，造成地力衰退。沙漠化的过程是土壤生境碎化的过程，表现为土壤理化性质的劣化过程。土壤的粗化、伴随沙质荒漠化导致的土壤盐碱化，土壤团聚体粒径减小、含量降低，团粒结构的消失，土壤生物种类与种群数量的减少。

二、露天煤矿生态重建技术

1. 尾矿的综合利用

尾矿的回收利用技术主要有烧砖，制水泥、混凝土，铺路，回收煤炭、黄铁矿，提取氧化铝，以及制备无水三氯化铝、结晶氯化铝、聚合氯化铝和水玻璃等。

2. 矿区大气污染治理技术

可采用流化床脱硫等技术，最大限度地降低煤烟型污染和酸雨的危害。对露天矿的防尘，主要是采用湿式措施，即向预爆破矿体或表面洒水、水封爆破和大爆破后通风降尘等。

3. 矿区土地恢复技术

土壤系统的恢复分为两个部分，即稳定化处理和土壤改良。

矿区稳定化处理主要是指对采矿形成的洼坑进行回填形成平地，对排土场的边坡进行处理。对于出现地面积水、土壤盐渍化等现象的土地要进行脱盐排水；对于积水塌陷区，可以采取充填复垦和疏排法等非充填方法治理。

矿山尾矿及废弃矿中均缺少植被生长所必需的有机质、氮、磷、钾等物质，因此通过添加肥料和利用豆科植物的固氮能力对矿山土壤进行化学改良是必要的。

4. 植被恢复技术

矿山废弃物及尾矿经过长期的堆置会在其表面覆盖一层植被，因此可以利用人工种植植被的办法来改善和恢复生态系统。

植物种类的选择可参考以下原则：

（1）生长速度快、适应能力强。

（2）本地优良的乡土树种优先，适当考虑引进外来速生树种。

（3）固氮能力强。

5. 土壤重金属污染治理技术

重金属污染生物恢复技术主要包括微生物修复和植物修复。

三、中国露天煤矿生态重建的进程

中国近50年来的矿区生态重建与土地修复工作可分为4个发展阶段：

(1)20世纪50年代，主要进行的是为实现矿区土地可进行农业耕种为目标的土壤修复工作，矿区土地修复沿用传统思路——通过填埋、刮土及复土等措施将退化土地改造成可耕种土地。

(2)20世纪70—80年代，矿区土地资源的稳定利用及相关的基本环境工程的配套问题得到重视，土地修复开始系统化。

(3)20世纪90年代，在矿区土地修复问题上，生态学方面的内容得到加强，包括：①选用适宜的表土、植物和肥料；②研究先锋植物根的生长模式及根系分布结构；③研究重金属的迁移模式；④优化回填肥料的性质，例如，利用煤炭垃圾或粉煤灰回填或促进植物生长；⑤在生态恢复中综合考虑景观美化、可持续发展、人与自然的和谐等问题。该时期，生态学的观点在矿区土地修复研究与应用中被已被广泛接受，但客观来说，这种朴素的实用生态学观点与西方科学家所推崇的“完全生态恢复”，即回复到最初的生态系统，在理论上存在差别。这个时期的土地修复是一种以植被复原与生物多样性保护为目标的生态修复。

(4)21 世纪以来，一种以矿区生态系统健康与环境安全为目标的生物修复技术受到重视，其中包含金属矿区土壤的植物修复、微生物修复、动物修复及其联合协同修复等多项环境与生物新技术。随着时代的发展、研究的逐步深入，很多新的技术、方法及理念将会出现在矿山生态重建工作中。

四、露天煤矿生态重建典型经验

（一）伊敏露天煤矿

一期设计生产能力 500 万 t/a，1999 年建成投产；二期设计生产能力 1100 万 t/a，2007 年建成；三期设计生产能力 1600 万 t/a，预计 2009 年建成投产；四期生产能力 2300 万 t/a，正在设计。

自投产以来，每年均有计划地投资复垦绿化，并取得显著成绩，2007 年获“全国环境友好企业”。截至 2007 年，复垦面积 320. 14hm^2，绿化面积 312. 64hm^2，腐殖土回收量 70 万 m^3。

外排土场绿化，采取降坡措施，由原排弃堆积形成的 35°坡面角排土场，降至 20°，待沉积稳定后，回填腐殖土，进行种草、种树复垦。其效果已恢复到原始生态草原。

伊敏露天煤矿外排土场降坡后的植被如图 3 - 13 所示。

伊敏露天煤矿植被对比如图 3 - 14 所示。

（二）平朔安太堡露天煤矿

平朔安太堡露天煤矿矿区地处黄土高原东部山西省北部的朔州市平鲁区境内，与号称黄土高原“黑三角”的世界特大型煤田——神府东胜煤田相邻，是一个对环境改变反应敏感、维持自身稳定的可塑性较小的生态环境系统，属黄土丘陵—强烈侵蚀生态脆弱系统。

安太堡露天煤矿自 1985 年 7 月开始开采，1987 年正式投入生产，年产量为 15Mt，系目前中国建设速度最快、机械化作业程度最高、世界上少有的大型露天煤矿之一。与此同时，由于煤炭资源露天开采的需要，对覆盖土壤、岩石大规模剥离挖掘，废弃物的排放堆积及附属工程的建设，已占用土地约 2105hm^2，使原有自然景观发生了很大的变化，近 10 年来，排放废弃岩石等十几亿立方米，形成 3 座高约 100m 的小山，占地 900hm^2。

1. 科学规划和设计

安太堡露天煤矿在 1985 年建矿伊始就将土地复垦提到重要的位置，结合矿区的总体规划，进行整体性、综合性、超前性的科学规划和布局，使资源开发与土地复垦紧密结合,实行动态控制管理,最大特色是将土地复垦纳入整个矿区开采方案,坚持采、运、

图3-13 伊敏露天煤矿外排土场降坡后的植被

图3-14　伊敏露天煤矿植被对比(近处为采后植被草坪远处为原生态草原)

排、复一体化。

2. 土地及复垦

安太堡露天煤矿1987年前的基建征地面积为15277.01亩，包括一号矿坑、外排土场及工业广场；1987年后至今的矿坑和排土场征地总面积为29057.31亩；两项合计为矿山征用土地的总数量，面积是44434.31亩。

安太堡露天煤矿由于开采范围大，矿坑近600hm^2，采深为150～200m，垫高为30～150m，工程扰动大，波及生物圈、大气圈和土壤圈等。十几年来复垦引种种植87个品种。其中，乔木27种，灌木8种，草22种，药材18种，农作物12种。共复垦土地面积23363亩，其中，乔木面积2000亩，灌木面积3100亩，草地面积1200亩，乔灌混交林面积5700亩。矿区复垦率达41.61%（排土场复垦率达90%以上），远远高于国内平均10%的水平。

3. 综合利用复垦地

复垦地土壤一般肥力较低。改良土壤的措施，一是施用化学肥料，二是大量种植生物固氮类植物，再将产生的植株通过多种方式归还土壤，从而提高了土壤有机质，使土地质量达到当地中等旱平地的水平。

土地综合利用方面，在科学理论的指导下，以经济效益为中心，努力搞好经济林建设，综合开发已有土地复垦的成果。近期以控制水土流失和发展经济作物为核心，如建立苗圃，种植中草药等；中期以复垦土地深层开发为中心，形成农、林、牧、果的格局；远期准备以综合开发为中心，建立猎场、旅游景点、野生动物栖息保护园等。目前矿区已复垦的800hm^2土地上，生长着良好的牧草和树木，已具备发展养殖业和木料加工业，并已对煤矿和地方政府产生了良好的社会效益和环境效益。

4. 生态环境恢复效果

（1）排土场水土流失逐年减轻，复垦后的侵蚀模数为3478t/(km^2·a)，比原地貌减少了194%。

（2）建立了完善的排洪渠系，坡面基本无切沟侵蚀。

（3）通过复垦措施改善了排土场平台体积质量，表层由1.8g/cm^3降为1.3g/cm^3左右，表面疏松后比表层压实的平台减少径流56%。

（4）草灌乔覆盖度基本达80%～90%，减少径流66%，减少侵蚀77%。

（5）当边坡和平台复垦种植后，风速降低38%，明显减少了风蚀。

（6）防风林带的建立和草灌乔对土壤的熟化，为排土场平台建立农田带来可能，现已开发农田和苗圃地1000亩，达到了当地耕地水平。

（7）采矿中合理的采、运、排、复垦“一条龙”作业法改善了地貌特征，填埋了沟壑，利于形成农田，控制了排土场的水土流失。

（8）改善了生态环境，使排土场到处生机盎然、鸟语花香，彻底改善了矿区的环境形象。

（9）由于植物繁茂，招引来了多种动物，如蛙类、蛇类、野兔、野鸡、石鸡、刺猬、鼠类、狗獾、狐狸等来此定居，使荒凉寂静的生态变成有生气的绿色生态园区。

（10）区域小气候得到改变，气温、地温有所提高。例如，雁北地区不宜刺槐生长，但安太堡矿种植的刺槐长势良好；沙打旺在雁北地区不能结籽，但在安太堡矿南排土场种植的沙打旺能正常结籽。生态环境建设达到国内领先水平。蓝天白云下，绿树葱葱，鸟语花香，生机盎然。

截止到2007年底两露天煤矿共计复垦面积23363亩。

5. 复垦效益

1）生态效益

生态效益包括矿区林地物质生产的效益，林地调节空气的效益，吸收污染物和阻滞粉尘的效益，林地涵养水分的效益，林地土壤保护功能的效益，林地娱乐文化功能的效益，草地生态服务功能效益。根据连续多年的观察试验，复垦后的土地质量和土地利用结构得到明显改善。

2）经济效益

土地复垦产生的直接经济效益和间接经济效益主要体现在以下几个方面：

（1）通过科技复垦获得有生产力的土地面积为1000hm^2，每公顷土地平均升值15万元，今后可获得土地升值达1.5亿元。

（2）按朔州市平鲁区水利局文件要求，安太堡露天煤矿完成水土保持工程，从而使矿方免交500万元的水土保持治理费和781万元的水土流失补偿费。

（3）按环保局收费文件要求，每吨煤矸石收费5元，公司每年矸石产生量1000万t，因全部用于土地复垦造地工程，故环保局免收，仅此一项每年为企业节约5000万元。

（4）安太堡矿区现有刺槐地2400亩，约120万株，以目前的价格10元/株计算，价值1200万元。

如条件成熟，实行以地换地，可为矿方节约征地费2.4亿元（1000hm^2 ×24万元/hm^2）。

3）社会效益

安太堡矿土地复垦产生的社会效益首先体现在减轻自然灾害上，如保护新造土地不遭受沟蚀破坏与石化、沙化、减轻滑坡的危害等。废弃地复垦的中后期，已具备生产性功能，其社会效益不仅减轻了自然灾害，而且经过土地重塑、土壤重构、植被恢复，既保证了“耕地总量动态平衡”，又重建了比原生态更好的生态系统。目前矿区有刺槐林地1200亩，约60万株，价值600万元；通过科技复垦获得有生产力的土地面积

$300hm^2$，可获得土地升值达1575万元。同时，改善了矿方与地方政府、矿方与农民的关系，增加了社会的稳定性。现在矿区附近农村有3000～4000头牲畜，常年在矿方复垦区放牧和储存过冬饲料。

（三）黑岱沟露天煤矿

黑岱沟露天煤矿设计能力12Mt/a，到2005年扩建完成后，原煤生产能力达20Mt/a，是国家主要的动力煤基地。根据黑岱沟露天煤矿的特点，借鉴国外露天煤矿土地复垦、生态重建的经验，公司明确把露天煤矿排土场土地复垦及生态重建工程纳入生产经营计划，放在矿环保工作的首位。经过10年来坚持不懈地开展土地复垦工作，共复垦土地$515hm^2$，外排土场（东、北和西排土场）复垦率为53%，矿区总的复垦绿化率达到30%，是全国露天煤矿平均复垦率的3倍。在煤炭产量逐年增长的同时，生态环境建设也取得了优异成绩，初步实现了经济效益、生态环境效益的协调增长。其主要做法如下所述。

1. 全面规划，总体安排复垦工作

黑岱沟露天煤矿平均剥采比为$5.36t/m^3$，上覆黄土和岩层平均厚度为120m，每年开采煤炭12Mt，约有$60Mm^3$剥离物要排弃堆放。根据规划，黑岱沟露天煤矿总占地$5124hm^2$。其中，外排土场$629hm^2$，内排土场和采场$4236hm^2$，工业广场$259hm^2$，排土场最大堆积高度90m，矿坑最大深度150m。这表明在露天煤矿矿区范围内，将产生巨大的地貌形态改变，原有土地的结构全部被打乱，功能基本丧失，自然生态系统被破坏殆尽。结合矿区实际，具有科学性、统筹性和一定的超前性，是指导矿区重建工作的重要科学依据。

2. 结合生产，保证资金，把生态重建工作落在实处

黑岱沟露天煤矿十余年来累计排放各种固体剥离物和洗矸达$35Mm^3$以上。准格尔地区干旱多风，排弃的松散、裸露的剥离物极易飞扬起尘；在7—9月份雨水集中的时候，又会被水侵蚀造成水土流失。为此，必须采取复垦种植措施，恢复植被，产生综合生态效益和社会效益。在排弃剥离物时，设计了多层台阶排土场，台阶高度15m，最小台阶宽度40m，自然边坡角38.5°。这样既增加了排土场的稳定性，又有利于复垦种植和防止水土流失。排放的剥离岩石经推土机推平整形后，在北排土场和西排土场采用单斗卡车覆土，将平盘不小于1m、边坡3～5m厚度的黄土覆盖在上面。每个工作面的剥离物成分各不相同，按复垦的标准组织定位、定组成排土有一定困难，但仍按复垦标准施工，尽管有时运距长，可是从不降低标准。在东排土场、内排土场采用紧凑型轮斗挖掘机—带式输送机—排土机连续开采工艺，进一步降低了土壤的密实度，对土地复垦更为有利。复垦工作应严格控制推土高度，保证及时覆土，主要环节有：

（1）有计划排弃和覆土。根据排土场设计参数标高和排土场各台阶的堆放形式，采取多平盘、多点扇形推进，结合现场剥离物的分布组成情况，分段分期同步进行。从不

等待大面积堆放后再覆土、修整地形复垦。

(2)及时采取土工措施。在岩土排弃物表面覆新表土后，平台面、盘面及时平整、打畦、修梯田；边坡则不碾压，而且开挖鱼鳞坑，使耕作土地达到大不平而小平，为种植创造了条件。

(3)生物复垦，及时种植。修整后的排土场复垦地仍有可能产生风蚀和水土流失，因此在采取工程措施后，必须马上进行复垦种植。此时土层松软，渗水性、保水性皆好，种植的乔木、灌木和牧草成活率在85%以上。

一条龙的排土复垦方式提高了复垦效率和植被成活率，但仍需要相当大的投入。2002年前，平均吨煤复垦绿化费用0.1元，2002年后，提高到0.45元。此项费用只够生态重建的生物措施，据统计，累计投入生物措施费用1000余万元。排土及整平工程的费用纳入排弃费用，是生物工程的3.5倍以上。提取的复垦绿化费用专款专用，保证了工程的顺利进行。

3. 科技领先，不断探索，提高复垦质量和效益

露天煤矿复垦在我国起步较晚，它是多学科、多专业交叉与综合的技术。从决定开展土地复垦之日起，就不能为应付责任、追求形式而复垦，要讲求复垦的质量和效益，作为企业的一项重要经济活动来抓，并且要抓紧、抓好。

为了减少投资风险，少走弯路，加快生态重建的进度，引进成熟可行的复垦技术，并结合自身条件大胆实践。1992年，与内蒙古环境科学研究所组成土地研究组承担了“八五”科技攻关课题——准格尔煤田环境综合整治与生态示范工程的示范试验研究。对地处黄土高原区生态脆弱带的露天煤矿的土地复垦与生态重建技术进行了系统研究，在土壤物理、化学特性的变化与改良，土壤培肥保肥，适宜品种筛选，控制水土侵蚀等方面取得了一些重要成果，并直接指导了实际工作，改进了复垦技术，提高了复垦质量和效益。此研究获得国家环保总局科技进步三等奖，并得到德国复垦专家的高度评价，探索出一条适合中国国情的、有自己特色的复垦技术。

黑岱沟露天煤矿矿区年平均降水量385.2mm，蒸发量是降水量的5倍多，年平均气温7.3℃，无霜期150天左右，水分、热量明显不足，生长期短，不利于农业生态系统。当地地表植被生长不良，土壤侵蚀模数达18kt/(km^2·a)，土壤肥力低下，粮食作物亩产量仅为50~100kg。

在这样的自然条件下进行土地复垦及生态重建，就不能照搬别人的经验，必须以理论为指导，以实践为检验标准，大胆探索实验。具体做法如下：

(1)在有条件的保留地进行填沟造地或水土保持治理。矿区部分未堆积排土的土地，因水蚀严重，切割冲刷，支离破碎。首先，对其采用剥离表层岩石、土壤填沟造地等措施，兼顾疏水排泄营造土地，在刘四沟营造了观赏性果园、在马连沟营造了苗圃；其

次，对其进行水土保持治理，先营造水平沟、拦沙坝等，然后进行生态治理。

(2)一次完成覆土。矿区内主要是第四纪黄绵土，土层深厚，但上下层有机质差异不大，因此不能机械地套用国外保留表土层的分层覆土法，而是采用混合黄土一次覆土到位，再在后期设法提高肥力的方法。这样大大降低了成本，缩短了复垦周期。

(3)分阶段实施。选择有利于表土稳定和肥力提高的先锋植物品种，以及性状优良稳定的永久植被品种分期种植。早期以豆科类、胡颓子科类的牧草、灌木为主，如紫花苜蓿、沙打旺、沙棘和紫穗槐等，在短期内能迅速生长，提高植被覆盖度，保水、增肥，改良土壤。但是，牧草在3～5年后很快退化，生长量锐减，同时牧草对表土水分消耗量大，影响其他作物生长。因此，在种草2～3年后，选择具有长期改善矿区环境效果的永久植被，如油松、新疆杨、刺槐等，以及其他乔木、灌木树种，建立乔木、灌木、牧草立体模式进行绿化，长势良好。

(4)生物措施与工程措施相结合。把土地复垦和水土保持工作有机结合起来。先用机械营造复垦地，改造地形地貌，减少水土流失量；再种植植物，通过生物治理、生态效益的提高，控制降雨后地表径流和剥蚀。实现了固坡、防蚀和降尘的综合效应。

(5)小区实验与大片推广相结合。1992年，在倒蒜沟4个排土台阶上，建立了种植试验区，筛选具有固氮、耐旱、耐寒和抗贫瘠能力强，且根系发达、固土网络性好的植被品种进行实验，然后从引种的90种植物中，选出了60种适宜本地生长、具有很强生长能力的植物种，经大面积推广后，成活率高，生长旺盛。

(6)因地制宜，合理搭配。针对排土场平台、台阶与边坡的地形差异，阳坡、阴坡、迎风、背风的立地差异，选择不同的种植作物；根据乔木、灌木、牧草对光、热、水、肥条件要求与消耗量的不同，安排适宜的种植比例，合理利用土壤肥力和空间，实现了立体复垦、全面绿化和一定条件下的最大收益原则。

10年来的土地复垦及生态重建显示出巨大的成效。水土流失治理面积20km^2、排土场复垦面积3.76km^2，种植各种乔木、灌木621.56万株(丛)、牧草12km^2、建成果园2座、苗圃3个。内蒙古自治区环境科学研究院对重建后排土场实测：植被覆盖度比自然地貌提高2～3倍；水土侵蚀量比原来减少80%以上，在农作物的试种中，比原有农田增加产量3倍以上，牧草产量增长3～5倍。

(四) 霍林河一号露天煤矿

1. 水土保持

在工业场地新增场地雨水排水暗沟，对新建工业厂区实施防护工程、地面防排水工程、地面运输系统排水工程及新建工业厂区联络公路的硬化工程，对排土场实施综合整治工程，包括修挡土围埂、挡水埂、排土场平台网络围埂、周边土质排水沟和永久浆砌石排水沟，对排土场的边坡和平台进行覆土，对矿山公路两侧场地进行平整，对排土场边坡和平台进行复垦，以及对新建工业厂区实施绿化。截止到2007年11月，完成主体工程中具有水土保持功能的设施和新增水土保持工程主要工程量为：土方量188189m^3、浆砌石量9617.67m^3、砂砾料量1681.5m^3、采掘场内排水工程明铺管道17890m。完成植物措施防护面积56.26hm^2，完成水土保持工程投资1485.4万元，包括主体工程中具有水土保持功能的设施和水土保持设计新增工程投资525.46万元。其中，主体工程中具有水土保持功能设施投资235.63万元，新增水土保持工程投资289.83万元；植物措施投资94.59万元，基本上完成了工程建设要求的工程措施量和植物措施量。

水土保持效果：扰动土治理率为85.9%、拦渣率为98.6%、水土流失治理度为73.35%、水土流失控制比为2.0、平均植被恢复系数为88.05%、植被覆盖率为8.22%，公众满意程度高于85%。

2. 土地复垦

露天煤矿对到界的排土场进行有规划的复垦，采用适宜植物生长的土进行覆盖后，再进行绿化的办法对到位的排土场进行复垦。即利用地表第四纪黄土对排土场的地表和坡面进行覆盖，覆盖后进行绿化。主要的绿化植物有沙棘、灌木、乔木、杏树、丁香、刺梅、草等植物。沙棘是主要的复垦植物，在条件差的环境中成活率高，易于生长，同时具有一定的经济价值。

排土场占地面积为16.96km^2，2005—2007年设计绿化面积42.50hm^2，地面生产系统及其他工业设施治理绿化面积10.19hm^2。截至2007年底，实际完成绿化面积58.44hm^2，完成土地复垦绿化面积37.26hm^2，地面生产系统及其他工业设施完成治理绿化面积21.18hm^2，完成投资120.99万元。2005—2007年，设计排土场及其他工业设计的土地综合治理措施总投资为1184.31万元；截至2007年底，完成工程投资836.04万元。植被覆盖率为8.22%，基本达到生态环境治理效果。

3. 节能降耗

（1）霍林河煤田产出煤炭的煤质牌号为褐煤2号，又称老年褐煤。平均发热量为12.19MJ，含硫量低于0.5%，含磷量在0.02%以下，挥发分大于46%，平均灰熔点1350℃，具有低磷、低硫、高挥发分、高灰熔点“两低两高”的环保特点。煤炭的递级开发：露天煤矿在煤炭开采过程中始终坚持煤炭递级开发的原则，对腐殖酸，低、中、高热值煤进行不同的生产方式。煤炭回采率达95%以上，对于地质赋存条件差、发热量低、灰分高的低热值煤采用小型挖掘机进行选采，采出的煤供自备电厂和坑口电厂进行发电，用电炼铝，从而提高了低值煤的附加值。

（2）疏干水的利用。露天煤矿采用深井泵疏干，每天需抽出疏干水5000t以上，其中2000～3000t进行坑下降尘灭火，剩余的疏干水供电厂进行发电。疏干水的循环利用节约了水资源，同时通过作业道路的洒水降尘和处理坑下火煤保护了环境，清新了空气，降低了煤炭自然造成的能源浪费。

（五）神东矿区马家塔露天煤矿

马家塔露天煤矿根据该地区保水保肥能力极差、土壤贫瘠、气候干旱等特点，植被复垦采取分层回填、复垦土壤改良、抗旱保水、覆膜保水及复垦土地再利用5种措施。

1. 分层回填

马家塔采坑采取分层剥离、分层回填的采煤方式。在分层回填时，矸石在下，表土在上，按回填物的块径从大到小、自下至上回填。具体做法是：将第一个采坑剥离的表土与矸石分类另置，第二个采坑剥离的表土再另置。矸石置于第一采坑底部，第三个采坑工作面的表土置于第一个采坑已置矸石的上部，矸石置于第二个采坑的底部。以此类推，即形成分层回填的技术措施，此项回填技术的应用，确保了复垦建设中必要的土质基础。

2. 复垦土壤改良

1）利用黏土改良土壤

将复垦区就地平整，从附近山地拉运黏性较大的红泥或黄泥，垫厚0.2m，与原有土壤反复耕翻混合，增强土壤的黏度，形成土壤的团粒结构，恢复土壤特有的理化性质，达到保水保肥的目的。复垦区经黏土改良后，种植蔬菜、玉米、土豆、葵花、荞麦及优质牧草等，均长势良好。

2）增施有机物改良土壤

增施有机物可有效改善土壤结构，提高土壤肥力。通过饲养牲畜，并将粪便发酵形成有机肥料，在春季按7.5kg/m^2进行施用，撒匀后深翻0.3m，形成较厚的耕作层；通过大面积种植豆科牧草、苜蓿、沙打旺等，伏期压青，形成绿肥来改良土壤；通过农作物的秸秆还田，增加土壤有机质。有机物的大量施用，增加了土壤中微量元素的含量和微生物活性，使土壤具备了应有的功能。同时，作物秸秆还田后，富含的钾元素有效地削弱了矸石中硫化物（SO_2、SO_3）对作物的影响。

3）引洪澄地改良土壤

利用乌兰木伦河雨季洪水进行澄地，澄地时将复垦区土地整畦作床，每畦80～120m^2，将洪水引入后积深0.2m，使洪水中含有的细质黏土淤积在复垦区，从而改良复垦区土壤。

3. 抗旱保水

根据复垦区土壤特点及气候干旱的特点，为了避免形成土壤保水性差—浇水勤—漏水漏肥严重—需勤浇水的恶性循环，主要采取了以下5项技术措施。

1）节水喷灌

利用养化塘处理后的污水作为水源，在复垦区全面布设灌溉管道，采取固定式或移动式节水喷灌，解决了复垦建设中的最大制约因素。共计在复垦区设灌溉管道10km，控制浇灌面积 80hm^2。

2）树木栽植泥坑法

树木栽植泥坑法是指针对复垦区漏水漏肥、树木成活率低、管护强度大而实施的栽植法。树坑按标准挖好后，将挖出的小部分土与1/3份的黏土和成泥浆。用泥浆将树坑底及四周抹厚3~5cm，形成一个泥坑，阴干后栽植树木。实践证明，树木栽植泥坑法保水性近似正常标准，且不影响树根的扩张与延伸，是复垦区植树的成功经验之一。

3）树木栽植夯实法

复垦区土壤结构疏松，土质较粗，浇水后极易出现细质土壤下漏，大粒径杂物滞留在树木根部，造成根部露气或露白，严重影响成活。栽植时首先将树坑底及四壁夯实，再浇水沉实，浇水后要多次踩实。

4）覆膜保水技术

通过对植物根际覆盖农用地膜，防止根际周围水分的过度蒸发。用幅宽0.9~1.0m的农用地膜对树穴进行覆盖，并在所覆地膜上捅开5~8个直径为2cm的孔洞，用于通风与蓄积降水或灌溉水。为避免夏季高温，在地膜上覆盖3~5cm厚的土壤。覆膜可有效减小水分蒸发，提高土壤保水能力，避免形成水肥恶性循环，为复垦建设的主要技术措施之一。

5）抗旱保水剂的应用

应用抗旱保水剂，利用保水剂吸水后缓释水分的作用，达到保水的目的，在浇水减少40%的情况下，树木仍保持正常生长。

4. 植被重建

植被重建是复垦的关键，只有植被重建后，动物和微生物才能赖以生存，生态系统才能够自我维持、自我发展，才是真正的生态建设。

植物种的选择是植被重建的关键。1992年，神东公司与中国科学院综考队成功地进行了油松及农作物土地复垦试验，并在复垦中长期推广应用。经多年实践，马家塔复垦区适应的农作物品种有玉米、大豆、葵花、荞麦及土豆等，适宜的树木品种有油松、刺槐、旱柳、侧柏及紫穗槐等。

在植物种的配置上，采取多树种结合、多层次混交的方式，以便增加复垦区生态系统物种的多样性，加强生态系统抵抗病虫害、干旱等逆性因素的干扰能力。

5. 复垦土地再利用

植被重建在于复垦土地的恢复利用和改善，该矿区通过复垦和生态重建，改善了当地小环境，植被得到恢复和利用，使原始的河滩荒地变为可利用土地。使复垦区土地达到民用和工业用地标准，进而开发成为生态及工业园区，为当地土地利用开拓出一条新路，使当地的工业发展与耕地占用矛盾得到缓解。

第四章

新中国露天煤矿主要装备与发展

第四章　新中国露天煤矿主要装备与发展

由于露天采煤采、剥量巨大，高效的开采工艺设备就成为发展露天采煤的关键。露天煤矿根据所采用的工艺类型，设备大致可分为间断、连续和半连续 3 种类型：间断式工艺的主要设备是单斗挖掘机、卡车和吊斗铲；连续开采工艺的主要核心设备是轮斗挖掘机、带式输送机、排土机；半连续工艺的关键设备是破碎机组。露天煤矿根据作业顺序，设备又可分为穿孔设备、采掘设备、运输设备、破碎设备和排土设备等。

随着中国露天煤矿的建设，生产规模越来越大，研制发展大型露天煤矿成套设备成为关键。只有采用技术先进、运行可靠的大型成套设备，建立科学的设备管理体制，才能提高露天煤矿的产量，提高经济效益。

第一节　露天煤矿主要装备发展概况

一、国际露天煤矿装备的发展

回顾世界范围内露天煤矿开采，产量增长速度越来越快，露天煤炭开采产量占煤炭总产量的比重越来越大。世界上几个露天开采设备制造能力强的国家，一般都是基于本国特点和制造能力，发展自己的优势产品，进而根据世界市场需求扩展设备的品种和规格，以保证露天采煤工业的发展。美国形成了单斗挖掘机、卡车及吊斗铲设备系列，德国形成了连续及半连续开采工艺设备系列，捷克形成了适合本国煤层赋存条件的高切割力和低对地比压的轮斗挖掘机系列，俄罗斯形成了铁道运输设备及吊斗铲设备系列等。

1. 间断式工艺的主要设备

美国在单斗—卡车成套工艺设备及制造技术方面一直处于世界领先地位，铲斗容量为 11.5 ~ 58m^3 的挖掘机、载重达 91 ~ 345t 的自卸卡车、孔径为 250 ~ 380mm 的牙轮钻机、炸药现场混装车及 220 ~ 625kW 履带式推土机等开采设备早已成批生产。目前美国常用的单斗挖掘机斗容为 10 ~ 45m^3，主要厂家有 P&H 公司和 B-E 公司。其中，机械传动式自卸卡车主要由卡特彼勒(CAT)公司生产，载重为 86t、186t、223t、345t。电传动自卸卡车制造厂家有 VME 公司、伟布科公司(Wabco)(现为小松美洲国际公司)、尤尼特-瑞格公司(Unit-Rig)、特勒克斯-泰旦公司(Terex-Titan)等，载重为 154 ~ 213t。此外，生产电传动自卸卡车电器传动部分的厂商是美国 GE 公司。辅助设备主要有 CAT 公司的推土机（主要有 30kW、426kW 和 625kW 三种）、轮式装载机（斗容为 $8.4m^3$ 和 $31m^3$）。这些产品技术成熟，在规格上不会有大的变化，但技术水平一直在提高。

美国露天煤矿的生产工艺一般采用吊斗铲倒堆，约占产量的 70%。吊斗铲的斗容在 $30 \sim 168m^3$ 之间，臂长在 70 ~ 125m 之间。最大的吊斗铲是 20 世纪 50 年代末由 B－E 公司生产的，其斗容为 $168m^3$，臂长为 94.5m，整机总重为 12000t。由于美国煤矿覆盖层较硬，剥离一般采用牙轮钻机穿孔，孔径在 150 ~ 380mm 之间，爆破使用铵油炸药车，爆破后采用吊斗铲倒堆剥离。

2. 连续开采工艺的主要设备

连续开采工艺主要用于煤岩较软、不需要钻孔爆破就可直接挖掘装载的露天煤矿。德国、东欧、美国、俄罗斯及澳大利亚等国家的大部分褐煤露天矿都采用这种工艺。

以制造连续开采成套设备而著称于世的德国 O&K、KRUPP（克虏伯公司）及 TAKRAF（曼·塔克拉夫公司）均有 60 余年历史，无论在技术、生产能力和装机水平方面都处于世界领先地位，从日生产能力 $2 \times 10^4 m^3$、$4 \times 10^4 m^3$、$6 \times 10^4 m^3$ 和 $8 \times 10^4 m^3$ 中型轮斗挖掘机发展到日生产能力 $11 \times 10^4 m^3$ 和 $24 \times 10^4 m^3$ 大型和特大型轮斗挖掘机，并有与之相适应的排土机和带式输送机。为轮斗挖掘机组配套的电气、电控设备厂商主要有西门子、AEG、ABB 公司等。

3. 半连续工艺的关键设备

破碎机将大块的坚硬矿岩破碎处理成适于带式输送机运送的小于 300 ~ 400mm 的物料。世界上制造破碎机组的生产厂家主要有德国的克虏伯公司、威悉许特公司和埃什公司，美国的阿里斯－查尔默斯公司、雪克斯诺德公司、富勒公司和英国 MMD 公司。世界上半固定破碎机组的生产能力已达 9600t/h。

二、中国露天煤矿装备的发展

我国露天煤矿设备，在 20 世纪 80 年代前只能生产以 $4m^3$ 挖掘机为代表的年产 $500 \times 10^4 t$ 级露天矿设备，品种少、档次低、不成套，与国际水平相距约 20 年。

为了适应中国露天采煤事业发展的需要，我国露天采煤设备制造部门根据中国煤炭赋存的特点，借鉴国际上发展露天采煤设备的有益经验，不断发展我国自己的露天煤矿成套设备。

改革开放以来，国家对建设年产千万吨级大型露天矿急需的单斗—卡车工艺成套设备组织科技攻关，并结合引进国外先进制造技术，同时对一批制造厂和科研单位进行技术改造，有力推动了技术进步，产品品种迅速增加，产品质量和成套生产能力有了较大提高，为大型露天煤矿提供了一批具有当时先进水平的技术装备。从成套水平上看，从

年产 500×10^4t 级发展到 1000×10^4t 级和 2000×10^4t 级，发展迅猛。

年产 1000×10^4t 级单斗—卡车工艺成套设备，主要包括孔径 250～310mm 牙轮钻机、$10m^3$ 级挖掘机、68t 自卸汽车、108t 电动轮自卸车、238kW 履带式推土机、119kW 平地机、47t 振动压路机、$5m^3$ 轮式装载机、30t 洒水车和 12t 装药车等。这些设备大部分是我国自行设计和制造的。1986 年，国务院重大技术装备领导小组办公室组织“一铲四车”（即 1 台 WK-10A 型 $10m^3$ 挖掘机和 4 台 SF3102 型 108t 电动轮自卸车）在首都铁钢公司矿山公司水厂铁矿进行为期一年的工业性试验。试验结果表明，$10m^3$ 挖掘机创单台年采装矿岩 504×10^4t、108t 电动轮自卸车创单台年装运矿岩 100×10^4t 的记录，设备的技术性能指标达到了国际水平，受到国务院重大技术装备领导小组、国家经委和国家机械委的嘉奖。

年产 1000×10^4t 级大型露天矿单斗—卡车工艺成套设备，早已经实现国产化并已批量制造，在霍林河、抚顺西露天、准格尔黑岱沟等煤矿投入生产，并已出口至巴基斯坦。这套设备的成功研制，使我国大型露天矿成套设备的设计制造水平登上了一个新台阶。

年产 2000×10^4t 级大型露天矿单斗—卡车工艺成套设备的研制和国产化工作，于“七五”期间全面展开。大部分设备采取技贸结合方式引进国外技术，通过合作制造和科技攻关，国产化工作取得了重大进展。其成套设备主要包括孔径 310～380mm 牙轮钻机，$20m^3$、$23m^3$ 和 $35m^3$ 挖掘机，77t 自卸卡车，154t、186t、236t 和 326t 电动轮自卸车，305kW 和 387kW 履带式推土机，186kW 平地机，15t 炸药现场混装车等。

引进美国 P&H 公司技术合作制造的 $20m^3$ 和 $23m^3$ 挖掘机，已在平朔安太堡露天煤矿等多个露天矿投入使用，国产化率已达 95%。通过技贸结合与美国 Dresser 公司和 Unit Rig公司合作生产的 154t 电动轮自卸车，已在平朔安太堡露天煤矿等矿投入使用，目前国产化率已经超过 70%。以上引进美国 Ireco 公司技术合作制造的 15t 炸药现场混装车，已在准格尔黑岱沟露天煤矿等投入生产，国产化率达到 80% 以上。305kW 履带式推土机，通过技贸结合与日本小松制作所合作生产，经过科技攻关，国产化率达到 80%。孔径 310～380mm 牙轮钻机已研制成功并投入使用。77t 自卸汽车是引进美国 Dresser 公司的技术合作制造的，国产化率达到 20% 以上。154t 电动轮自卸车国产化率超过 90%。2000t/h 给料式半移动式破碎站、2500t/h 双齿辊半移动式破碎站及 $3600m^3/h$轮斗挖掘机成套设备均已投入使用。

总之，通过几十年的发展，我国已初步形成了自己的研制队伍和制造基地，除某些高精技术外，当前国内机械工业在制造技术上已能承担起发展大型露天煤矿成套设备的任务，在提供大型露天煤矿成套设备的水平方面有了很大提高。但是我国大型露天矿成套设备的制造水平与国际水平相比差距比较大，尤其在产品研究与设计上还需要加大科研开发，还需要继续走与国外大型企业合作的道路，以降低成本，提高质量，推动我国露天装备水平的发展，支撑我国露天煤炭事业的发展。

第二节　穿　孔　设　备

穿孔是露天煤矿生产工艺的重要环节之一，作为钻孔设备的穿孔机，在露天煤矿广泛采用。露天煤矿使用较多的有牙轮钻机、潜孔钻机和旋转钻机。截止到 2007 年国内露天煤矿使用的国产各类钻机技术参数见表 4－1。

表 **4－1**　国内露天煤矿使用国产各类钻机技术参数表

钻机名称	牙轮钻机						旋转钻机		潜孔钻机	
型　号	KY－3100	YZ－53	KY－250	YZ－35	KY－150	ZX－150	KX－150	GD－250	KX－150	GD－250
孔径/mm	250～310	250～380	220～250	170～270	150～120	150	140～160	130～171	165	150、170
钻孔深度/m	17.5	16.5	17	16.5	19.3	21	20	51	17.5	25
钻孔方向/(°)	90	90	90	90	60.75 90	90	70～90	60～90	75.9	60、70、9090
钻具推进速度/(m·min^{-1})	0～4.5	0～2	0.8	1.2		5	118、158	0～162	24.33、49	27.1、29.2、42.9
提升速度/(m·min^{-1})	11.9～20	0～3	10	36.7		17	0～16	45	16	
钻机自重/t	118.5	130	88	85	35	30	14	25.2	16.5	14.5

第三节　采　掘　设　备

一、单斗机械挖掘机

单斗机械挖掘机通常称为电铲，它用一个铲斗以间歇重复循环进行工作，即由挖掘、满斗回转、卸载、空斗回转 4 个工序构成 1 个工作循环，在露天煤矿主要用来进行剥采，如图 4－1 所示。其优点是工作可靠、使用寿命长、生产效率高及操作费用低等。

新中国成立初期至 20 世纪 80 年代，中小型露天煤矿广泛延用斗容为 4m^3 的电铲。国内太原重型机械厂、抚顺挖掘机厂从 20 世纪 50 年代开始制造，并已形成系列化生产。

为满足露天煤矿开采发展的需要，斗容不断加大，技术水平不断提高。截至 2007 年，在露天煤矿采用的单斗挖掘机的斗容分别为 3m^3、4m^3、10m^3、12m^3、14m^3、20m^3、27m^3、35m^3、55m^3，其详细技术参数见表 4－2。

图4-1　单斗机械挖掘机

表 4-2　国内使用的国产单斗机械挖掘机的主要技术参数

基本参数名称	型号						
	WK-4	WK-8	WK-12	WK-20	WK-27	WK-35	WK-55
标准斗容/m^3	5	8	12	20	27	35	55
斗容范围/m^3	4~7	6~10	10~16	17~34	25~46	25~53	35~76
动臂长度/m	10.5~11.5	10.2~12.5	13.0~15.3	15.0~16.0	17.0~18.0	17.5~18.8	19.5~20.5
斗杆有效长度/m	7.0~7.5	8.2~8.7	9.0~9.5	9.0~10.0	10.3~11.0	10.3~11.2	10.3~11.5
动臂倾角/(°)	45	45	45	45	45	45	45
原动机功率/kW	250~300	450~550	660~750	—	—	—	—
主变压器容量/kV·A	~400	~800	~1000	1500~2000	2000	2000	3000
驱动方式	直流/交流变频	直流/交流变频	直流/交流变频	交流变频	交流变频	交流变频	交流变频
额定电源电压/V	3000/6000	3000/6000	6000	6000	6000	6000	6000
回转 90°时作业循环时间/s	24~26	26~28	28~30	30~33	32~34	32~34	32~34
理论生产率/$(m^3 \cdot h^{-1})$	690~750	1030~1110	1440~1540	2180~2400	2860~3040	3700~3940	5820~6190
工作质量/t	200~220	340~385	440~510	600~750	820~950	940~1080	1300~1480
履带平均接地比压/kPa	210~225	240~290	206~285	245~300	245~345	320~430	340~450
行走速度/$(km \cdot h^{-1})$	0.4~0.5	0.5~0.7	0.6~0.9	1.0~1.6	0.9~1.72	0.9~1.72	0.9~1.72
爬坡能力/(°)	12	13	13	13	13	13	13
最大挖掘半径/m	14.3~15.5	17.0~18.0	18.5~20.0	20.0~21.5	23.0~24.0	23.5~24.5	23.5~24.5
最大挖掘高度/m	10.0~12.0	12.0~13.0	13.5~14.5	14.0~16.0	17.5~18.5	17.5~18.5	18.0~19.0
最大卸载半径/m	12.0~13.5	14.0~15.0	16.0~17.5	17.5~19.0	19.5~20.6	20.0~21.5	20.0~22.0
最大卸载高度/m	6.3~7.5	7.5~8.0	8.0~9.5	8.5~10.5	9.0~10.0	9.3~10.5	10.0~11.5
最大清道半径/m	8.5~9.5	11.0~12.0	13.0~13.5	13.0~15.3	15.5~16.5	15.5~16.5	16.5~17.5
最大挖掘深度/m	0.5~1.0	1.2~1.8	1.2~1.8	1.5~1.9	1.6~2.0	1.6~2.0	1.7~2.1

注：1. 理论生产率、工作质量和主要工作尺寸是按标准斗容进行核定的。

2. 本表数据采用太原重型机械集团有限公司提供的《矿用机械正铲式挖掘机标准》(征求意见稿)有关参数。

目前，国内已有 10 余个厂家生产单斗挖掘机，主要生产厂家是太原重型机械集团有限公司、衡阳有色冶金机械厂、抚顺挖掘机制造有限责任公司、杭州重型机械有限公司、四川邦立有限责任公司等。由于我国机器制造业和加工业相对比较落后，因此产品规格和斗容都较小，大规格的挖掘机主要与国外公司进行合作生产。国内可生产斗容大小为 0.3 m^3、0.5 m^3、0.6 m^3、1 m^3、2 m^3、3 m^3、4 m^3、4.6 m^3、10 m^3、12 m^3、16 m^3、23m^3 的挖掘机，主要型号为 WK-2、WK-4、WD 400、WK-10、WD1200、2300XP、2800XP。2800XPB 是太原重工、美国 P&H 公司等 3 家企业合作生产的 35.2m^3

矿用挖掘机，也是目前我国最大的挖掘机。2300XP 是太原重工和美国 P&H 公司合作制造的 16.8m^3 矿用挖掘机，该机年采掘量达 $1220\times10^4m^3$ 矿石，适于 20Mt 级露天矿使用。该机严格执行 P&H 公司的质量标准，国产化率约 60%，曾获机械部科技进步奖二等奖和国务院重大技术装备一等奖。WK-20 矿用挖掘机是太原重工最新研制的大型矿山采装设备，它汇集了 4m^3、8m^3、10m^3 挖掘机的成功经验，同时采用了多项国内外新技术、新工艺，可适用 20Mt 级的大型露天煤矿、铁矿、有色金属矿的剥离和采装作业。

二、单斗液压挖掘机

单斗液压挖掘机采用液压传动并以一个铲斗进行挖掘作业的一种机械，如图 4-2 所示。它的特点是行走速度快、机动灵活、作业率高、质量轻、平稳可靠、操作省力、投资少。

单斗液压挖掘机发展迅速，在新建或技术改造的露天煤矿已普遍采用。目前在露天开采中，已取代了中、小型机械挖掘机。在欧洲，斗容为 8m^3 以下的机械挖掘机已停止生产；斗容为 8~16m^3 的机械挖掘机只占露天矿挖掘机总量的 10%。斗容大于 16m^3 的液压挖掘机在露天矿是机械挖掘机强大的竞争对手，应用范围日益增大。目前，越来越多的生产机械挖掘机的企业已转向生产矿用液压挖掘机，使 60~650t 级矿用挖掘机被经济地用于矿岩坚固的金属露天矿，特别是露天煤矿铲装爆堆，以适应矿用汽车大型化发展的需要。国内抚顺挖掘机厂和衡阳冶金机械厂于 1983 年制造斗容为 7.6m^3、16m^3 的液压铲。太原重型机械厂和富拉尔基重型机械厂（现中国第一重型机械集团公司）在引进 2300XP 和 2800XP 型液压铲制造技术的基础上，制造出 17~27m^3 的液压铲。

截止到 2007 年，在我国露天煤矿已采用 4m^3、7.5m^3、8.0m^3、14m^3、16m^3、23m^3、35.2m^3 的单斗液压挖掘机，其主要技术参数见表 4-3。

表 **4-3** 国内使用的单斗液压挖掘机主要技术参数

参数名称	斗容/m^3					
	35.2	7.5	8.0	14	16	23
铲斗有效载荷/t	40	60	80	91		
标准斗容/m^3	4.0	7.5	8.0	14	16	23
斗容范围/m^3	3.6~5.3	4.5~9.0	—	9.0~21.0	4.5~20	
履带板平均接地比压（标配）/kPa	118	118	116	127		
装机功率/kW	294	512	882	974	937	1600
工作质量（标配）/t	8	130	182	287	226	393
配重/t						
最大挖掘高度/m	8.3	8.5	11.2	15.6	15.6	16.5
最大卸载高度/m	11.6	12.0	4.2	11.2	10.3	10.5

图4-2　单斗液压挖掘机

三、多斗挖掘机

多斗挖掘机包括链斗挖掘机和轮斗挖掘机。

链斗挖掘机的链斗围绕斗架转动，它既是切割部件又是输送部件。正常情况下，切割动作沿整个阶段坡面从下往上进行。其适用于挖掘运输平盘以下20～40m深度的松散物料。由于链斗挖掘机的切割力小、生产能力范围为200～2000m^3/h、斗容磨损快及作业机动性差等原因，链斗挖掘机仅限于特殊情况下使用。

轮斗挖掘机用于连续开采工艺，具有冲击负荷小、维修量小、能量消耗低、生产能力高和能连续作业等优点，生产能力范围为500～20000m^3/h。从结构上轮斗挖掘机类型分为：紧凑型轮斗挖掘机、C型框架轮斗挖掘机、带有伸缩连接桥和转载机的大型轮斗挖掘机。其适用范围见表4－4。国内最具代表性的布沼坝、小龙潭、黑岱沟、元宝山露天煤矿的轮斗挖掘机主要技术参数见表4－5。多斗(轮斗)挖掘机作业如图4－3所示。

表4－4　轮斗挖掘机适用范围

岩性	抗压强度		面切割强度/	震波速度/	轮斗挖掘机
	kg/cm^2	kPa	kPa	$(m \cdot s^{-1})$	能力
软	0～60	0～6000	0～300	＜800	100%
很软	60～100	6000～10000	300～600	＜800	不爆破降低能力
中	100～150	10000～15000	600～1200	800～1000	爆破降低能力
硬	150～250	15000～25000	600～1200	800～1000	爆破降低能力
特硬	＞250	＞25000			单斗挖掘机

表4－5　国内使用的轮斗挖掘机主要技术参数

技术参数 型号	元宝山露天煤矿	云南小龙潭露天煤矿 WUD400/700	云南布沼坝露天煤矿		黑岱沟露天煤矿 C3100ZG
			DW520/0.9.15	VABE5500	
结构形式	C型架	紧凑型	紧凑型	紧凑型	紧凑型
开采物料	砂砾石	泥灰岩	褐煤、泥灰岩	褐煤、泥灰岩	黄土
线切割力/$(kg \cdot m^{-1})$	120	100/60	120/105	222/192	102
理论生产能力(松方)/$(m^3 \cdot h^{-1})$	3600	400/700	1500/2000	1785/2200	3100
斗轮直径/m	11.0	4.5	7.6	7.6	8.4
斗容/L	8800	200	520	700	630
斗数/个	14	8	12	12	12
斗轮驱动功率/kW	2×500		500	500	420
挖掘高度/m	25	10	15	15	15
挖掘深度/m	3.0	0.4	0.9	1.0	1.0

表 **4－5**（续）

技术参数 型号	元宝山 露天煤矿	云南小龙潭 露天煤矿 WUD400/700	云南布沼坝露天煤矿 DW520/0.9.15	云南布沼坝露天煤矿 VABE5500	黑岱沟 露天煤矿 C3100ZG
斗轮臂伸出长度/m^3	3	13.6	21.1	21.0	18.0
气料臂长度/m	连接桥 74±11	17.0	27.0	27.0	22.5
最大卸料高度/m		8.0	13.6	13.6	12.0
最小卸料度高/m		2.8	3.5	3.5	4.2
机上带宽/mm	1600	1000	1200	1400	1400
机上带速/($m \cdot s^{-1}$)	4.2	2.5	4.0	4.5	4.5
对地比压/kPa	110	110	110	104	98
装机总功率/kW	3100	340	1225	1210	1320
工作质量/t	2300	155	500	510	350
制造商	德国塔克拉夫公司	杭州重型机械厂	杭州重型机械厂	中奥合作制造	德国克虏伯公司
开始使用年代	20 世纪 90 年代	20 世纪 80 年代	20 世纪 80 年代	20 世纪 80 年代	20 世纪 90 年代

注：中奥使用制造为奥地利奥钢联与中国第二重型机器厂（四川）合作制造，主要部件为国外制造。

四、吊斗铲

吊斗铲属于单斗挖掘机类，铲斗与悬臂间用钢丝绳挠性连接用于特大型露天煤矿剥离或挖掘的单斗采装设备。它的特点是斗容大（最大可达 $168m^3$）、悬臂长、作业范围大、功率及机器质量大。

截止到 2007 年国内已在准格尔露天煤矿首次引进使用，其主要技术参数见表 4－6。

表 **4－6**　吊斗铲主要技术参数

行走方式	斗容/m^3	悬臂长度/m	行走速度/($m \cdot min^{-1}$)	最大挖掘半径/m	最大挖掘深度/m	铲斗整机净重/t	最大载重/t
迈步式	90	109.7	3.5	100	71	4901	360

黑岱沟露天煤矿吊斗铲作业如图 4－4 所示。

五、端帮采煤机

露井联合端帮采煤机是一种新型的采掘设备。其特点是适用于多煤层、薄煤层、地形复杂、剥采比大的不适宜全部剥离的矿山。尤其对内排前的露天矿边帮压煤，可以有效地回采，提高整个矿山资源回采率。另外，该设备机器质量轻、可采端帮可延伸 300m 以上、安全高效、生产成本低、生产能力达 100 万 t/a 以上，在我国许多矿区有着广泛的应用前景。

图4-3 多斗（轮斗）挖掘机

图4-4　黑岱沟露天煤矿吊斗铲（斗容$90m^3$）

1994年以来，在美国、俄罗斯等世界40多个国家和地区，有超过50台套的端帮采煤机在正常运行。

目前该设备在我国鄂尔多斯地区已开始引进工作，并已完成技术考察。露井联合端帮采煤机的主要技术参数见表4－7。端帮采煤机如图4－5所示。

表4－7　SHM露井联合端帮采煤机主要技术参数

作业宽度/m	10
作业高度/m	8.4
作业长度/m	16.6
运输宽度/m	9.0
运输高度/m	8.4
运输长度/m	16.6
机器质量/t	16.9
每节伸缩臂质量/t	5.15
截割头质量/t	19.5～80
开采条件	沟壑式开采、露天矿端帮资源回收、螺旋钻孔资源回收
环境温度	－30～＋35℃，配件分冷暖，不同选择可适应不同温度范围
行走方式适应角度	可在8°以下斜坡任意方向行走，履带路面行走最大角度不超过10°
截割滚筒宽/m	3.5
滚筒驱动方式	235hp(175kW)/995VAC/60Hz电动机
采集系统	CLA收集臂
转向系统	上下切割方向由低位安装的滚筒角度控制
导航系统	截割头上可配备内置的导航装置来确定和跟踪截割头位置
伽马射线探测仪	安装在截割头的上部及底部，可控制截割头避免截割煤层顶板和底板，增强支撑性，减少混入
电器控制系统	开关设备均在外部，无须进入工作面
液压控制系统	液压阀门采用成组设计，采用了防爆电磁阀设计

六、我国主要露天煤矿采掘设备的使用情况

随着我国露天煤矿规模的增大，采掘设备规格也同时增大、品种增多，主要露天煤矿使用的采掘设备见表4－8。

图4-5　端帮采煤机

表 **4－8** 我国主要露天煤矿使用采掘设备

序号	名　称	生产能力/（万 t·a^{-1}）	主 要 设 备	备注
1	抚顺西露天煤矿	500	4m^3、10m^3 电铲，80t、150t 电机车，68t、77t、108t 卡车	扩建
2	海州露天煤矿	500	4m^3 电铲，80t、150t 电机车，60t 自翻车	扩建
3	三道岭露天煤矿	180	4m^3 电铲，80t 蒸汽机车、60t 自翻车	扩建
4	平庄西露天煤矿	150	4m^3 电铲，100t 电机车，60t 自翻车	扩建
5	公乌素露天煤矿	60	4m^3 电铲，150t 电机车，60t 自翻车	
6	灵泉露天煤矿	130	4m^3 电铲，80t 电机车、150t 电机车，60t 自翻车	扩建
7	岭北露天煤矿	60	4m^3 电铲，80t、150t 蒸汽机车，60t 自翻车	
8	义马露天煤矿	80	4m^3 电铲，27t 汽车	
9	大峰露天煤矿	80	4m^3、10m^3 电铲，80t、150t 电机车，68t、77t、108t 卡车	
10	小龙潭露天煤矿		700 轮斗，1200mm 带式输送机	扩建
11	小龙潭布昭坝露天煤矿	700	WD520、VABE550 型轮斗	扩建
12	霍林河一号露天煤矿	1500	27.6m^3、12m^3 电铲，108t、220t 自卸卡车	扩建
13	霍林河南露天煤矿	300	68t、100t 自卸卡车	新建
14	伊敏一号露天煤矿	1100	4m^3、10m^3 电铲，27t、77t、85t、108t 卡车	扩建
15	准格尔黑岱沟露天煤矿	2000（技改）	12m^3、25.2m^3 电铲，68t、154t 自卸卡车，3100m^3/h 轮斗，90m^3 吊斗铲	扩建
16	准格尔哈尔乌素露天煤矿	1500		新建
17	平朔安太堡露天煤矿	1533	25m^3 电铲，12m^3 液压铲，154t 卡车	新建
18	平朔安家岭露天煤矿	1500	25.2m^3、4m^3、14m^3 电铲，77t、83t、172t 自卸卡车	新建
19	元宝山露天煤矿	500	3600t/h 轮斗，4m^3 电铲，40t、68t 自卸卡车	扩建
20	马家塔露天煤矿	180	4m^3 电铲，32t 卡车	生产
21	武家塔露天煤矿	60	4m^3 电铲，32t 卡车	生产
22	乌兰图嘎露天煤矿	120	2m^3 电铲，20t 卡车	生产
23	白音华二号露天煤矿	1500	35m^3 电铲，220t 汽车，3000～7000t/h 自移式破碎机，2000t/h 半固定式破碎机，7000t/h 排土机	在建
24	白音华三号露天煤矿	1400	35m^3 电铲，220t 卡车，3000～7000t/h 自移式破碎机，2000t/h 半固定式破碎机，7000t/h 排土机	在建
25	白音华四号露天煤矿	500	10m^3 电铲，100t 级汽车，2000t/h 可移式破碎机	在建
26	宝日希勒一号露天煤矿	1000（一期）	2m^3、4m^3、10m^3 电铲，20t、85t、108t 卡车，30t 拖拉铲运机	生产
27	宝日希勒一号露天煤矿	2000（二期）	10m^3、35m^3 电铲，186t、108t 卡车，90m^3 吊斗铲	在建
28	青海木里义海露天煤矿	120	2m^3、4m^3 电铲，20t 级卡车	生产
29	青海木里庆华露天煤矿	120	2m^3 电铲，20t 级卡车	生产
30	青海大煤沟义海露天煤矿	120	2m^3、4m^3 电铲，20t 级卡车	生产
31	山西宁武潮凯露天煤矿	120	2m^3、4m^3 电铲，20t 级卡车	生产
32	新疆五彩湾三号露天煤矿	2000（二期）	35m^3 电铲，220t 汽车，3000～7000t/h 自移式破碎机，2000t/h 可移式破碎机，7000t/h 排土机	在建

表 **4－8**（续）

序号	名　称	生产能力/（万 t·a^{-1}）	主 要 设 备	备注
33	内蒙古伊金霍洛旗乌兰露天煤矿	60	2m^3 电铲，20t 级卡车，端帮采煤机	生产
34	华能集团魏家峁煤电一体化一期工程魏家峁露天煤矿	600	20m^3、35m^3 电铲，186t、108t 卡车，62m^3 吊斗铲	在建
35	北方联合电力锌尖露天煤矿	300	2m^3、4m^3 电铲，20t 级卡车	在建

第四节　运　输　设　备

一、电力机车

露天煤矿早期运输主要采用电机车牵引运输岩石和煤炭。我国露天煤矿曾经使用美国 GE 公司和德国 AEG 公司的 40t、50t 电机车，日本的 55t、75t、80t 和 85t 电机车。20 世纪 70 年代露天煤矿使用的电机车均为国产制造，主要有 85t、100t 和 150t 三种。其主要技术参数见表 4－9。抚顺西露天煤矿的日本产三菱机车（85t）使用至 2007 年，如图 4－6 所示。

表 **4－9**　国内露天煤矿使用电力机车主要技术参数

项　目	车　型						
	ZG150－1500	37E	EL－1	EL－1/08	协设 85t	协设 100t	协设 100t 斩波
购入年代	1972	1959—1960	1961	1980	1944	1978—2000 改造	2005 改造
制造工厂	中国湘潭机车厂	捷克司克达工厂	德国汉斯、拜姆来尔 LEW	德国汉斯、拜姆来尔 LEW	协设	抚矿集团公司电修厂	鞍钢冶金运输研究所
机车总重/t	150	150	150	150	85	100	100
轴重/t	25	25	25	25	21.25	25	25
轴数	6	6	6	6	4	4	4
长/mm	20260	20504	21032	21045	15060	15060	15060
宽/mm	3200	3000	3150	3150	3200	3200	3200
高/mm	4770	4200	4666	4670	4207	4207	4207
动轮直径/mm	1120	1100	1120	1120	1100	1100	1100
固定轴距/mm	2600	3000	2800	2800	2800	2800	2800
全轴距/mm	15900	17100	16200	16200	11200	11200	11200
架线电压/V	1500	1500	1500	1500	1500	1500	1500
牵引电动机/台	6	6	6	6	4	4	4
机车小时功率/kW	2100	1560	2100	2100	1000	1400	1400

表 4-9（续）

项目	车型						
	ZG150-1500	37E	EL-1	EL-1/08	协设 85t	协设 100t	协设 100t 斩波
小时功率牵引力/kg	25600	19800	24700	25000	13600	17100	17100
最大牵引力/kg	45000	45000	45000	45000	25500	3000	3000
小时速度/($km \cdot h^{-1}$)	29.8	28	30.5	29.7	26.5	26.5	26.5
最大速度/($km \cdot h^{-1}$)	65	65	65	70	42.2	44.2	44.2
台数/台	14	44	21	4	13	7	1

二、矿用自卸卡车

矿用自卸卡车是在露天煤矿专用道路上进行短距离运输的专用自卸卡车。它的优点是机动灵活、适应性强。但其自重能耗高、柴油消耗量大、轮胎消耗量大、维修费用高。

20 世纪 60 年代，中国在北京、上海和长春等地曾试制过矿用自卸卡车。1978 年后上海重型汽车制造厂、北京重型汽车制造厂以使用生产、合资生产的方式，从国外引进矿用汽车的先进生产技术，已经具有自行生产从 20t 级到 154t 级的能力。国产矿用卡车的质量与国外产品存在一定差距，制约了露天煤矿市场需求的快速增长。国产矿用卡车的原材料质量、加工工艺及制造经验等方面还存在一定欠缺，使产品性能满足不了露天煤矿的使用要求。

国内装备制造企业加速大型矿用卡车的国产化势在必行。目前，220t 级的大型矿用卡车在国内已研究制造，其中湘潭的 2 台 220t 自卸车已在伊敏露天煤矿作重工业性试验，效果良好，并进入批量生产。目前世界上机械传动的卡车最大吨位已达 327t，电动轮卡车最大吨位已达 360t。国内露天煤矿使用的自卸卡车技术参数见表 4-10，国外生产的自卸卡车技术参数见表 4-11。矿用自卸卡车如图 4-7 所示。

表 4-10 国内露天煤矿使用的自卸卡车参数

参数名称	吨位/t								
	20	22	25	32	42	45	55	68	77
标准载重/t	20	22	25	32	42	45	55	68	77
自重/t	15.6		24.38	23.15	30	33		44.5	65.7
最大总重/t	35.6	49.38	55.15	72	78		112.5		
自重系数	0.44		0.49	0.42	0.42	0.42		0.40	0.46
发动机输出功率/hp	238		300	350	600	525		820	

表 **4－10**（续）

参数名称	吨位/t								
	20	22	25	32	42	45	55	68	77
厢斗容积/m^3	13.8		15.30	21.1	26	27.5		43.6	49.0
最大转弯半径/m	9.0		12.0	7.45	11.5	8.75		10.50	10.75
总长/m	7.6		8.22	7.95	8.12	9.02		9.6	1082
宽度/m	2.909		3.22	3.95	3.787	4.09		4.85	
高度/m	3.11		3.675	3.52	3.91	4.47		4.394	4.865
驱动方式	机械		机械	机械	机械	机械		机械	机械

参数名称	吨位/t								
	85	91	108	120	154	172	186	220	290
标准载重/t	85	91	108	120	154	172	186	220	290
自重/t	57.8	67.5	85	85.8	106	108.7	138.3	151	209
最大总重/t	142.8	158.5	193	205	260	280.7	324.3	371	499
自重系数	0.40	0.43	0.44	0.42	0.41	0.39	0.43	0.41	0.42
发动机输出功率/hp	861		1632	1100	1828	2029	1875	2500	2700
厢斗容积/m^3			90	70	77/103	77/103	123	114	211
最大转弯半径/m	10.75	12.5	12.0	10.3	15.0		13.6	15	
总长/m	10.82	10.54	10.882	11.98	11.89	11.89	13.1	13.4	15.6
宽度/m	5.15	5.87	5.84	5.65	7.01	6.98	7.3	6.54	8.7
高度/m	4.865	5.49	5.064	5.09	6.38	6.43	6.9	7.78	7.4
驱动方式	机械	机械	电动轮				电动轮	电动轮	电动轮

注：1hp＝745.700W。

表 **4－11**　国外生产的自卸卡车主要技术参数

型号	185t 级				218t 级				290t 级	364t 级		
	利勃海尔	卡特	小松	别拉斯	利勃海尔	卡特	小松	别拉斯	小松 930E－3	利勃海尔	利勃海尔	小松
	T252	289C	730E	7521	T262	793C	830E	7530		T282	T282B	797B
标称载重/t	195	180	186	198.5	218	223	231	220.5	290	363	363	345
自重/t	136	137.5	138	157	168	160.7	155	151	209	204	229	278.7
最大总重/t	331	317.5	324	355.5	386	383.7	386	371.5	499	567	592	623.7
自重系数	0.41	0.43	0.43	0.44	0.44	0.42	0.40	0.41	0.42	0.36	0.39	0.45
发动机输出功率/hp	1725～2025	1900	2000	2300	2000～2500	1715	2500	2500	2700	3500	3650	2648
厢斗容积/m^3	107.8	105	111	110	119	129	147	114	211	183.5	191	220
最小转弯半径/m	15.1			16	16.15	15.1	14.2	15		16.4	17.8	21
总长/m	13.3	12.2	12.9	14.58	13.3	12.87	14.15	13.4	15.6	14.5	14.5	14.53
宽度/m	7.1	7.7	7.6		7.4	7.4	7.32	6.54	8.7	8.7	8.7	9.75
高度/m	6.4	6.15	6.3		7.8	6.15	6.88	7.78	7.4	7.4	7.4	7.58
驱动方式	DC	机械	DC	DC	DC	机械	AC/DC	DC	AC	AC	AC	机械
参考价格/万元												

注：1. AC 为交流电驱动方式，DC 为直流电驱动方式。

2. 1hp＝745.700W。

图4-6　抚顺西露天煤矿使用的日本产三菱机车（85t）(1939—2007年)

图4-7　矿用自卸卡车

三、带式输送机

露天煤矿的半连续开采工艺、连续开采工艺配合使用的带式输送机是主要运输设备之一。在特大型、大型露天煤矿开采中，大型带式输送机在生产运输中应用越来越多，范围越来越广。近几年随着煤电联营方式的出现，露天煤矿生产的原煤一般采用高强度、长距离的带式输送机直接输送至发电厂，带式输送机成为运煤的主要设备。

根据国内调查统计，带式输送机运输成本一般为 0.24 ~ 0.40 元/(t·km)，自卸卡车运输成本一般在 1.30 元/(t·km)，带式输送机运输成本仅为自卸卡车运输成本的 1/3 左右，可大大节约运输成本。

近 10 年来，在半连续工艺运输系统中，破碎机、带式输送机及其控制系统技术得到长足发展，带式输送机运输不仅有很高的可靠性，而且经生产实践证明，采用带式输送机可以电代油、减少环境污染，其优越性十分明显。

截至 2007 年国内大型露天煤矿采用带式输送机的主要技术参数见表 4－12。

表 4－12　露天煤矿采用带式输送机的主要技术参数

序号	露天煤矿名称	能力/($t \cdot h^{-1}$)	带宽/mm	带速/($m \cdot s^{-1}$)	运距/km	备　注
1	抚顺西露天煤矿	1800	1200	2.97　3.5	2.3	
2	霍林河一号露天煤矿	2000	1400	4.0	5	
3	伊敏露天煤矿	1800	1400	3.15	3.9	
4	安太堡露天煤矿	1800	1400	3.15		
5	黑岱沟露天煤矿	1800	1400	4.5	2.0	
6	安家岭露天煤矿	1800	1400	4.5	4.7	
7	元宝山露天煤矿	2128、2940、5616、7800	1200、1400、1600	3.15、4.5、5.85	10	

第五节　破　碎　设　备

一、破碎机

破碎机(站)是露天煤矿的半连续开采工艺组成的关键设备之一。它借助机械力将大块物料破碎成块度 <300mm 的颗粒，是露天煤矿配合带式输送机运输的一个生产环节。破碎机分为锤式破碎机、反击式破碎机、旋回式破碎机和颚式破碎机等。不同的破碎机方式破碎比和能耗见表 4－13。

表 4－13　不同破碎方式的破碎比和能耗

破碎方式	破碎物料及每吨物料破碎后对破碎机磨损质量/(g·t⁻¹)	破碎比			能耗/(kW·h⁻¹)			能力/(t·h⁻¹)		
		最小	平均	最大	最小	平均	最大	最小	平均	最大
颚式	玄武岩 2.6～3.0 花岗岩 2.3～3.3		5:1	7:1		0.15			1200	
旋回式	铝矾土 2.4～2.6 石灰岩 2.6～2.8 土 2.1～2.5	5:1	10:1	15:1	0.2	0.26	0.40	400	740	1000
辊式	煤 1.9～3.5 岩盐	4:1	4.5:1	5:1	0.26	0.43	0.66	500	770	1200
反击式	石灰岩 2.6～2.8	5:1	30:1	60:1	0.7	1.35	2.1	325	550	1000
锤式	石灰岩 2.6～2.8	5:1	30:1	60:1	0.8	1.35	1.92	200	490	1800
单肘板式	石灰岩 2.6～2.8		5:1	6:1		0.15	0.5		1200～1500	1700

露天煤矿使用的破碎机主要有辊式破碎机、旋回式破碎机和喂给式破碎机。

20 世纪以来，单齿辊式破碎机在露天煤矿应用较多，对破碎岩石和大块物料适应性较差。双齿辊式破碎机出现后，由于其具有结构紧凑、破碎物料机理合理，适应性强的优点，在露天煤矿粗碎物料应用前途广泛。

旋回式破碎机破岩以挤压和剪切力为主，适于破碎硬岩，生产能力较大，多用于固定式破碎站或半固定式破碎站破碎。

喂给式破碎机主要靠破碎片的撞击破碎物料，适合于硬度不大的脆性物料。其破碎入料粒度大、煤的过粉碎小。

由表 4－13 可知：

(1)能耗受破碎比影响较大，不同破碎方式有不同破碎比，破碎比小，能耗降低，能力增大。

(2)破碎岩石性能与破碎机表面磨损值有较大关系。

二、破碎站

破碎站分为半移动式、半固定式和自移式 3 种。截止到 2007 年国内使用的破碎机见表 4－14。

表 4-14　国内露天煤矿使用一次破碎机(站)主要技术参数

类型		参数				备注
		能力/($t \cdot h^{-1}$)	入料口粒度/mm	出料粒度/mm	使用地点	
自移式碎破机		3000	1500	0~300	伊敏露天煤矿	引进德国
破碎站	半移动式	1800、2500	1500	300	伊敏露天煤矿	引进德国、英国
	半移动式	2500	1200	300	黑岱沟露天煤矿	引进英国
	半移动式	1400	1500	300	元宝山露天煤矿	国产
	半移动式	2000	2000	<300	霍林河露天煤矿	引进德国、美国
	半移动式	2500、1800	1200、300	300、150	安家岭露天煤矿	主机引进英国
	半移动式	3500		哈尔乌素露天煤矿	引进英国	
	半移动式	2500		布沼坝露天煤矿	引进德国	
	半移动式	2000	1800	350	宝日希勒一号露天煤矿	国产
	半移动式	2000	1500	300	白音华露天煤矿	引进德国
	可移动式	800	1200	350	乌兰图嘎露天煤矿	引进德国
	半移动式	1500	1200	300	华能集团魏家峁煤电一体化一期工程魏家峁露天煤矿	引进英国
	半移动式	1000	1200	300	北方联合电力锌尖露天煤矿	引进英国

第六节　排　土　设　备

一、排土机

在露天剥离连续和半连续开采工艺中，将物料输送到排土机上，由排土机(下排或上排)将物料排至排土场。

截至2007年，国内已使用排土机的，主要技术参数见表4-15。

二、推土机

露天煤矿开采作业中，推土机是作为排土的辅助设备。露天煤矿使用推土机的主要技术参数见表4-16。

表 4-15 国内露天煤矿使用排土机的主要技术参数

项目		布沼坝露天煤矿	元宝山露天煤矿	黑岱沟露天煤矿
型号		PS2000	ARs $\frac{1800}{48+70}$21.5	ARs $\frac{2000}{45+45}$22
理论能力/($m^3 \cdot h^{-1}$)		2000	5000	6200
上排高度/m		10	15	20
下排高度/m		15	30	25
排土带宽度/m		20	30	40
受料臂长度/m		18	48	45
卸料臂长度/m		35	70	45
最大综合坡度	作业时	1:33	1:30	1:20
	调动时	1:20	1:20	1:10
行走速度/($m \cdot min^{-1}$)		5.5	6.0	9.0
作业重量下平均对地比压/kPa		88	80	90
带宽/m		1.2	1.8	2.0
带速/($m \cdot s^{-1}$)		4.0		5.0
装机动率/kW		300	1600	1400
服务质量/t		150	950	520
结构型式		紧凑型	带连接桥	紧凑型
制造商		大连重型	德国塔克拉夫	德国克虏伯

表 4-16 国内露天煤矿使用推土机的主要技术参数

项目名称		型号				
		T-180	T-220	上海 320	TY320B	D375A-3
总重/t				40.78	37.2	66.74
推土板	宽度/m	4.2	4.365	4.130	4.130	4.695
	高度/m	1.1	1.055	1.590	1.590	2.265
发动机功率/kW		132	162	235	235	391
行走速度	前进/($km \cdot h^{-1}$)	2.43~10.12	2.50~9.90	3.7~11.8	0~11.8	
	后退/($km \cdot h^{-1}$)	3.16~9.78	3.0~9.44	4.5~13.7	0~13.7	
外形尺寸	长/m	7.176	7.100	8.560	8.560	10.06
	宽/m	4.200	4.365	4.130	4.130	4.695
	高/m	3.091	3.575	3.640	3.60	4.230
爬坡能力		30	30	30	30	
平均对地比压/kPa		62.7	90	114	105	137
制造商		黄河工程机械厂	黄河工程机械厂	上海彭浦机器厂	山东工程机械股份有限公司	日本小松

表 4-16（续）

项目名称		型号				
		D475A-3	D9L	D10T	D11R	D9R
总重/t		103.72	52	66.4	104.590	49.51
推土板	宽度/m	5.265	4.541			
	高度/m	2.61	1.988		2.89	
发动机功率/kW		641	343	426	634	301
行走速度	前进/(km·h^{-1})		3.9~12.4		3.9~11.8	
	后退/(km·h^{-1})		5.1~15.4		4.7~14.0	
外形尺寸	长/m	11.615	5.317	5.33	5.21	5.18
	宽/m	5.265	3.175	4.86	5.60	4.31
	高/m	5.575	4.416	4.34	4.57	3.99
平均对地比压/kPa		164				
制造商		日本小松	卡特比勒	卡特比勒	卡特比勒	卡特比勒

第七节　露天煤矿技术装备的管理

设备管理是以设备为研究对象，追求设备综合效率与寿命周期费用的经济性，应用一系列理论、方法，通过一系列技术、经济、组织措施，对设备的物质运动和价值运动进行全过程(从规划、设计、制造、选型、购置、安装、使用、维修、改造、报废直至更新)的科学管理。露天煤矿技术装备的管理亦是按此过程实施管理。

一、露天煤矿设备的管理

（一）露天采矿设备管理的特点

露天采矿设备管理除了具有一般管理的共同特征外，与企业的其他专业管理相比，还具有技术性、综合性、随机性及全员性等特点。

1. 技术性

作为企业的主要生产手段，设备是物化了的科学技术，尤其是矿用大型设备，是现代科技的物质载体。因此，设备管理必然具有很强的技术性。首先，设备管理包含机械、电子电力、液压等多方面的科学技术知识；其次，为了更好地使用和维护设备，还需要掌握状态监测和诊断技术、可靠性工程、摩擦磨损理论等专业知识。

2. 综合性

设备管理的综合性表现为：现代矿用设备包含了多门专业知识，是多门科学技术的综合运用；设备管理的内容是工程技术、经济财务、组织管理三者的结合；为了获得最佳的经济效益，必须实行全过程管理，它是对设备一生各阶段管理的综合；设备管理涉及物资准备、设计制造、计划调度、劳动组织、质量控制和经济核算等多方面的业务，汇集了企业多项专业管理的内容。

3. 随机性

许多设备故障具有随机性，因此设备维修及其管理也具有随机性。尤其是露天煤矿设备种类多、数量大，故障的分布比较复杂，随时受操作使用环境影响，突发故障较多，为了减少突发故障对生产的干扰和经济损失，设备管理必须具备应付突发故障、承担意外突击维修任务的应变能力。

4. 全员性

现代企业管理强调应用行为科学调动广大职工参与管理的积极性，实行以人为中心的管理。设备管理的综合性更加迫切需要全员参加管理。

（二）露天煤矿设备管理的发展过程及特点

露天煤矿设备管理与设备管理发展过程一样，大致经历了事后维修阶段、预防性定期修理阶段及综合管理阶段 3 个发展阶段。

1. 事后维修阶段

所谓事后维修是指设备发生故障或损坏后才进行的修理。这是一种被动的修理方式。

在工业革命初期，机器设备比较简单，设备发生故障或损坏给生产造成的损失不大，维修比较简单，为事后维修阶段。随着设备制造技术的不断进步，设备在生产中的地位越来越重要，单纯的事后维修显然不能满足安全生产的需求。

2. 预防性定期修理阶段

20 世纪以来，科学技术不断进步，工业生产不断发展，设备的技术水平不断提高，企业管理进入了科学管理阶段。由于机器设备发生故障或损坏而停机修理，引起生产中断，打乱生产计划安排和劳动定额的完成，使企业的生产活动不能正常进行，带来很大的经济损失，继续采用事后维修的方式成了生产发展的障碍。于是出现了为防止意外故障而预先安排修理，以减少停机损失的“预防性定期修理”的新阶段。

在这个阶段中，世界上形成了两大设备维修体系：一是前苏联的“计划预修制”，在东欧、中国得到了广泛应用；二是美国的“预防维修制”，在西欧、北美、日本得到推广应用。

3. 综合管理阶段

现代科学技术和现代管理科学的成就为现代设备管理的发展创造了良好的条件，推进了设备综合管理的新思想、新观念的发展，从而把设备管理推进到设备综合管理的新阶段。

设备综合管理具有以下特点：

（1）设备管理必须立足于企业全局。设备管理是企业管理的一个子系统，设备管理是为企业的生产经营服务的，是为企业的长远发展服务的。如果离开企业的全局来孤立地处理设备管理问题，就会失去设备管理的依据，必然难以得到企业的理解和支持，也就无法搞好设备管理工作。

（2）设备管理需要企业整体的支持。企业管理的目标具有多样性和综合性，企业在追求产量和利润的同时，也必须讲求质量、注重设备完好与技术水平的提高、保护和发展企业的生产力。

（3）设备管理要对设备的一生进行管理。设备管理不能只局限于设备维修管理方面，而应该把设备管理的范围扩展到从设计制造到使用报废的全过程，确立把设备的一生(寿命周期)作为一个整体来进行综合管理的新观念。

因此，露天煤矿的设备管理是从工程技术、经济财务、组织管理 3 个方面进行的综合管理。技术管理是设备管理的基础；以经济的寿命周期费用获得最佳的设备综合效率，是设备管理的核心；组织管理是实现设备管理目标的有效手段。这 3 个方面从空间上构成了对设备系统的整体性管理。

二、现代化露天煤矿综合设备管理

现代化露天煤矿综合设备管理主要有事后维修、计划检修、计划预修、预防维修、生产维修、状态维修、全员生产维修 7 种方式。

1. 事后维修

事后维修是设备维修的初级阶段。这种维修方式具有停机时间长、生产损失大、维修费用低，以及对设备维修管理的水平要求较低等特点。对于设备管理来说，单纯的事后维修管理方式已经不能适应现代企业设备管理的需要。但是，在露天煤矿，由于矿用设备工作环境恶劣，设备故障率较高，事后维修仍然是一种不可缺少的维修方式，在很多情况下，也是一种最经济、最适用的维修方式。

2. 计划检修

计划检修是指通过对设备故障的统计分析和零件失效的寿命统计分析，确定设备的检修期间和检修项目，进而有计划地按照固定周期对设备进行的解体检修，如季检和年修等。计划检修对于保证设备工作的可靠性，可以起到积极的作用，通过计划检修，设备性能得到全面恢复，避免由于零部件失效而发生故障，影响生产。但计划检修对设备状态关注不够，零部件可能在未到检修期就已发生早期磨损，导致意想不到的事故发生，造成损失；也可能在到达检修期时性能仍然良好，造成维修过剩，形成浪费。

3. 计划预修

所谓计划预修是指在设备运行一定台时后，按照既定计划进行的检查、维护和修理

（包括大修、中修和小修）。其目的是保证设备正常运行和具有良好的生产能力，减少和避免设备因磨损、老化和腐蚀而造成的损坏，延长设备使用寿命，充分发挥设备能力。计划预修制规定，设备在经过规定的运行时间后，要进行预防性的定期检查、调整和各类计划修理。在计划预修制中，各种不同设备的保养、修理周期、周期结构和间隔期是确定的。

计划预修制的核心是把设备维修纳入计划的轨道。计划预修制包括 3 种不同的类型：

（1）检查后修理制度。这是以检查获得的状态资料或统计资料为基础的计划维修制。

（2）标准修理制度。这是一种以经验为依据的计划修理制度。

（3）定期修理制度。这是以磨损规律为依据、以时间周期为基础的计划预防维修体制。

4. 预防维修

预防维修是通过对设备进行周期性的检查、分析来制定维修计划的管理方法。预防维修可以减少非计划故障停机，检查后的计划维修可以部分减少维修的盲目性。

5. 生产维修

生产维修是以预防性维修为中心，兼顾生产和设备设计制造而采取的多样、综合的设备管理方法。生产维修由事后维修、预防维修、改善维修、维修预防四部分组成。这一维修体制突出了维修策略的灵活性，吸收了后勤工程学的内容，提出了维修预防，提高了设备可靠性设计水平及无维修设计思想。

6. 状态维修

状态维修是指根据对设备的日常监测、定期检查、状态监测和诊断所提供的信息，经统计分析处理来判断设备的劣化程度，并在故障发生之前有计划地进行适当的维修。设备状态维修可以在保证生产需要的前提下，及时地避免由于零部件异常失效造成损失，并尽可能避免过剩维修、延长设备寿命、减少停机时间、节约维修费用。

设备状态监测通常通过测定设备的某些特征参数（如振动、温度等）来检查其状态是正常或异常。

7. 全员生产维修

全员生产维修是日本在 1970 年后实施的一种维修体制，是以最高的设备综合效率为目标，确立以设备一生为目标的全系统的预防维修，是要求设备的计划、使用和维修等所有部门，从企业的最高管理层到第一线职工都要参加的维修方式，是实行动机管理，即开展小组自主活动来推进生产的维修。

全员生产维修的特点是全效率、全系统、全员参加。

我国露天煤矿的设备管理，基本涵盖了上述所有设备管理方式，且随着管理水平的提高，设备管理已逐步走向标准化、信息化和规范化，已逐步建立了现代化的露天煤矿技术装备管理体系，有力地保证了露天矿的正常科学生产。

三、典型露天矿设备管理经验

我国露天矿十分重视设备管理，近几年来取得了很大的成绩，也积累了宝贵的经验。如黑岱沟露天煤矿，伊敏露天煤矿，平朔安太堡、安家岭露天煤矿，小龙潭布沼坝露天煤矿等设备管理的水平已经达到世界先进水平。下面以黑岱沟露天煤矿和伊敏露天煤矿为例作简单介绍。

（一）黑岱沟露天煤矿

黑岱沟露天煤矿制定了监测规程，规范了设备状态监测任务、目的、职责、业务流程，做到了规范化、标准化、程序化。针对其设备维修管理具有多元化的特点，在日常工作中，黑岱沟露天煤矿在设备维护保养、状态监测、维修 3 个方面做了大量工作：

（1）黑岱沟露天煤矿的机电设备管理实行三级管理体制。三级管理体制即公司设机电职能处室，宏观管理各二级单位机电业务；矿设机电职能科室，管理全矿机电业务；基层车间、队设专职机电技术员，管理本车间、队机电业务。设备管理坚持设备选购与使用相结合、日常维护与检修相结合、正确操作与精心保养相结合、设备改造与合理更新相结合、专业管理与群众管理相结合、技术管理与经济管理相结合的原则。推行全员、全过程、全方位、全寿命的设备现代化管理。

（2）实行计划维修和状态维修相结合的维修体制。在确保计划维修的基础上，逐步扩大状态维修所占比重。为逐步扩大设备状态维修的比重，积极引进设备状态监测和故障诊断技术及设备。第一，购置状态监测设备，如油品化验设备；第二，设备购置倾向于采购状态监测及故障诊断装备尽可能齐全的设备，如扩建黑岱沟矿和新建哈尔乌素矿所购置的设备大都装备比较完善的状态监测及故障诊断系统；第三，在旧设备上加装状态监测及故障诊断装备，对旧设备进行技术改造，如目前正在实施的露天煤矿设备故障诊断科技开发项目，就是对该公司 395BI 电铲、2800XP 电铲、2300TZ 电铲、WK-10B 电铲、轮斗系统设备和 630E 卡车等旧型设备进行加装状态监测及故障诊断系统的技术改造。通过引进状态监测和故障诊断技术及设备，有效地预防了设备突发性大型故障的发生，提高了设备的出动率。

（3）引入 EAM 管理系统。通过 EAM 管理系统的应用，缩短了设备维修时间，使备件仓储更趋合理，机电业务流程和物资采购流程更加优化，进而降低了设备的故障率，提高了配件的管理效率。

（4）设备检修工艺标准化。通过近年来对露天煤矿机电设备检修工艺的不断探索和总结，同时参考设备供货厂家提供的设备维修手册，编制了《露天煤矿设备检修工艺流程》。该流程的制定使露天煤矿机电设备检修走上了规范化、标准化的道路，使露天煤矿机电设备检修质量和检修效率明显提高。

（5）引进了卡车 GPS 调度系统。该系统既可优化卡车的行驶路线，最大限度地减少卡车和电铲的等待时间，提高生产效率，也可对生产设备的产量、运行时间、运行状态（某个时刻设备的行驶速度、位置等）等动态信息进行跟踪记录、统计分析，进而为管理和决策提供依据。

（6）积极开展引进设备配件的国产化工作。通过引进设备配件的国产化，有效地降低了生产成本，使配件供货更加及时，配件资金占用更少；同时也促进了民族工业的发展。

（7）建立设备管理的质量标准化机制。作为神华集团公司质量标准化的一部分，机电设备管理质量标准化机制的建立，给露天煤矿机电设备管理提供了一个详细的执行标准，使露天煤矿机电设备管理水平得到了明显提高。

黑岱沟露天煤矿实行设备操作和设备维修分开管理的模式，即露天煤矿只负责设备操作业务，设备检修、维护、保养等业务另设设备维修中心专门负责。这样可达到相互监督、相互促进、共同提高的目的。近年来，黑岱沟露天煤矿设备维修已逐步推行社会化服务的模式，将部分设备维修业务分批分包给社会专业维修商力量。实践证明，这种维修模式降低了管理难度，降低了维修成本，提高了设备出动率。目前，设备维修社会化服务范围主要涉及的是已在黑岱沟露天煤矿有较成熟使用和维修经验的设备，如 154t 以下级别的矿用卡车、32m^3 斗容以下级别的单斗挖掘机、牙轮钻机及中小型辅助生产设备等。随着黑岱沟露天煤矿大型引进设备使用维修经验的不断成熟，预计露天煤矿社会化维修的比重会越来越大。

（二）伊敏露天煤矿

随着伊敏露天煤矿二期建设和生产能力的提高，采掘设备逐渐向大型化、智能化发展，对设备的管理要求也越来越高，设备管理的好坏将直接影响露天煤矿的生产能力和经济效益。设备管理是以企业生产经营目标为依据，通过一系列的技术、经济、组织、措施，对设备的规划、设计、制造、选型、购置、安装、使用、维修、改造、更新直至报废的全过程进行的科学的管理。设备管理的目的是以经济的费用取得最佳的投资效果，为此设备管理工作也就变得日益重要。在设备管理上，采取的主要措施有：

（1）加强设备的初期管理，建立健全各项管理制度。制定设备操作规程，对操作人员每月进行一次培训和考核。要求操作人员必须经过培训考核，具备对该设备做到“三懂、四会”；制定交接班制度，要求当班的和新接班的人员对设备运转情况有全面的了解；制定设备维护保养制度，要求操作工、维修工对自己所管辖的设备达到整齐、清洁、紧固、润滑、防腐、安全，做到轴见光、沟见底、设备见本色，保护文明的生产区域和工作环境，可大大延长设备的使用寿命，节约资金；制定包机制，明确包机长和包修长的职责，包机长要全面掌握设备的运行检修情况，包修长必须要清楚自己所管辖设备的构造、原理、发生故障的原因及处理的方法，避免设备有问题发现不了和发现问题后不能消除的现象；制定设备管理考核制度，根据矿制定的无渗漏治理大大调动职工的工作积极性，运行人员及时发现渗漏点，检修人员及时治理渗漏点，从而提高设备的完好率。

（2）加强设备的中期管理。设备运行到中期会不断发生故障，设备检修规程对设备的检修工艺、修理方法、质量标准、竣工验收等工作作出了规定，确保了检修的质量和工期。

（3）加强设备的后期管理。对性能老化、落后、不能满足生产需要的设备进行更新、改造。设备更新改造以提高设备投资的综合效益为出发点，注重设备性能和质量的改善，注重新技术、新工艺、新材料的应用，注重投入产出的效率。

第五章

露天煤矿建设的理论创新

第五章　露天煤矿建设的理论创新

新中国成立初期，我国露天煤矿生产技术落后，技术人员匮乏。在学习前苏联的设计和生产管理经验基础之上，初步掌握了建设和管理露天煤矿的理论，但缺乏充分的定量研究，极少有理论专著的出版。20 世纪 50 年代，沈阳煤矿设计所（沈阳煤矿设计研究院前身）汪振山副总工程师先后发表了《露天剥离曲线》、《露天煤矿生产能力确定》理论，对指导露天煤矿建设起到了重要作用。《露天采矿设计原理》作者前苏联专家阿尔先捷夫教授在 20 世纪 80 年代到中国讲学时，对汪振山的设计理论给予了充分肯定。这些理论的核心是注重计划和均衡发展。

美国、德国等市场经济国家以市场经济理论作为露天煤矿建设的基本思想，并将电子计算机技术应用于露天煤矿建设和管理中，加快了露天煤矿的建设速度，提高了露天煤矿的管理水平。

20 世纪 80 年代初，时任煤炭工业部部长的高扬文，委托中国科学院计算技术与系统工程所华罗庚教授和他的研究小组，由沈阳煤矿设计研究院配合，开展露天煤矿矿床模型、圈定露天煤矿境界和编制露天煤矿进度计划的理论研究及软件开发。尤其是改革开放后，露天煤矿设计、建设、管理的理论研究更为活跃，各项技术的定量化研究已充分展开。1985 年，张幼蒂等在《中国矿业学院学报》上发表了《露天矿山工程的有向图系统模拟理论》；1987 年，田会在《煤炭学报》上发表了《露天开采方案选择煤岩量计算的计算机方法——相交图形法》，后又发表了《计算机圈定露天煤矿境界方法评述》、《三角剖分法及其在矿床模拟中的应用》等理论文章，展露了我国在露天开采中的动态综合优化露天开采过程中的新进程。之后，我国露天煤矿技术与研究蓬勃发展，理论不断创新，从工艺创新、开采优化到注重经济效益、注重安全和环境保护，推动了露天煤炭事业的发展。2000 年，洪宇等人在《露天煤矿技术》上发表了《单斗—卡车—破碎站—带式输送机工艺系统布置》，2003 年，马军在《中国矿业》上发表了《抛掷爆破与拉斗铲倒堆工艺研究》，后又在《中国矿业大学学报》上发表了《厚煤层条件下拉斗铲无运输倒堆工艺应用研究》；2008 年才庆祥、洪宇出版了《露天煤矿高效开采新技术》等学术专著。这些论著的发表，标志着我国露天采矿理论研究进入了崭新阶段。

新中国成立后，我国露天煤矿开采技术的理论创新始终没有停止，经过了 60 年的发展历程，取得了辉煌的成就，特别是近 20 年学术论文和专著层出不穷。近 20 年在我国露天煤炭战线辛勤工作的专家、学者的论文和专著收集整理归纳如下所述。

第一节　露天煤矿开采技术领域的理论创新

露天煤矿开采技术领域的理论创新主要是在露天煤矿矿床模型的建立、开采境界的圈定、生产规模及服务年限的确定、开采程序及开采进度计划的优化、开拓运输系统的优化等方面取得了长足的进步。

其中，张幼蒂所著的《露天矿山工程的有向图系统模拟》，介绍了为适应煤田露天开发长期规划的需要，将运筹学和计算机技术运用于矿业中，并介绍了露天矿山工程的有向图系统模拟模型的总逻辑及宏观流程图，给出了有向图系统的详细建立方法。论文对有向图系统在露天开采程序、露天开采强度及矿岩运距的计算等方面的应用分别作了扼要论述。在三维矿岩方块矩阵中，采用逐开采水平、逐矿岩方块进行扫描的方法，搜寻每个矿岩单元内矿岩数量及矿石质量等项指标，既可利用已有的各开采水平有向图方便地找出该开采水平及开采阶段上的采、剥工作线长度，可能布置的采掘设备数量及相应的露天矿剥、采生产能力，又可利用有向图系统模拟模型搜寻开采阶段物料采掘重心及排弃重心，确定物料运输距离。该有向图模型曾用于一个倒堆剥离露天煤矿。

田会所著的《三角剖分算法及其在矿床模拟中的应用》，介绍了三角剖分算法并采用局部二次曲面拟合法在剖分后的三角形域上拟合曲面，用二次曲面片段构成连续矿床模型，绘制等值线图并对实际矿床算例进行了验证。本算法的应用使计算机算法与目前设计规范、地质算法统一于一体，易为设计人员所接受。三角剖分算法的应用从根本上解决了网格化法的“块段误差”、“边界效应”及地质构造的问题。与网格化法相比采用三角剖分算法建立矿床模型、绘制等值线图具有占计算机内存小、运算速度快等明显优点。

才庆祥所著的《露天矿柔性运输系统可靠性理论》一书中，“柔性运输系统可靠性”一章主要介绍了在连续运输系统的环节之间设置缓冲仓是提高系统可靠性的有效方法，缓冲仓能够减小其前后环节故障对整个运输系统的影响。设置缓冲仓的直观效果是在仓前和仓后环节不同时，对故障条件下的作业时间和故障率进行修正；论文假设缓冲仓有效容积足够大，按照柔性连接运输系统的工作原理及缓冲仓的故障定义，得到柔性连接运输系统的可靠性模型，即当缓冲仓发生故障时整个系统就发生故障，而只有当仓前环节与仓后环节同时发生故障时整个系统才发生故障。在可靠性模型的基础上研究提出了提高露天矿开采工艺系统可靠性的途径，包括提高各工艺环节可靠性、设置储矿仓及储矿场、设置平行环节、综合开采工艺系统间的协调配合和提高组织管理水平 5 个方面。“矿山缓冲仓系统可靠性模型”一章主要介绍了基于缓冲仓在矿山采运系统中的工作原理，具体分析了缓冲仓在不同情况下的故障状态及其对系统可靠性的影响和作用，建立了一个新的缓冲仓系统可靠性模型，并给出利用此模型求解缓冲仓系统可靠性指标的方法和计算公式。该模型把缓冲仓在系统中所起的不同作用分开考虑，可以很直观地理解设置缓冲仓的作用，并将一定时间后系统发生的变化定义进了缓冲仓假想元件的故障状态中，故能够全面反映缓冲仓系统各环节之间在不同情况下的可靠性逻辑关系。通过设置缓冲仓来提高开采工艺系统可靠性是经常采用的一种方法，因此本文的研究内容与结论具有重要的理论意义和实用价值。

才庆祥等人所著的《大型近水平露天煤矿端帮靠帮开采与实效边坡理论》中“大型近水平露天煤矿端帮靠帮开采理论”一章主要提出，靠帮开采的核心是提高端帮的帮坡角，论文根据矿山生产需要提出上部境界不动、下部境界向外推进和下部境界不动、上部境界向内缩进的两种靠帮开采方式。根据靠帮开采工作的需要，研究给出了靠帮开采剥采比的概念和计算方法，并将其作为靠帮开采方式选择的判别准则。靠帮开采由于暂时切断了通往内排土场的端帮道路或彻底取消了端帮道路，所以必须重新考虑内排运输通道的设置问题；依据是否在采空区中部设置连接排土场与采场的运输土桥，研究提出了掏槽开采再回填贯通内排、采空区中部双桥内排、采空区中部单桥与端帮回填贯通相结合内排3种靠帮开采条件下开拓运输系统布置方式。根据需要，研究进一步分析了端帮靠帮开采下的一些具体问题，包括重复剥离工程量、端帮靠帮开采的工程布置及内排通路的不同设置对内排运距的影响等方面。

20世纪80年代后，我国露天煤矿开采技术领域理论不断创新，涌现出一大批人才和理论著作，具有代表性的专著部分摘编见表5－1。

表5－1　我国露天煤矿开采技术领域部分理论摘编表

序号	论文名称	论文作者	出版刊物	时间
1	计算机圈定露天煤矿境界方法评述	田会	煤炭学报	1987－07
2	近水平缓倾斜露天开采程序探讨	顾正洪，李曙光	化工矿山技术	1993－01
3	近水平矿床露天煤矿采区的过渡方式	顾正洪，李曙光，于汝绥	阜新矿业学院学报	1997－01
4	关于露天煤矿测量验收中工程量的计算	杨宏贤	中国矿业	1997－06
5	安家岭露天煤矿端帮采煤方法研究	刘泽民，王社林，等	中国矿业大学学报	2002－05
6	安太堡露天煤矿原煤开采工艺探讨	刘光，段起超，刘宪权	露天采矿技术	2005－06
7	我国露天煤矿技术发展方向	路占元，董向忠，蒯本秋，等	煤炭技术	2007－04
8	加速发展露天开采—对发展我国露天煤矿的看法	罗德权	煤炭科学技术	1980－03
9	对露天矿设计中几个问题的看法	罗德权	煤炭工程	1982－01
10	关于修改新建露天煤矿“两量”规定的探讨	罗德权	煤炭科学技术	1984－06
11	露天矿山工程的有向图系统模拟	张幼蒂，李克民，尚涛	中国矿业大学学报	1985－06
12	对移动锥法圈定露天煤矿境界几个问题的分析	田会	煤炭工程	1986－08

表 5-1（续）

序号	论文名称	论文作者	出版刊物	时间
13	露天煤矿矿山基建工程量的划分和移交生产时产量标准的确定	沈宗约	煤炭工程	1990-10
14	关于修改露天煤矿准备煤量规定的建议	罗德权	煤炭工程	1990-12
15	露天开采境界动态优化的探讨	张幼蒂，杨荣新	中国矿业大学学报	1991-03
16	露天煤矿设计年工作日的确定	沈宗约	煤炭工程	1991-03
17	露天煤矿工作帮水平推进度最大值的确定	潘兴	露天采矿技术	1991-10
18	矿山工程设计可靠性研究	彭世济，张达贤，刁永峰，等	化工矿物与加工	1992-03
19	计算机在海州矿的开发应用及发展前景	许炳麟，宋子岭，王建民，等	露天采矿技术	1993-12
20	安太堡矿内排土场综合改造	郭著实，王社林	露天采煤技术	1994-08
21	小型露天煤矿设计的若干问题	罗德权	煤矿设计	1994-10
22	露天煤田开发条件综合评价的指标体系和权重的确定	张瑞新，张幼蒂	贵州工业大学学报	1995-02
23	试论电铲效率与采宽的关系	王喜富，董宝弟	东北煤炭技术	1995-02
24	露天煤矿大型设备选择的原则	罗德权	中国煤炭	1995-03
25	露天煤矿的设备预测	罗德权	矿山机械	1995-04
26	中国露天煤矿的可采资源估计	罗德权	露天采煤技术	1995-05
27	安家岭露天煤矿合理规模的研究	杨润国，张平	露天采煤技术	1995-08
28	安太堡露天煤矿采剥总量的确定方法—1994年采剥总量确定的应用	胡群	露天采煤技术	1995-11
29	露天煤矿横向工作线开采储量管理问题	白润才，刘淑让，赵树贤	阜新矿业学院学报（自然科学版）	1996-01
30	美国露天煤矿的设计原则初探	罗德权	煤矿设计	1996-01
31	伊敏河—露天煤矿生态建设规划	曹勇，房兆民	能源环境保护	1996-02
32	输、配水管道设计中气阻问题不能忽视	韩学增	煤矿设计	1996-07
33	世界露天开采技术发展特点及我国露天采煤科研规划建议	张幼蒂，才庆祥，李克民，等	中国煤炭	1996-10
34	露天矿设计节约用地与土地复垦	金天	露天采煤技术	1996-12
35	黑岱沟露天矿短期计划系统及模型建立	宋子岭，魏春启，金智求	煤炭学报	1997-12
36	分段倾斜分层开采方法在安太堡矿的应用	丁新启，刘宪权，任利明	露天采煤技术	1998-02
37	深孔底部水介质爆破试验及机理探讨	董典志，齐俊峰	露天采煤技术	1998-02
38	露天矿生产能力的优化	姬长生，张幼蒂	煤炭学报	1998-10
39	安太堡矿采剥运年计划的制定	任利明，徐志远，刘勇	露天采煤技术	1998-11
40	霍林河南露天煤矿开拓延深方式研究	李金亮，王立春，张亚敬，等	东北煤炭技术	1998-12
41	露天矿设计规划计算机辅助设计系统	李克民，张幼蒂，东彦宝	中国矿业大学学报	1998-12
42	铁厂沟露天煤矿急倾斜煤层开采方案的研究	杨润国	露天采煤技术	1998-12
43	大型矿山生产规模及其相关决策要素综合优化	张幼蒂，姬长生	中国矿业大学学报	2000-01

表 5-1（续）

序号	论 文 名 称	论文作者	出版刊物	时间
44	安太堡露天煤矿原煤开采工艺系统改造	洪宇，胡群，郭著实，等	露天采煤技术	2000-08
45	中国山西平朔安太堡露天煤矿退化土地生态重建研究	白中科，李晋川，王文英，等	中国土地科学	2000-08
46	虚拟现实与露天煤矿规划研究	杨天军，才庆祥	矿业快报	2001-01
47	露天矿端帮采煤与露天采排工程的时空关系	尚涛，舒继森，才庆祥，等	中国矿业大学学报（自然科学版）	2001-01
48	黑岱沟矿东排土场排土机排土方式研究	王平亮，王启瑞	露天采煤技术	2001-05
49	安太堡矿咽喉区通过能力计算	尚文凯，马海渊，段起超	露天采煤技术	2001-05
50	露天煤矿原煤设计成本计算方法的探讨	王巍松，陈杨，齐颖	煤炭工程	2001-06
51	露天煤矿全员化成本管理的探索	韩培荣，刘玉福	露天采煤技术	2001-08
52	抓住机遇创新发展建设一流新型能源基地	李东	露天采煤技术	2001-08
53	黑岱沟露天煤矿北排土场排弃方式探讨	王海清，李英俊，刘利杰	露天采煤技术	2001-08
54	黑岱沟矿西排土场境界及排土程序的优化	李英俊，刘利杰，王海清	露天采煤技术	2001-08
55	安家岭露天煤矿端帮采煤方法研究	刘泽民，王社林，才庆祥	中国矿业大学学报（自然科学版）	2001-09
56	露天矿端帮开采参数计算分析与围岩应力数值模拟研究	冯光明，才庆祥，叶新荣，等	煤炭学报	2001-10
57	露天煤矿短期开采计划编制系统及其优化	张维世	辽宁工程技术大学	2001-12
58	浅谈露天矿的生产特点与安全管理对策	田爱民，王荣海，刘玉福	露天采煤技术	2002-08
59	左行制在露天矿的应用	王荣海，张勇	露天采煤技术	2002-08
60	模拟市场核算，实行成本控制	赵文丽，赵文华，常全胜	煤炭经济研究	2003-03
61	关于内排土场坡底与采场之间安全距离的探讨	刘毅勇，包建军，刘永杰	露天采矿技术	2003-04
62	安家岭露天矿合理开采方案确定	刘爱兰，王社林，刘泽民，等	煤炭科学技术	2003-07
63	黑岱沟露天煤矿采区过渡方式的探讨	朱建新，张克树，周龙义	煤炭工程	2003-10
64	煤炭集中化开采与集约化经营	张幼蒂，姬长生	煤炭学报	2003-10
65	元宝山露天矿地质模型及采矿计划编制系统	宋子岭，王东，刘毅勇	辽宁工程技术大学学报	2003-12
66	哈尔乌素露天煤矿拉沟位置与外排土场场址选择	李景柱，王平亮	露天采矿技术	2004-02
67	多元回归分析法在露天矿成本预测中的应用	耿志军，翟正江，刘志博	露天采矿技术	2004-02
68	铁厂沟露天煤矿边坡勘探资料分析	刘勇，王钜峰，柳建军	煤炭技术	2004-08
69	黑岱沟露天矿扩建区开采程序探讨	张幼蒂，李克民	露天采矿技术	2004-12
70	我国大型露天煤矿机电设备维修方式探讨	廖海鹰	露天采矿技术	2005-04

表 5-1（续）

序号	论文名称	论文作者	出版刊物	时间
71	黑岱沟露天煤矿技改工程的设计创新及启示	马培忠	煤炭企业管理	2005-06
72	武家塔露天煤矿合理工作线长度的确定	宋子岭，白润才，刘仲田	露天采矿技术	2005-06
73	现代露天开采技术国际发展与我国露天采煤前景	张幼蒂	露天采矿技术	2005-06
74	露天矿采场附近的排土场对采场边坡稳定性的影响	王文忠，舒继森，才庆祥，等	露天采矿技术	2005-06
75	安太堡露天煤矿原煤开采工艺探讨	刘光，段起超，刘宪权，等	露天采矿技术	2005-12
76	武家塔露天煤矿露天—井工联合开采方案	宋子岭，刘仲田，王文，等	辽宁工程技术大学学报	2006-02
77	创建我国露天煤矿吊斗铲倒堆开采程序	董宝弟，李风祥	煤炭工程	2006-02
78	哈尔乌素露天煤矿运煤方案优化	李英俊，赵二夫	露天采矿技术	2006-04
79	黑岱沟露天煤矿斜坡道移设步距探讨	常全胜，李英俊	露天采矿技术	2006-06
80	露天煤矿迈步式搭桥贯通内排运输通路	才庆祥，车兆学	中国矿业大学	2006-08
81	我国煤炭资源合理开发与现代化露天开采技术	王建国	采矿技术	2006-09
82	关于伊敏一号露天煤矿采区过渡方式的研究	张洪	煤炭工程	2006-09
83	安太堡露天矿采场运煤干道的优化	徐志远，才庆祥	露天采矿技术	2006-10
84	露天煤矿端帮残煤开采及边坡暴露时间分析	刘勇，车兆学，李志强，等	中国矿业大学学报	2006-11
85	安太堡露天煤矿采区转向过渡若干问题及对策	徐志远，才庆祥，刘宪权	煤炭工程	2006-12
86	端帮采煤方法及系统布置的研究	徐志远，才庆祥，尚涛	采矿与安全工程学报	2006-12
87	大型露天矿生产设备运行及维护管理指标体系	刘宪权，李仲学	矿业工程	2007-02
88	从科学发展观角度看中国露天煤矿的建设与发展历程	郑友毅	煤炭工程	2007-02
89	露天煤矿加水站改进的设想	韩学增	煤炭工程	2007-07
90	白音华露天煤矿合理开采规模和工艺研究	尚涛，才庆祥，张幼蒂，等	采矿与安全工程学报	2007-09
91	露天煤矿内排时期下部水平开拓运输系统优化	车兆学，才庆祥	煤炭科学技术	2007-10
92	露天矿剥离物内排条件分析	李庆伟	煤炭工程	2007-10
93	近水平露天煤矿端帮靠帮开采方式与剥采比研究	才庆祥，周伟，车兆学，等	中国矿业大学学报	2007-11
94	黑岱沟矿西排土场增高边坡排土参数研究	田爱民，王振伟，朱新平	露天采矿技术	2007-12
95	建设露井联合开采的平朔总体发展新模式	王纪山，李克民	露天采矿技术	2007-12

第二节　露天煤矿开采工艺与设备领域的理论创新

露天煤矿开采工艺与设备领域的理论创新是随着开采技术和设备制造业的发展而发展的，开采工艺从单一工艺发展到联合工艺，从间断工艺发展到连续工艺、半连续工艺，开采设备从单一的小型设备发展到多样化的大型设备，开采工艺与设备的理论创新是露天煤矿中一项技术含量高、经济效益大的工作。随着我国现代化大型露天煤矿的开发与建设，开采工艺与设备的理论创新不断发展，涌现出许多新的理论及计算方法。

其中，车兆学、才庆祥所著的《露天煤矿半连续工艺理论与应用》一书中对“露天煤矿表土剥离半连续开采工艺”和“露天矿破碎站移设步距优化”作了阐述。论述了半连续工艺具有连续工艺和间断工艺的综合优点。采用半连续工艺可以提高带式输送机系统的时间利用率、增加运量、降低成本。实现表土剥离采用半连续工艺的关键技术是破碎机，中国矿业大学研制的轮式软岩破碎转载机，可以解决大黏土块破碎、物料流均匀及克服表土剥离物对破碎机的黏结和堵塞等关键技术问题，替代或替补轮斗挖掘机作业，可以实现用带式输送机取代汽车运输，为解决露天矿表土剥离采用半连续工艺提供了实验基础平台。同时，介绍了破碎站移设是半连续开采工艺的核心技术问题之一，破碎站移设的目的是减小汽车运距、降低运输成本。破碎站移设费用的性质应计为破碎站移设后其服务块段量的运输环节成本，破碎站移设费用应由所处位置服务块段量承担。研究根据近水平露天矿生产特点提出了移设费用补偿法、单位成本最小法、总成本最小法和期望补偿法 4 种破碎站移设步距优化准则，并给出了各准则的计算公式。研究经过对上述原则进行对比分析，提出了确定破碎站移设步距的原则：破碎站移设步距应满足移设费用得到补偿及运输成本最小，应考虑由于系统停顿对露天矿生产造成的经济损失，并随各种费用指标及工作面参数等因素的变化而变化。研究结果对露天矿半连续开采工艺具有重要意义。

20 世纪 80 年代后，我国露天煤矿开采工艺与设备优化领域理论与实践相结合，提出了多种新思路。具有代表性的专著部分摘编见表 5－2。

表 5－2　我国露天煤矿开采工艺与设备领域部分理论摘编表

序号	论　文　名　称	论文作者	出版刊物	时间
1	露天煤矿破碎站缓冲仓的合理设置	卢明银，张达贤，才庆祥	金属矿山	2001－09
2	组合台阶剥离方法在露天煤矿的应用研究	郭昭华，黄汉谋	露天采矿技术	1988－09
3	霍林河露天矿卡车调度模拟研究	李曙光，张幼蒂	化工矿物与加工	1990－06
4	露天煤矿连续工艺系统可靠性分析	彭世济，张达贤，习永峰	煤炭学报	1991－10
5	我国露天矿应用半连续开采工艺的现状与前景	杨树才，张幼蒂，李安文	化工矿物与加工	1993－10
6	煤(矸)层对比法初探	白润才，蔡兴业，刘淑让，等	中国煤炭	1994－06

表 5－2（续）

序号	论文名称	论文作者	出版刊物	时间
7	露天煤矿引进吊斗铲倒堆工艺势在必行	赵唱尧，苏兴钧，张玮	煤矿设计	1994－09
8	提高露天矿工艺系统可靠性的途径	才庆祥，彭世济，张达贤	中国矿业大学学报	1994－12
9	复杂条件下露天开采工艺选择	彭世济，张达贤	露天采煤技术	1995－05
10	定铲配车条件下的卡车调度决策方法	宋子岭，金智求，张树田	辽宁工程技术大学学报（自然科学版）	1995－05
11	海州露天矿采运设备数量的合理匹配关系	魏春启，张树田，宋子岭	辽宁工程技术大学学报（自然科学版）	1995－05
12	露天煤矿电铲布局分析	乔云海，徐志远	露天采煤技术	1995－11
13	露天矿采用掩埋巷道运输工艺的有限元分析	杨树才，姜跃东，张幼蒂	中国矿业	1995－11
14	露天矿柴油架线辅助双动力运输卡车发展前景展望	文世芸	露天采煤技术	1996－05
15	霍林河露天煤矿剥离系统应用半连续工艺可行性研究	丛庆林，刘威	露天采煤技术	1996－05
16	寒冷地区轮斗挖掘机线切割力的选定	潘景祥，刘晶辉，杨洪海	矿山机械	1996－10
17	露天矿运输环节能力分析	宋子岭，魏春启，沈秀臣	辽宁工程技术大学学报（自然科学版）	1996－11
18	综合开采工艺下矿山工程的可靠性	王喜富，张达贤，彭世济	辽宁工程技术大学学报（自然科学版）	1997－02
19	寒冷地区轮斗挖掘机选型探讨	刘晶辉，杨洪海	露天采煤技术	1997－05
20	论高台阶开采工艺中的几个问题	张平，齐俊峰，刘先平	露天采煤技术	1997－08
22	轮斗挖掘机有效生产能力的确定	郭昭华，车兆学	中国矿业大学学报	1998－09
22	露天煤矿开采工艺与设备国产化	赵唱尧	中国煤炭	1998－12
23	露天煤矿半连续工艺关键技术研究	王喜富，张幼蒂，才庆祥，等	中国矿业大学学报	1998－12
24	倾斜煤田露天纵采工艺的选择	胡群	露天采煤技术	1999－02
25	空气柱间隔装药爆破法	张维世	露天采煤技术	1999－11
26	露天矿表土剥离半连续开采工艺研究	车兆学，才庆祥，姬长生，等	中国矿业大学学报	2000－01
27	台阶深孔爆破反向起爆技术	付强，徐秋元，尚文凯，等	露天采煤技术	2000－02
28	安太堡露天煤矿原煤开采工艺系统改造	洪宇，胡群，郭著实，等	露天采煤技术	2000－08
29	安太堡露天煤矿汽车运输系统	徐志远，李志强	露天采煤技术	2000－11
30	安太堡露天煤矿选煤厂矸石运输系统改造	董万江，贺全超，丛山，等	露天采煤技术	2000－11
31	单斗—卡车—破碎站—带式输送机工艺系统布置	洪宇，胡群，郭著实，等	露天采煤技术	2000－11
32	安太堡露天煤矿汽车运输系统	徐志远，李志强	露天采煤技术	2000－11
33	露天采矿机开采工艺应用探讨	郑友毅	露天采煤技术	2001－02
34	露天煤矿中的爆破剥离技术	傅洪贤，张幼蒂	中国矿业	2001－03
35	半连续开采工艺在露天煤矿的应用前景	郑友毅，马培忠	煤矿设计	2001－04

表 5－2（续）

序号	论 文 名 称	论文作者	出版刊物	时间
36	黑岱沟矿东排土场排土机排土方式研究	王平亮，王启瑞	露天采煤技术	2001－05
37	露天矿破碎站移设步距的研究	车兆学，翟正江，杨云浩	中国矿业大学学报（自然科学版）	2001－07
38	黑岱沟矿西排土场古滑坡复活变形分析	田爱民，王兴中，朱新平	露天采煤技术	2001－08
39	爆破难点分析和解决方法	孙新虎，刘玉福，宋富国	露天采煤技术	2001－08
40	黑岱沟露天煤矿采用吊斗铲倒堆工艺的探讨	李东，王启瑞	露天采煤技术	2001－08
41	哈尔乌素露天煤矿生产工艺系统选择的探讨	郭昭华	露天采煤技术	2001－08
42	黑岱沟矿后续开采工艺的经济合理性初探	王平亮，常全胜，殷佰良	露天采煤技术	2002－02
43	露天矿无线通讯卡车调度系统	胡群，张阳，沈当阳，等	露天采煤技术	2002－02
44	单斗卡车工艺分区开采程序研究及应用	丁新启	辽宁工程技术大学	2002－04
45	露天矿卡车运输应急报警装置	胡群，张阳，沈当阳	露天采煤技术	2002－04
46	露天矿倒堆剥离工艺的发展及其应用前景—露天矿倒堆剥离开采方法系列论文之一	张幼蒂，李克民，尚涛，等	中国矿业大学学报	2002－07
47	露天煤矿拉斗铲倒堆工艺运煤系统优化选择—露天矿倒堆剥离开采方法系列论文之三	尚涛，张幼蒂，李克民，等	中国矿业大学学报	2002－11
48	抛掷爆破与剥离台阶开采参数分析—露天矿倒堆剥离开采方法系列论文之四	张幼蒂，傅洪贤，王启瑞，等	中国矿业大学学报	2003－01
49	抛掷爆破与拉斗铲倒堆工艺研究	马军，李克民	中国矿业	2003－07
50	黑岱沟露天煤矿吊斗铲倒堆台阶高度的优选	张克树，周龙义，朱建新	煤炭技术	2003－11
51	我国露天开采工艺发展初探	田会，郑友毅	煤炭工程	2004－04
52	吊斗铲倒堆工艺在黑岱沟露天煤矿应用研究	郭昭华	辽宁工程技术大学	2004－06
53	露天矿分区过渡期间合理开拓运输系统选择	尚涛，才庆祥，刘勇，等	中国矿业大学学报	2004－07
54	某露天煤矿轮斗—胶带连续开采工艺系统投资限额的分析	于兰，齐颖	煤炭工程	2004－10
55	黑岱沟露天煤矿剥离黄土半连续工艺研究	车兆学，才庆祥	中国矿业大学学报	2004－11
56	吊斗铲倒堆工艺在神华集团露天矿区的应用研究	郭昭华，陈虎维，赵瑞玺	露天采矿技术	2005－02

表 5-2（续）

序号	论 文 名 称	论文作者	出版刊物	时间
57	露天开采工艺发展方向	郑友毅	煤炭企业管理	2005-03
58	我国大型露天煤矿若干生产工艺问题分析	尚涛，才庆祥，张幼蒂，等	中国矿业大学学报	2005-03
59	根据所挖掘物料灵活选择挖掘机斗容	刘玉福，胡存虎	全国露天采矿技术学术交流会	2005-08
60	露天矿半连续工艺系统的应用研究	李克民，王斌，张幼蒂，等	全国露天采矿技术学术交流会	2005-08
61	露天煤矿应用抛掷爆破技术研究	马军，郭昭华	露天采矿技术	2005-10
62	黑岱沟露天煤矿台阶硬顶的爆破方法	刘玉福，宋富国，孙新虎，等	露天采矿技术	2005-10
63	露天煤矿应用抛掷爆破技术研究	马军，郭昭华	露天采矿技术	2005-10
64	露天矿半连续工艺系统的应用研究	李克民，王斌，张幼蒂，等	露天采矿技术	2005-10
65	缅甸 TIGYIT 露天煤矿基建剥离施工优化设计	高永胜，姚广义，李志英，等	露天采矿技术	2005-10
66	拉斗铲倒堆剥离工艺及在我国应用前景	李克民，马军，张幼蒂，等	煤炭工程	2005-10
67	安太堡露天煤矿 4 号煤以上岩石剥离工艺探讨	刘勇，刘爱兰，解德国，等	露天采矿技术	2005-12
68	露天矿拉斗铲倒堆剥离工艺系统的优化决策	张幼蒂，李克民，尚涛，等	露天采矿技术	2005-12
69	用于露天矿的半连续工艺系统	李克民，张幼蒂，王斌，等	有色金属	2005-12
70	拉斗铲工艺在安太堡露天煤矿应用可行性探讨	解德国，董万江，郭著实，等	露天采矿技术	2006-02
71	露天煤矿高台阶抛掷爆破参数分析	傅洪贤，李克民	煤炭学报	2006-04
72	黑岱沟露天煤矿扩能改造后轮斗工艺系统的布置方式	王平亮	露天采矿技术	2006-06
73	露天矿连续工艺系统设备可靠性分析	卢明银，李克民，段天宏，等	化工矿物与加工	2006-06
74	哈尔乌素露天煤矿开采工艺简析	李英俊，唐开杰	露天采矿技术	2006-06
75	安太堡露天煤矿后期破碎站移设位置确定	刘勇	露天采矿技术	2006-06
76	复合煤层条件下拉斗铲作业方式优化研究	马军，才庆祥，陈树召，等	采矿与安全工程学报	2006-06
77	黑岱沟露天煤矿吊斗铲开采工艺运煤开拓系统方案确定	王平亮	露天采矿技术	2006-10
78	胜利一号露天煤矿剥离半连续工艺优化的探讨	王启瑞，才庆祥	露天采矿技术	2006-10
79	露天矿汽车耗油量的灰色预测	李继，宋子岭	露天采矿技术	2006-10
80	露天煤矿拉斗铲作业对煤层厚度变化影响	马军，才庆祥，周伟，等	辽宁工程技术大学学报	2006-10
81	排沙潜水电泵在露天采掘场排水中的应用	李静	煤炭工程	2006-10
82	安太堡露天矿半固定式破碎站布设水平的优化	李新旺，段起超，张瑞新，等	中国矿业大学学报	2006-11

表 5-2（续）

序号	论 文 名 称	论文作者	出版刊物	时间
83	露天煤矿单斗挖掘机—卡车工艺发展探讨	马军，才庆祥，陈树召	露天采矿技术	2006-12
84	露天煤矿抛掷爆破参数分析	李克民，张幼蒂，傅洪贤	采矿与安全工程学报	2006-12
85	黑岱沟露天煤矿辅助设备使用现状及分析	赵二夫	煤炭工程	2007-05
86	深露天煤矿窄坑平移横采—汽车内排开采程序	路占元，董向忠，丛德俊	黑龙江科技学院学报	2007-07
87	关于黑岱沟露天煤矿并段台阶工艺接续研究	张维世，刘海建	辽宁工程技术大学学报	2007-08
88	露天矿抛掷爆破对台阶坡面的影响	张维世，宋富国	露天采矿技术	2007-08
89	论我国露天煤矿拉斗铲倒堆工艺应用前景	李汇致	煤炭工程	2007-08
90	辅助设备在现代化大型露天煤矿中的作用	赵二夫	露天采矿技术	2007-08
91	露天矿应用拉斗铲倒堆工艺影响因素分析	陈树召，才庆祥，马军，等	煤炭工程	2007-10
92	黑岱沟露天煤矿扩建工程单斗卡车工艺向吊斗铲倒堆工艺过渡时期矿山工程合理衔接方案研究	李英俊	全国煤炭工业生产一线青年技术创新文集	2007-11
93	露天矿间断工艺车铲匹配优化研究	陈树召，李克民，周伟	有色金属（矿山部分）	2007-11
94	白音华二号露天煤矿拉斗铲倒堆工艺应用研究	尚涛，才庆祥，张幼蒂，等	煤炭工程	2007-11
95	WK-10B 挖掘机推压机构电控系统故障分析	云利成，李英俊，魏啸东	露天采矿技术	2007-12
96	安家岭露天矿台阶爆破质量优化研究	黄小明，张瑞新，翟守俊，等	金属矿山	2007-12

第三节　露天煤矿信息化领域的理论创新

近几年，随着计算机、通信技术及全球定位技术的迅猛发展，智能监控管理系统、GPS 定位及自动调度系统等技术得到广泛应用，提高了矿山设备的利用率和生产效率，达到优化管理的目的。

张幼蒂所著《露天矿卡车优化调度理论的系统研究》，针对“露天矿卡车调度优化准则”、“计算机卡车调度优化数学模型”和“计算机控制卡车实时调度”方面作了充分的论证和说明。“露天矿卡车调度优化准则”提出卡车自动化调度是实现露天矿自动化管理的一个重要发展方向。针对常见的单出口集中运输系统和多出口分散运输系统提出卡车实时调度优化准则；卡车实时调度准则应使系统中采掘与运输设备得到最有效的充分利用，从而达到在既定设备数量条件下获得最高的系统产量的目标；论文提出的调度准则包括“最小饱和度”调度准则（MSD）和最小饱和度兼顾卡车运行周期调度准则

(或称“换算最小饱和度”调度准则，MSDTC)。模拟试验证实采用本文提出的调度准则，对露天矿卡车车流进行实时调配可以明显提高生产效率；对比表明“换算最小饱和度”调度准则(MSDTC)是普遍性优化准则，而“最小饱和度”调度准则(MSD)是上一调度准则的特例，它可以在卡车数量相对电铲较为充足的条件下应用。论文进一步对影响调度效果的一些重要因素进行了分析。“计算机卡车调度优化数学模型”介绍了建立计算机控制的卡车调度系统已成为露天矿提高经济效益的重要技术发展方向。通过对现有的调度准则和方法进行分析，将现有的卡车实时调度准则分为以完成各台电铲计划产量为主、以提高设备效率及全矿产量为主和综合考虑3种。在此基础上，讨论了采取车流规划及实时调度两步调配的适用条件，以实动卡车数量最少为目标建立了一个通用方便的线性规划车流调配数学模型，该模型概括因素较为全面，可以随矿山实际情况的变化进行迅速调整，并便于与实时调度模型相衔接。实例研究表明，与传统的固定配车制相比，采用MSD及MSDTC调度准则可以明显提高设备效率及矿山采剥产量。“计算机控制卡车实时调度”，结合矿山实例，对国内外现有的计算机控制卡车调度准则进行了深入的研究，给出了各种调度准则在不同矿山条件下的优劣评价及其合理的应用范围，并提出了综合多种准则优势的综合调度准则，使调度系统在不同条件下均可取得优化调度效果。当系统中卡车数量较少时，最早装车法与最大卡车法可获得较高产量，卡车效率发挥充分；当系统中卡车数量增多时，最早装车法的调度效果急剧下降，MT准则的优势也逐渐失去；最大电铲法由于兼顾所有电铲的产量，因此当卡车数量较少时效果极差，随着卡车趋于饱和，其效果逐渐变好；MSD与MSDTC调度准则由于综合考虑了电铲及卡车两者的效率，因此其效果一直处于较好状态；当系统中卡车数量较少时，MSDTC调度准则略优于MSD调度准则；随着卡车趋于饱和，两者的效果趋于一致。在此基础上，研究和探讨了应用调度系统实现计划产量及矿石质量的控制，计划产量的实现与矿石质量控制可通过车流规划与实时调度两步完成，其中实时调度动态地考虑各种变化因素起着主要作用。

以煤炭科学研究总院沈阳研究院和中国矿业大学为主要研究单位，为我国露天煤矿建设信息化、智能化作出了巨大贡献，其具有代表性的理论专著部分摘编见表5-3。

表5-3　我国露天煤矿信息化领域的理论摘编表

序号	论文名称	论文作者	出版刊物	时间
1	SGC地下位移监测系统在安家岭矿北端帮的应用	王振伟，朱新平	露天采矿技术	2005-02
2	无缆监测系统在边坡变形监测中的应用	尚文凯，秦建明，田金泽，等	露天采矿技术	2006-02
3	无缆地下位移监测系统数据处理及分析	王振伟	矿业快报	2006-11
4	露天煤矿GPS卡车调度系统数据流处理方法	张维国	地理信息世界	2008-05

表 5-3（续）

序号	论 文 名 称	论文作者	出版刊物	时间
5	露天矿运输系统网络模型的建立	刘毅勇，稽海玉，孟祥春，等	露天采煤技术	1995-08
6	论露天煤矿管理信息系统（LTK/MIS）的开发模式	林梧松	露天采煤技术	1995-08
7	露天矿汽车运输系统网络模型的建立	刘毅勇，稽海玉，孟祥春，等	东北煤炭技术	1997-12
8	露天煤矿计算机辅助调度系统的应用	董典志，宋振勇	露天采煤技术	2000-05
9	地质灾害信息管理系统及其应用研究	申力，祖国林，刘晶辉	中国煤炭学会第六届青年科技学术研讨会	2000-06
10	数字矿山建设是解决露天煤矿信息化应用深层次问题的有效途径	孙效玉，姚常明，高登来，等	科技导报	2004-06
11	进口矿用大型卡车监测与诊断系统开发研究	潘宏侠，王社林，黄晋英，等	中北大学	2005-01
12	我国数字露天煤矿的实施对策与总体技术方案	孙效玉，冯建宏，杨宏贤，等	露天采矿技术	2005-06
13	无缆监测系统在边坡变形监测中的应用	尚文凯，秦建明，田金泽，等	露天采矿技术	2006-04
14	现代露天开采技术装备综合动态跟踪标准化管理	张智明	露天采矿技术	2006-04

第四节　露天煤矿安全与环保领域的理论创新

随着科学技术的发展和人们观念的转变，我国露天煤矿生产安全与环境保护意识不断深入，露天煤矿在环境保护、土地复垦、三废处理、滑坡防治等安全与环保领域进行了大量的理论研究和实践，取得了突出的成就，为露天煤矿实现可持续发展提供了理论支撑。

才庆祥等人所著的“大型近水平露天煤矿端帮边坡时效性分析及应用”阐述的是利用露天矿端帮边坡与内排土场、工作帮的关系研究露天矿端帮边坡的时效性，分析了露天采矿参数对端帮边坡暴露时间影响，采用端帮边坡的暴露时间作为边坡时效性评价的指标，结合端帮边坡压帮前后稳定系数变化的对比分析（压帮内排最下一个台阶高度对时效边坡影响较大，压帮高度越大，端帮暴露时间越小，稳定性系数提高越大），根据时效边坡的稳定性判断准则，论证了安家岭露天煤矿端帮边坡角可以提高到42°。结果表明：露天矿采场和排土场推进速度是影响暴露时间的重要因素，利用内排压帮方法完全可以提高端帮边坡角。为露天矿的靠帮开采提供了理论依据，为分析掩埋边坡稳定性提高了新的方法与思路。

以露天煤矿环境保护、土地复垦、三废处理、滑坡防治等安全与环保领域的具有代表性的理论专著部分摘编见表 5-4。

表5-4　我国露天煤矿安全与环保领域的理论摘编表

序号	论　文　名　称	论文作者	出版刊物	时间
1	露天煤矿的土地复垦	高更君	煤矿环境保护	1999-03
2	我国露天煤矿开采环境问题及防治对策研究	冯建友	中国矿业大学	2002-06
3	倾斜软弱基底排土场滑坡机理模型实验研究	祖国林	露天采矿技术	1989-04
4	西欧的露天采煤与边坡工程技术	王建国，雷良惟	露天采矿技术	1991-07
5	SZ30-2D型大土三轴仪微机自动化研制及在露天煤矿边坡研究中的应用	肖圣耻，张秀青，刘晶辉，等	岩土力学	1991-12
6	岩石变形参数测定方法的探讨	刘晶辉	露天采矿技术	1992-09
7	露天煤矿边坡稳定性的工程地质预测方法	王建国	露天采矿技术	1992-09
8	抚顺西露天煤矿北帮岩体强度综合评价	刘晶辉	东北煤炭技术	1995-04
9	平庄西露天煤矿西北帮滑坡分析	朱新平	东北煤炭技术	1995-04
10	露天煤矿边坡倾倒滑移体地下位移特征分析	祖国林	露天采煤技术	1995-05
11	抚顺西露天煤矿北帮岩体强度综合评价	刘晶辉	露天采煤技术	1995-08
12	露天煤矿工程岩体稳定研究特点与任务	王建国	露天采煤技术	1995-08
13	露天煤矿滑坡灾害与整治	祖国林，秦生之，张淑芬	地质灾害与环境保护	1995-09
14	软弱夹层流变试验长期强度确定方法	刘晶辉，王山长，杨洪海	勘察科学技术	1996-10
15	谈我国露天煤矿复垦与可持续发展	张建勇，王立春，高士友，等	露天采煤技术	1996-12
16	黑岱沟露天煤矿生态综合整治工程初步研究与生态恢复进展	郭昭华，连恺	露天采煤技术	1996-12
17	露天煤矿土地复垦问题散议	李相甲	露天采煤技术	1996-12
18	加强土地复垦改善矿区生态环境	胡群，宋振勇	露天采煤技术	1996-12
19	露天煤矿边坡工程岩体结构分析与计算机模拟研究	申力	东北煤炭技术	1997-06
20	露天煤矿边坡变形失稳的有限元分析	申力	露天采煤技术	1997-08
21	黄土基底构筑物边坡稳定的研究方法	祖国林，王建国，洪宇，等	地质灾害与环境保护	1998-12
22	疏干排水对边坡稳定和岩体强度影响分析	刘晶辉	露天采煤技术	1998-12
23	深凹露天矿的排水及清淤降深	李朝辉，王孝广，夏寿亮	露天采煤技术	1998-12
24	露天煤矿软弱夹层剪切强度特性分析	刘晶辉，白富英，陈雪松	露天采煤技术	1999-02
25	边坡变形破坏观测与分析	苑春学，朱新平，白富英	露天采煤技术	1999-02
26	安太堡露天煤矿南排土场滑坡治理	洪宇	露天采煤技术	1999-02
27	浅述黄土高原地区露天煤矿废弃地的复垦种植	马志本，郭著实，宋振勇	能源环境保护	1999-04
28	合理开采与加工　为社会提供清洁煤炭	张旺，丁新启	能源环境保护	1999-04
29	安太堡露天煤矿开采对生态环境的影响及生态重建的思路	胡群，宋振勇，吴鹏力	能源环境保护	1999-04
30	露天煤矿褐煤自然发火特性研究	姚常明，张平	露天采煤技术	1999-05

表 5-4（续）

序号	论文名称	论文作者	出版刊物	时间
31	露天煤矿蠕动边坡变形破坏过程中的动态控制技术问题	芮勇勤，徐小荷，杨天鸿，等	中国矿业	1999-07
32	大型露天煤矿生态系统受损研究—以平朔露天煤矿为例	白中科，赵景逵，李晋川，等	生态学报	1999-11
33	露天煤矿边坡中软弱夹层的蠕动变形特性分析	芮勇勤，徐小荷，马新民，等	东北大学学报（自然科学版）	1999-12
34	露天矿褐煤自然发火机理	张平，胡亮，姚常明	露天采煤技术	2000-02
35	中国山西平朔安太堡露天煤矿退化土地生态重建研究（英文）	白中科，李晋川，王文英，等	北京国际土地复垦学术研讨会	2000-05
36	安太堡露天煤矿土地复垦与生态重建研究	郭著实	露天采煤技术	2000-05
37	深大露天矿闭坑城市环境地质灾害研究	祖国林	中国煤炭学会第六届青年科技学术研讨会	2000-06
38	露天矿山汽车运输路面扬尘的防治方法	张平，李绍臣，苏金生	露天采煤技术	2000-08
39	露天煤矿边坡安全监测系统研究	祖国林	露天采煤技术	2000-08
40	露天煤矿岩土大三轴试验分析	陈雪松，刘晶辉，白富英	露天采煤技术	2000-11
41	人工开挖与自然山体边坡复合突发灾变及其对环境工程安全影响有研究	孙世国，王文忠，冉启发，等	云南省小龙潭矿务局	2001-01
42	平朔露天矿区生态环境综合整治研究与示范	李晋川，白中科，柴书杰，等	山西省生物研究所，山西农业大学；安太堡露天煤矿；中国科学院地理科学与资源研究所	2001-01
43	软弱泥化夹层蠕变特征与边坡变形分析	刘晶辉，申力，陈雪松	露天采煤技术	2001-02
44	深大露天矿闭坑环境地质灾害与城市规划	王建国，祖国林，申力，等	露天采煤技术	2001-05
45	滑坡灾害预测预报系统的研究	芮勇勤，江智明，刘晶辉，等	煤炭科学研究总院抚顺分院	2002-01
46	露天煤矿生产与生态重建一体化系统模型	才庆祥，马从安，韩可琦，等	中国矿业大学学报（自然科学版）	2002-03
47	露天矿剥离与土地复垦一体化作业优化研究	才庆祥，高更君，尚涛	煤炭学报	2002-06
48	大中型露天煤矿闭坑地质灾害浅析	王来贵，刘向峰，姚再兴，等	中国地质灾害与防治学报	2002-09
49	露天煤矿边坡蠕动变形破坏过程中的动态控制技术	江智明，芮勇勤，李绍臣，等	煤炭科学研究总院抚顺分院	2002-10
50	浅论露天煤矿作业的环境保护问题	张勇	工业卫生与职业病	2002-11
51	矿区土地复垦与生态重建效益演变与配置研究	丁新启	露天采矿技术	2002-12
52	合理规划建设生态、旅游、观光型矿区	王社林，贺振伟	露天采矿技术	2002-12

表5-4（续）

序号	论文名称	论文作者	出版刊物	时间
53	浅谈我国露天矿区污水处理及污水资源化	黄劲松，张铁军	煤炭工程	2003-01
54	荷载黄土体的工程性质与露天矿排土场稳定控制技术	王建国	煤矿安全	2003-12
55	有限元数值模拟在边坡安全中的应用	朱新平	煤矿安全	2004-02
56	露天煤矿开采引起的职业安全健康问题及防治对策探讨	纪玉石，刘晶辉	中国职业安全健康协会首届年会暨职业安全健康论坛	2004-07
57	平庄西露天煤矿非488站边坡综合治理措施	李景堂，师恩奎，张信	露天采矿技术	2004-10
58	小龙潭露天煤矿北帮边坡岩体变形特征与稳定性分析	申力，纪玉石，解连江，等	全国露天采矿技术学术交流会	2005-08
59	露天煤矿安全管理的探讨	刘玉福，孙新虎，乔宝元	露天采矿技术	2005-08
60	土地资源可持续利用产学研基地的构建	白中科，袁春，段起超，等	中国地质教育	2005-09
61	露天煤矿土地复垦生态重建	陈虎维，郭昭华	露天采矿技术	2005-10
62	平庄西露天煤矿边坡到界过程中的风险控制	薛应东，张信，许金发，等	露天采矿技术	2005-10
63	露天煤矿褐煤自然发火化学防治技术	刘学武，张平	第六次全国煤炭工业科学技术大会	2005-11
64	露天煤矿排土场工程地质勘察技术方法浅析	杨洪海	地球与环境	2005-12
65	露天煤矿蠕动边坡变形破坏规律及其动态控制技术研究	徐志远，李绍臣，陈义东	露天采矿技术	2005-12
66	人工开挖与自然山体边坡复合体突发灾变及其对环境工程安全影响的研究	王文忠，冉启发，孙世国，等	云南省小龙潭矿务局，北京科技大学，北方工业大学	2006-01
67	露天矿闭坑环境地质灾害危险性分区研究	纪玉石，孙豁然，刘晶辉	煤炭学报	2006-03
68	哈尔乌素露天煤矿坝系防洪工程方案的选择	郭昭华	煤炭工程	2006-03
69	露天矿生产与生态重建适宜性评价专家系统	马从安，才庆祥，韩可琦	中国矿业大学学报	2006-03
70	无缆监测系统在边坡变形监测中的应用	尚文凯，秦建明，田金泽，等	露天采矿技术	2006-04
71	巷道与降水孔联合疏干在露天矿疏干排水中的应用	范丽娟	煤炭工程	2006-04
72	露井联采作用下边坡变形破坏机理浅析	杨洪海，尚文凯	露天采矿技术	2006-06
73	抚顺西露天煤矿地质环境综合治理研究	张平	采矿技术	2006-09
74	大型露天矿区生态评价模型研究及应用	马从安，王启瑞	采矿与安全工程学报	2006-12
75	深大型露天煤矿闭坑前后滑坡及地表变形地质灾害分析与防治	纪玉石，孙豁然，刘晶辉	岩石力学与工程学报	2006-12
76	安家岭矿北端帮E8200—E8600区段滑坡分析	李志强，秦建明，王振伟	露天采矿技术	2006-12
77	安太堡露天煤矿职业健康安全管理体系绩效分析	董典志，屈鹏，杨晴晴	中国安全生产科学技术	2007-02
78	大型露天煤矿重金属污染评价	马从安，王启瑞，才庆祥	矿业安全与环保	2007-04

表 **5－4**（续）

序号	论 文 名 称	论文作者	出版刊物	时间
79	景观生态评价方法在胜利露天煤矿环境评价中的应用	王启瑞，才庆祥，马从安	煤炭工程	2007－05
80	露天矿汽车运输事故分析及控制	赵二夫，段明海	露天采矿技术	2007－06
81	阜新矿区排土场土壤特征分析	李晓丹，宋子岭，贾东修	露天采矿技术	2007－10
82	胜利矿区景观生态的空间格局分析	马从安，才庆祥，王启瑞	采矿与安全工程学报	2007－12
83	元宝山露天煤矿排土场边坡稳定性 FLAC 模拟	王功海，白润才，曹兰柱	露天采矿技术	2007－12

第六章 新中国露天煤矿的管理

第六章　新中国露天煤矿的管理

露天煤炭企业管理贯穿于新中国露天煤矿建设的各个环节，是对露天煤矿从投资到生产运营各个环节的计划、组织、协调和控制。新中国露天煤炭管理已经走过了近60年的发展历程，在这60年里，露天煤矿的管理体制、管理模式、管理理念和管理方法等发生了巨大的变化，露天煤炭工业企业管理的探索和实践，微缩了我国工业企业管理的发展历史，书写了煤炭企业管理不断创新和发展的光辉篇章。

第一节　新中国露天煤炭企业管理的发展及特点

新中国露天煤炭企业管理的发展大致可分为3个阶段。

第一阶段(1949—1978年)：新中国成立后，中国经历了三年经济恢复期，从1953年开始实施周期五年的发展计划，建立了集中统一的计划经济体制。作为国民经济支柱之一的煤炭工业，在学习前苏联管理经验的基础上，从中央到地方相继建立了煤炭工业管理机构，煤炭工业的各项生产经营活动高度集中在计划体制下，在管理上先后实行了以大行政区为主、中央集中管理的分级管理体制，试行和采用了“托拉斯”式的组织管理方式。与所有煤矿一样，资源均实行严格的计划管理，露天煤炭企业类同于一个生产车间。

第二阶段(1978—1998年)：改革开放后，随着西方管理理念及管理技术的引进，受计划经济体制束缚的国有企业结合我国国情踏上了改革之路，作为受计划体制捆绑最深行业之一的煤炭工业管理体制及企业管理模式发生了巨大变化，符合我国国情的管理体制和管理模式在探索中向现代企业管理制度迈进。

1983年开始企业集团试点。

1984年实行局、矿长负责制。

1985年实行投入产出总承包后，在企业内部实行多种形式的承包经营责任制度，并推行目标成本管理、内部市场、模拟法人经营、优化劳动组合等。

1987年，煤炭工业投资体制改革开始试水，煤炭工业第一家三资企业——投资6.4亿美元的中美合作经营的山西平朔安太堡特大型露天煤矿建成投产。1991年外方退出全部股份，生产经营全部由平朔煤炭工业公司接管。该矿建设和运营的成功经验，对我国煤炭工业建立现代企业制度具有重要的借鉴意义。

1989年，国务院为实施资源优化配置，批准了国内第一个煤电联营公司，即中国华能集团公司华能伊敏煤电联营公司(子公司)，露天煤矿走出一条新的发展之路。

1992年，全国开始实施《企业法》和《全民所有制工业企业转换经营机制条例》，初步确定了企业的法律地位，逐步扩大企业经营自主权。

1995年，开始实施建立现代企业制度试点。平朔煤炭工业公司作为煤炭企业试点单位之一开始了现代企业管理改革。

1998年，煤炭工业部撤销改组为国家煤炭工业局，行使行业管理职能，同时煤炭企业下放地方管理，国家煤炭工业局不再直接管理企业，不再下达生产计划和盈亏指标。这一重大体制变革，标志着实施了近50多年的中央和地方两级管理煤炭生产经营的历史从此结束，政企分开开始付诸现实，以建立现代企业制度为中心的管理体制从此在全国开始实施。

这一时期，我国的煤炭企业管理发生了巨大变化，有力地促进了煤炭工业的发展，保障了国家对煤炭工业的需求。但是煤炭企业的管理仍然没有完全摆脱政企不分、产权不清、机制不活、管理粗放、观念保守、企业还不能完全成为自主独立经营的市场主体的窠臼，传统经营管理模式仍然占主导地位，企业办社会负担过重，煤炭行业收益率仍然相对较低。

第三阶段(1998年至今)：随着1998年煤炭工业体制的历史性改革，我国煤炭工业终于彻底摆脱了带有计划体制印记的短缺经济态势，形成了以发展为主题、以市场为导向、以企业为主体、以改革开放和科技进步为动力的管理体制。此阶段我国露天煤矿快速发展，露天煤炭企业不断发展壮大。神华集团黑岱沟露天煤矿、哈尔乌素露天煤矿、胜利一号露天煤矿，中煤能源集团平朔安太堡、安家岭露天煤矿，以及华能伊敏露天煤矿等一大批大型现代化露天煤炭企业管理水平快速提升。从此，我国煤炭工业开始大踏步向现代企业管理迈进。露天煤炭企业管理不断创新，呈现出了如下显著的特点。

1. 管理理念与时俱进

各大露天煤矿紧密结合大型现代化露天煤炭企业管理实际，与时俱进，积极树立和运用与现代经济发展规律接轨的思维方式，在企业管理实践中把现代知识观念、人才观念、科学技术观念、信息观念、系统观念、创新观念和服务观念等贯穿运用于中国露天煤炭企业的管理中，逐渐形成了中国露天煤炭企业的管理理念。

(1) 人本管理理念进一步强化。在管理客体诸要素中，人是起决定性作用的，尤其作为煤炭生产企业，在现阶段仍然属于劳动和技术密集型企业，技术课题多、生产环节多、安全隐患多，露天煤炭企业的发展需要大量各种各样的人才。正因为如此，露天煤炭企业管理中，各级管理者已经开始充分认识到人本管理的重要性，以人为本已经成为现代露天煤矿的核心价值观之一。正确运用激励机制，全方位调动人的积极性、创造性，实现人的发展与企业发展的有机统一已经成为露天煤炭企业的共识。

（2）管理的系统理念日益形成。国有露天煤炭企业的行业特殊性和自身的鲜明特点决定了企业管理必须使用系统思维的理念。经过不断的管理实践，目前在露天煤炭企业管理中，尤其是神华准能、中煤平朔、华能伊敏河等现代化露天煤矿已经自觉地运用系统理念和系统方法，把露天煤炭企业整个管理的活动作为一个系统工程，并对各系统中相对分散的管理功能聚集组合，用系统化的管理模式进行经营决策、技术管理、质量检查、成本控制及考核等，在强化企业整体性、动态性、开放性、层次性和互动性中实现了露天煤炭企业的高效协调运转，并取得了显著的成就。

（3）市场竞争的管理理念得到广泛认同。随着我国社会主义市场经济的发展，在露天煤矿的建设和生产中，市场机制开始发挥越来越重要的作用。在建或准备建设的露天煤矿在项目立项、项目建设中均以市场为导向，以市场竞争机制为手段，科学地决策项目投资与建设；大多数生产露天煤矿已经采用外部市场和内部市场相结合的市场链管理方式，把人员管理、生产管理、经营管理、安全管理、财务管理及业绩考核等推向市场，并充分利用现代管理手段，由市场配置资源，由市场择优评判，以达到科学管理的目的。

（4）战略管理理念作用凸显。在市场经济环境下，随着经济全球化的逐渐深入和市场一体化的加速形成，露天煤炭企业管理已经进入了一个崭新的时代，战略理念已经开始渗透到企业管理中，露天企业过去那种只知道低头干活、不抬头看路的历史已经结束，各级露天管理者已经充分认识到战略决定企业发展走向、决定企业成败的重要作用。在露天煤炭企业的管理实践中，各企业都明确了战略理念，实施和制定了符合本企业发展的战略，充分保证了企业有限资源的合理配置，使企业不仅很好地完成了既定的目标任务，而且实现了控制现在、着眼未来的可持续发展。

2. 管理体制与市场接轨

进入21世纪后，我国露天煤炭企业的管理体制发生了巨大的变化，各企业相继开始建立法人治理结构，企业不在隶属于政府，而是以法人身份成为市场竞争的主体，逐步实现符合市场经济要求的产权明晰、权责分明、政企分开、管理科学的现代企业管理体制。神华集团准格尔能源公司及中煤能源平朔工业公司等世界一流的露天煤炭企业已经成为建立现代企业管理体制的典范。

在企业管理组织设计中，管理组织扁平化已经成为各煤炭企业管理者积极探索和实践的组织管理模式。在露天煤炭企业管理中，各级管理者都清晰地认识到层次管理的科学界限，即如何实现决策层管理、执行层管理和操作层管理，认识到大集团体制在露天煤炭企业管理中的重大作用。目前，集团企业内部按照投资中心、利润中心和成本中心实现分级管理已经成为我国大型露天煤炭企业管理体制的典范。例如，神华集团准格尔能源公司黑岱沟露天煤矿、中煤能源平朔煤炭工业公司安家岭露天煤矿、中电投蒙东能源集团公司霍林河一号露天煤矿、中国华能集团公司华能伊敏煤电有限公司露天煤矿等在管理体制中均科学地采用了大集团管理体制，集团公司作为投资和管理中心，各子公司作为执行和利润中心，各露天煤矿作为操作和成本中心，这种三级管理体制很好地适应了我国露天煤矿发展的内外部环境，充分发挥了集团公司在高层决策方面（如资本运作方面）的优势，发挥了各子公司在生产经营管理方面的特长，有力地保证了露天煤矿的生产经营和企业发展，实现了投资受益最大化。

3. 管理制度及管理方法日渐科学

我国改革开放 20 多年的实践，特别是近 10 年社会主义市场化进程，使企业充分认识到了解决我国国有企业问题的唯一出路在于不断建立和完善适应市场经济要求的现代企业制度。近 10 年随着现代企业制度在我国的实践及市场经济的发展，露天煤炭企业的管理机制发生了巨大的变革，我国的露天煤炭企业不仅重视企业技术引进，而且越来越重视企业管理机制的改革和管理技术的引进。符合市场经济规律的现代企业管理体制在实践中日渐形成，符合现代企业管理要求的各项制度在实践中逐渐完善和规范，管理方法更加现代。露天煤炭企业管理已经逐渐摆脱管理粗放及经验管理模式，走向科学管理的轨道。

（1）各露天煤炭企业建立了科学的高层决策机制、完善的市场竞争机制、有效的激励与约束机制、经营管理机制和企业创新机制等完善的企业管理机制，这些符合市场经济规律的发展机制是露天企业发展的动力。

（2）各露天煤炭企业根据《公司法》的要求，尤其是大型现代化露天煤矿，结合本企业特点，在多年实践的基础上制定了符合本企业特点和市场经济规律的投资管理制度、组织管理制度、经营管理制度、内部管控制度等制度体系。这些制度“以我为主、博采众长、融合提炼、自成一家”，确保了目前露天煤炭企业发展战略的实施，保证了企业科学的决策和经营、风险防控，以及企业健康可持续发展。

（3）管理方法逐渐现代化。为适应露天煤炭企业发展的需要，各级露天煤炭管理者正在改变靠个人权威、靠经验、靠“拍脑袋”管理的方法，逐步引入管理咨询，逐步采用决策论、信息论、控制论、价值工程、目标管理、网络技术、运筹学、优选法、行为科学等管理方法进行管理，管理手段逐渐现代化，计算机网络技术、现代通信技术已经广泛应用于企业管理。准格尔、伊敏、平朔等大型露天煤矿已经成为实践数字化露天煤炭企业的排头兵。

第二节 露天煤炭企业生产经营管理

露天煤矿生产经营管理是一个系统工程。如何实现露天生产经营中人、财、物及生产的科学管理，是露天煤矿生产经营管理者永远的课题。

一、露天煤炭企业的生产经营管理

由于露天煤炭企业产品具有先天性和珍贵性，露天煤矿建设周期长、初期投资额大，露天生产环节多，生产过程中不可预见因素多，且劳动密集，因此露天煤炭生产经营难度较大。科学有效的露天煤炭企业生产经营管理就十分重要和必要。

新中国成立至1998年，中国露天煤矿的生产经营管理建立在国有独资和政企不分的体制下，实行“条块结合、以块为主、块内多元”大而全、小而全的生产管理体制。

1998年前，露天煤矿典型的生产组织机构通常设行政办公室、销售科、地测科、机电科、财务科、工资科、安检科、计划科、质量管理科、计量科、工程科、干部科、老干部科、公安科、计划生育办公室、法律法规科、综治办、信息办、党委办公室、矿工会等。

改革开放后20年，露天煤矿的管理模式基本实行的是矿长负责制及职工代表大会制度等。露天煤炭企业日常生产管理由省煤管局、矿务局、矿（或井）三级统一指挥，生产调度是企业生产指挥系统的中枢。各生产企业虽然建立了一整套规范和制度，但仍然带有浓厚的工厂制，并没有形成适应市场经济要求的用人、分配、销售和监督等机制，作为劳动密集型企业，管理思想、手段和方式方法精细度不够，离科学管理差距较大，管理者长期在计划体制条件下运营企业，在生产经营中重生产、轻市场，重产品管理、轻成本和质量管理，重事后核算、轻事前控制。其特点是熟悉安全、生产、技术和传统的生产管理，但对符合市场经济要求的生产经营还缺乏必要的认识和经验。

随着1998年煤炭工业体制改革，露天煤矿的生产经营管理发生了巨大变化。作为以生产经营为主要业务的各露天煤矿在管理中，按照市场经济的要求，在具体的生产经营管理中，以建立现代企业制度为目标，权责分明，在生产经营管理模式上，向专业化、精细化、科学化等方面迈出了新的步伐。

1. 企业建立了符合企业特点和市场要求的组织机构

目前，大多数露天企业属于二级生产经营单位，在组织结构中扮演执行和操作的具体工作，是技术创新中心、生产管理中心和成本中心等。基于此，多数露天煤炭企业积极优化组织结构，积极实践扁平化管理，实现组织效能最大化，管理成本最低化。

2. 探索和实践现代企业生产经营管理念和模式

随着市场经济的发展及露天煤炭科技水平的提高，露天煤炭企业生产经营的专业化理念已经被大多数经营管理者接受，露天煤炭生产经营实现专业化服务，让专业人作专业事已经成为共识，专业化服务已经渗透到露天建设和露天生产各环节，有力地提高了生产效率，提升了露天煤炭企业的技术和管理水平。

在露天煤矿生产经营管理中，积极探索市场化管理模式，市场化交易、企业化经营作为一种新的管理办法在许多露天煤炭企业得以实施。公司将各基层单位、班、组、员工视为“模拟企业”，通过内部市场链，将各单位链接起来，按内部价格进行有偿结算，实现独立核算，以此进行相应的考核。

精细化管理作为一种先进的管理理念，几乎被所有露天煤炭企业所推广。由于露天煤炭企业生产涉及人员多，作业环境复杂，精细化管理的思想可完整地应用在露天煤炭企业的生产经营全过程中，以实现露天企业人、财、物、产及技术、时间、空间、信息等要素的统筹兼顾，从而实现生产要素和经营资源的最佳配置，对转变经营机制，改变粗放经营方式，提高露天煤炭企业核心竞争力起到了重要作用。

坚持以人为本的理念，充分认识和发挥人在露天煤炭企业生产经营中的决定性作用。

3. 优化生产经营机制，完善生产和经营制度，实现制度化管理、流程化管理和标准化管理

近10年来，露天煤炭企业的生产经营管理充分利用市场竞争机制和有效的激励与约束机制等现代企业管理机制，系统地摸索和构建了涵盖露天煤炭生产经营全过程的包括人事、财务、物资、生产和经营的制度体系，并将现代企业管理理念贯彻其中，并根据露天煤炭企业生产经营特点，实现了标准化和流程化管理。

二、生产经营管理典型经验

中国露天煤炭企业在生产经营管理实践中总结出很多宝贵的经验，探索出许多具有中国露天煤炭企业特点的生产经营管理模式，下述以平朔公司安太堡、安家岭露天煤矿和准格尔能源公司黑岱沟露天煤矿的生产经营管理为例作简单介绍。

（一）平朔公司安太堡、安家岭露天煤矿

平朔公司运用现代管理思维模式，以提高服务为目标，以人的治理和技能为重要资源，把单一的发展速度变为追求成本、质量、服务、速度和职工满意相统一，企业效益和社会效益相统一，改造传统的管理制度。

1. 企业管理模式

平朔公司推行精细化管理、扁平化管理、绩效管理及市场链管理等现代化管理模式，逐步实现管理体系科学化、系统化、合理化、规范化，推动了企业高效发展。具体做法是：

（1）取消二级法人管理体系，转变为一级法人管理体系，权力上收，实行集中管理、统一决策、统一经营、靠前指挥。实现资源集中、合理配置、运转效率提升，管理运转顺畅。

（2）取消多级经营核算中心转变，为一级经营核算中心，合理界定核算体系。形成以公司为经营核算中心、下属单位均为成本核算中心、财务资源集中管理，资金有效配置，内部市场化运作的核算体系。通过资金结算中心对公司资金进行调配，调节、减少资金积压和银行贷款，减少财务费用，提升了财务管理效率，实现了经营管理的高效、规范化。

（3）实施组织机构优化，全公司撤销有关单位或部门4个，合并有关单位或部门17个，新设和整合有关部门8个。管理层次清晰，机构设置精练，运转效率高效，管理链条缩短、精干，实施扁平化管理，提升了公司决策传递的效率和反馈的速度，规模效益显现。

（4）推行市场链管理目标考核体系，将前后流程、上下工序和岗位之间的业务关系由原来的行政命令、横向协调转变为平等协商、有偿服务的内部市场关系，以符合市场经济规律的管理模式。成立市场链管理考核委员会，负责此项工作的全面领导，确定各单位绩效目标，裁决重大争议，对市场链管理体系运行情况进行宏观调控，根据运行情况适当调整绩效目标及考核方法，保证市场链管理体系稳定有序运行。推行市场链管理体系后，加强了对煤炭生产经营管理环节和过程的控制力度，完成了煤炭生产企业总体目标的责任和压力进一步向基层一线传递，大大增加了基层单位的责任感、紧迫感和工作积极性。

（5）集中资源进行专业化管理，将公司原来分散的资源按照专业化的要求进行组合，形成专业化的生产、服务体系，资源有效配置、利用效率提升，生产和服务的互补性增强，生产潜力、服务潜力有效发挥，对公司煤炭产量大幅提升起到了积极的推动作用。

（6）积极推进三项制度改革，按照“公开、公平、公正”的原则，推行员工竞争上岗，中层管理人员缩减了42.75%，主管级管理人员缩减了47.4%。通过竞争上岗，打破了20多年来一贯沿用的用人机制和管理体制，干部能上能下的机制初步形成，干部职工的敬业精神、凝聚力、向心力得到了进一步加强。

（7）推行以岗位绩效工资为主体的薪酬管理体系，突出了关键、重要岗位的价值度，合理拉开企业内部收入分配差距，理顺分配关系，建立起员工工资与企业经济效益同步增减的联动机制，使职工能够通过自己的劳动贡献获取更加合理的报酬。

（8）实施精细化管理，按照制度化、标准化、规范化管理的要求，将每个工种、每个岗位的岗位责任制、安全责任制，公司管理总部、下属各单位的所有规章制度、办事流程编印成书，依据制度管理企业，依据制度规范工作，通过上标准岗、干标准活实现精细化管理。

2. 实施人才战略管理

平朔公司实施“科技领先，人才先行”战略，大力开发人才资源，加强人才资源能力建设，全面提升人才队伍整体素质，以适应企业全面可持续科学发展的需要。

1）统一思想，明确加强人才队伍建设的指导思想

以邓小平理论和“三个代表”重要思想为指导，全面落实科学发展观，牢固树立“科学技术是第一生产力、人才资源是第一资源”的思想，按照中煤集团公司“十一五”规划的要求，以畅通人才发展渠道为基础，以提高人才素质为核心，以优化人才队伍结构为目标，以构建体系化人力资源开发与管理工作新机制为重点，为实现公司“123”发展战略提供坚实的人力资源保障。

2）加强素质建设，不断提高人才队伍的思想和业务素质

（1）加强思想素质建设。以企业文化建设为契机，加强对全体员工的思想素质教育，重点强化经营管理人员“政治意识、大局意识、责任意识、忠诚意识、开拓进取意识和廉洁从业意识”6种意识，强化专业技术和专门技能人员“诚实守信、爱岗敬业、遵章守纪、乐于奉献、争创一流”5种意识，从而建设一支忠诚于企业的员工队伍。

（2）加强业务素质建设。以创建“学习型企业”为契机，树立全体员工的学习意识，重点培养和提高经营管理人员“战略思维、科学决策、市场运作、目标管理、执行沟通、知人善用、风险控制和社交公关”等能力，培养和提高专业技术和专门技能人员“学习跟踪、创新创效、合作协作、实践总结和分析思维”5种能力，从而提高员工的全面履职能力。

3）建立健全培训体系，加强培训工作

以公司培训为主导，以各二级单位培训为主体的原则，形成适应公司各级各类员工需求，进一步整合培训资源，完善公司、分厂（部）、车间三级培训支撑网络，开展多方位、多层次、大规模的培训。

每年选派3~5名高级经营管理人员参加上级组织的中青年经营管理人员培训，按计划选派一定数量的中层管理人员参加上级组织的培训；与有关高校联系，邀请专家学者前来授课，并将其作为公司经营管理人员培训的一种重要方式。

以理论培训与科技交流相结合，抓好技术人员培训。继续扩大与各高校沟通，选派有发展潜力的专业技术人员到对口院校进行公司急需专业方面的培训；同时，注重专业技术人员之间的学术交流，鼓励专业技术人员参加各高校、科研机构、学术组织、行业之间的学术交流活动，开阔专业技术人员的视野，提高其专业技术水平。

以技术比武与职业技能鉴定相结合，抓好专门技能人员培训。每年组织一次公司层

面的技术比武，鼓励支持各单位结合自身实际，开展多层次、多工种、员工广泛参与的技能竞赛和岗位练兵、读书自学、技术攻关等活动。

完善职业资格证书制度，推进技能人才的评价、选拔和使用。以全面开展职业技能鉴定工作，使职业技能鉴定与竞聘上岗、薪酬待遇等结合起来，在新引进的技能人员中，逐步推行就业准入制度，坚持培训、考核、使用、待遇相结合，建立“技能培训、岗位练兵、技术比武、考核升级”四位一体的技能人才队伍建设工作机制。

开展“传、帮、带”活动，在工作和生产实践中提高人才队伍素质。针对部分专业技术领域高层次技术人才断层和专业技术人员解决技术问题能力欠缺现象，推行“专家带徒”制度。返聘相关领域的老专家，通过他们的“传、帮、带”，在工作中锻炼和提高专业技术人员素质。针对部分技能人员独立解决技术性强、难度大等问题能力欠佳的现象，在专门技能人员中开展“导师带徒”活动，让优秀的技能人员，特别是关键岗位的优秀技能人员，将长期积累的经验传授给年轻人员，全面提升技能人员的综合素质。

4）畅通人才队伍发展渠道，促进人才队伍的协调发展

(1)完善选拔任用程序，建立经营管理人员正常晋升渠道。随着国企改革的深入，对组织机构进行了多次优化调整，取消了管理者的行政级别，建立了以竞聘上岗为主选拔经营管理人员的用人方式。

在选拔程序上，严格按《党政领导干部选拔任用工作条例》有关规定执行，结合平朔公司实际制定下发《党政管理干部职务名称表》及相关规定，建立起比较完善的干部选拔、聘(任)用和管理制度，根据公司岗位空缺情况和岗位要求实行竞聘上岗。下放干部管理权限，实行分级分层管理(两级管理)，做到管人与管事相统一；打破干部工人身份界限，基本形成竞争、择优、能上能下的选人用人机制。

在选拔原则上，认真坚持党管干部、德才兼备、任人唯贤，公开、平等、竞争、择优，民主集中制原则的同时，突出“四化”标准，坚持群众公认、实绩突出的原则。群众赞成票达不到60%以上、实绩不明显、组织考察过不了关的不上会。

在备案管理上，公司对二级单位任免的干部实行备案制。严格审查二级党委(总支)会或党政联席会纪要，不符合公司编制岗位要求的，考察材料、民主测评情况等，材料不全、程序不规范的，公司不予承认。

在任用形式上，实行委任制、选举制、聘任制、聘用制。党务干部由党委任免，群团干部按各自章程选举，行政干部实行聘任制，聘任后实行半年试用期，试用期满经民主测评、组织考察，胜任本职工作予以正式聘任。

(2)完善管理办法，创新工作思路，疏通专业技术人员成长渠道。建立正常的专业技术职务晋升渠道。专业技术职务评审重点突出业绩、能力因素，坚持公开、公平、公

正，对成绩特别突出的专业技术人员，不受工作时间、学历、资历、职称限制，破格评审。

(3)以科研机制转换为契机，整合资源，成立设计院，优化科研项目管理模式，畅通从事配套技术研究和工艺攻关的专业技术人员发展渠道。

(4)完善工作机制，建立专门技能人员通过职业技能鉴定成长的渠道。建立技能人员培养与能力业绩挂钩的成长通道，开展以学知识、学技术、学技能为主要内容的职业培训，组织和支持员工通过参加学习培训取得技术资格、技能等级证书和学历证明，培养“精一、会二、学三”一专多能的复合型技能人才。规范职业技能鉴定工作，使职业技能鉴定工作成为企业了解现有专门技能人员技能水平的重要途径，检验企业育人效果的重要分析手段，也成为技能人员自我定位的重要依据。已初步建立“技能培训—岗位练兵—技术比武—考核升级”四位一体的工作机制和技能人员“初级工—中级工—高级工—技师—高级技师”的职业发展通道。

(5)加强对科技带头人和关键技能带头人管理，充分发挥其作用。对高层次专业技术人才和专门技能人才，试点建立了科技带头人、关键技能带头人制度。完善推荐评选程序、强化日常管理，建立考核和激励机制。

(6)畅通三支人才队伍的出口，建立起动态的人才流动机制。为畅通人员流动通道，公司设立了专门的人力资源储备机构，明确各单位因工负伤、长期病假(医疗期内)、经考评不胜任岗位工作调整岗位后仍不胜任、两次竞争上岗不成功等尚不符合解除劳动合同条件的人员均可退回人力储备机构，达到规定期限，本人要求上岗工作，并经必要的技能培训合格后，可竞争上岗。对在工作中违章违纪，给企业造成一定经济损失的人员实行退出工作岗位，重新培训，竞争上岗。对严重违法违纪人员按国家有关法律法规和企业规章制度，予以解除劳动合同。

5）加强人力资源基础信息建设，全面掌控人才队伍的配置状况

(1)以集团公司人力资源信息管理系统建设信息采集为契机，建立起完善的人才信息管理系统，通过信息网络平台，逐步实现人才管理工作的信息化，从而准确掌握公司内人才资源的全面信息，为科研开发、项目管理、生产经营对人才的需求提供准确的人力资源基础信息。

(2)全面推行三支人才队伍的动态管理，对人才的余缺情况进行科学预算，实时掌握不同专业领域、不同层次人才资源现状，结合公司“123”发展规划，科学预测今后一定时期内的人才动态变化及未来人才资源余缺平衡情况，及时提出人才资源配置和调整方案，优化三支人才队伍的配比结构，推动人才工作水平不断提升和上台阶。

6）推进用人制度改革，广开渠道，大力吸纳人才智力资源

大胆改革选人机制，采取不同的配置方式选择和配备不同层次人员。初级人才一律

采取面向公司和社会公开招聘的方式，中级人才采取市场招聘与竞聘上岗相结合的方式选拔，高级人才采取市场化配置与组织选配、竞聘上岗相结合的方式选拔，建立人才配置的长效机制，彻底改变传统用人方式占主导地位的局面。

积极推进“骨干类＋支撑类”新型员工管理模式改革。公司生产经营所需的骨干人才，采取事业吸引、市场化激励等方式配置，稳定现有队伍，吸引、培育和发展核心人才队伍；对支撑类员工，与市场接轨，根据任务总量决定用人总量，大力推行岗位合同管理制度，依法规范劳动合同管理。

7）加强人才队伍的考核，建立分类量化考核评价体系

（1）对管理人员中经营管理人员的考评，结合“政治素质好、经营业绩好、团结协作好、作风形象好”创建活动和建设节约型企业的要求，结合公司现阶段的发展目标，建立了以履行岗位职责的素质与能力、管理成效与对企业贡献、经营效绩与岗位工作业绩等为主要内容的360°考核评价指标体系，分类建立按岗位量化考核评价指标体系并严格考核，实施按岗位量化考核评价。

（2）坚持平时考核与专项考核相结合，年度考核与任期目标考核相结合，促使专业技术人员履行好岗位职责，认真钻研专业技术、生产工艺，提升企业核心竞争力。对专业技术人员的考评，主要结合产品研发、关键技术攻关、工艺开发、专业论文、科研成果等，从科研成果的创新和转化、工艺技术的领先、人才培养的实效等方面设定量化考核指标进行考核。

（3）对专门技能人员的考评，坚持其岗位性质与个人素质相结合，从技能水平与完成产品或任务的数量、质量等方面设定量化考核指标进行考核，促使其在工作中充分发挥技能专长。

8）建立“多位一体”的激励约束机制，逐步建立与市场接轨的新型分配制度

（1）探索建立当期与中长期相结合、现金与股权相配套、年金与保险相补充、物质与精神相济的“多位一体”激励约束体系，切实发挥出人才的带头作用。

（2）建立并完善了以岗位绩效工资制为主体的收入分配制度，职工薪酬结构由岗位工资、绩效工资、特殊奖励、相关补贴四部分构成，除岗位工资与员工出勤及当地最低工资标准结合外，其他收入部分均与单位效益和个人贡献“挂钩”，实行考核发放，建立以最低收入标准为基线的“上不封顶”的浮动分配制度，鼓励经营管理人员和专业技术人员通过管理创新、技术创新增加收入。对经营管理人员，进一步完善岗位绩效工资制度；对科技人员，进一步完善“基本工资＋项目奖励”的分配制度；对技能人员，进一步完善定额管理基础上的岗位绩效工资。逐步使各类人才收入水平基本与市场接轨，关键及骨干人才收入待遇具有较强的市场竞争力。

（3）探索持股和福利激励。积极探索科技成果或技术要素参与分配方式，完善持股

激励办法；探索实行骨干人才补充养老保险、补充医疗保险等即期与长期相结合的激励措施，加大对领军人物和骨干人才的激励力度。

(4)加强精神激励与物质奖励。对人才工作重视、人才整体作用发挥好的单位，给予一定的奖励；对优秀科技人才，授予荣誉称号，给予一定物质奖励。每年评选一定数量的“优秀科技工作者”和“技术能手”，并授予荣誉称号，颁发证书，并给予一次性物质奖励。

(二)准格尔黑岱沟露天煤矿经验

1. 准格尔黑岱沟露天煤矿发展模式

黑岱沟露天煤矿设计年产原煤2000万t，采用联合开采工艺。上部黄土剥离采用轮斗挖掘机采掘、带式输送机运输、排土机排土的连续开采工艺；中部岩石剥离采用钻机穿孔爆破、大型单斗挖掘机采装、卡车运输、推土机排土的间断工艺；下部煤层采用钻机穿孔爆破、单斗挖掘机采装、卡车运输至坑边破碎站后由带式输送机运至选煤厂的半连续工艺。

配套建设的选煤厂根据用户对煤炭质量、品种的要求对露天煤矿生产的煤炭进行分选加工，使煤炭更加适销对路。

坑口电厂就地燃用了露天煤矿生产的发热量较低的劣质煤，年耗煤量70万t。优质煤外销，部分实现了“煤从空中走”，变运煤为输电。

目前年运力1500万t的电气化铁路专用线，运输煤炭经大同枢纽上国铁，是露天煤矿煤炭外运的主要通道，

同时，逐步建设了一批为生产生活服务的项目，如供水、供电、通信、公路等生产和生活辅助设施。与传统意义上的煤炭企业相比，黑岱沟露天煤矿最大的特点就是煤炭开采与分选加工、坑口发电、铁路外运于一体，统一管理，相互拉动，具有无限的生命力。

为实现煤炭采选、坑口发电、铁路运输相互拉动，盈亏互补，牢固确立了以销售为龙头，以市场为导向，进而扩大生产规模的观念，也就是说在各环节中牢牢地抓住了销售这个关键环节，通过扩大市场份额、增加煤炭销售量，直接扩大煤炭生产、分选、铁路运输增量，以销促产成效显著。

通过不断改善营销策略，将用户对煤炭产品质量、品种的要求作为鉴别产品质量好坏的唯一标准，改进生产工艺，调整产品结构，利用市场细分原则或集中一点战略，开辟煤炭销售新的增长点，市场份额逐步扩大。同时，黑岱沟露天煤矿还积极协调国铁运力，突破铁路运输“瓶颈”的制约作用，尽可能多地争取运量。

黑岱沟露天煤矿按照市场和用户对煤质的要求组织生产，使黑岱沟露天煤矿优质绿色环保煤的品牌效应不断扩大，为用户所认可和青睐，产销量逐年以150万t左右的幅

度递增，以销促产成效显著。

2. 加强内控管理，实施管控标准化

准格尔黑岱沟露天煤矿十分重视内控管理，把精细化管理和专业化管理理念落实于制度建设和执行中。

1) 建立内部控制管理体系

准格尔黑岱沟露天煤矿建立的内控管理体系由三部分构成，一是以内控制度为基础的《管理制度汇编》；二是建立内部控制体系并保障有效运行的指导性文件《内部控制管理手册》；三是以监督、评价、管理改进为核心的《自我评估手册》和《样本管理手册》。对现有管控活动的一种整合和系统化、规范化，按照职能管理模式将控制活动分为生产管理、安全管理、资产管理、机电设备管理、科技创新管理、财务管理、人力资源管理、计划管理、基建工程管理、物资供应管理、行政办公管理、基础经营管理、内部审计管理、合法合规管理、后勤保障管理等管控活动分为15个子系统，以每一个系统控制为视点，涵盖了主要业务范围。明确各项活动的管理方法和控制措施，使大部分业务活动处于受控状态，形成一种自动自发的管理机制。

2) 建立了全面质量标准化考核体系

准格尔黑岱沟露天煤矿建立了全面质量标准化管理体系，包括安全管理系统、生产技术管理系统、机电设备管理系统、节能减排管理系统、内控管理系统、财务管理系统、人力资源管理系统、计算管理系统、基建工程管理系统、物资供应管理系统、行政办公管理系统、基础经营管理系统，共12个子系统，如图6－1所示。

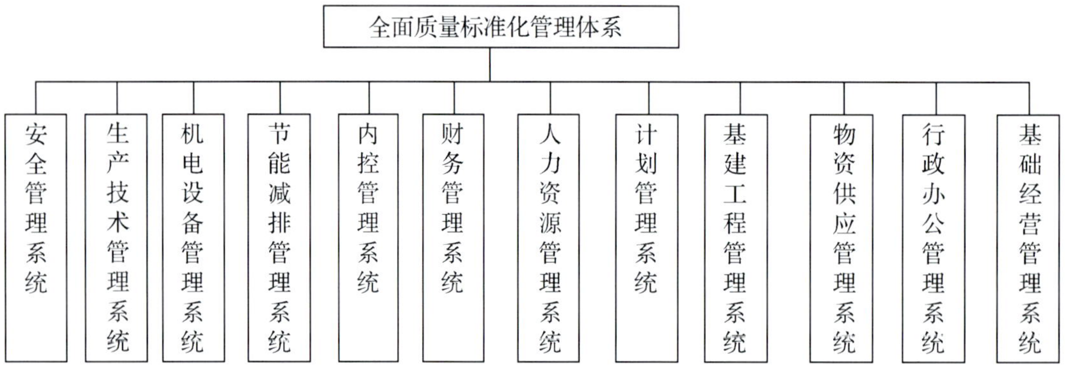

图6－1　全面质量标准化管理体系

全面质量标准化管理体系要求自上而下包括机关部室、基层单位要结合实际情况，制定出各自在的全面质量标准化标准，实行定期检查、考核、评价、奖罚，促使全面质量标准化工作与日常管理有机地结合起来。

3. 加强生产管理，创新生产管理模式

1）剥离管理模式

黑岱沟露天煤矿从1990年开工建设，基本建设实行项目部管理模式，对基建剥离量分区分标段外委的形式，设备陆续到货并组装完成后，逐步转变为外委和自营剥离相结合，最后全部转入自营生产。实践证明，这种管理模式建设进度快、工程质量高、有利于投资控制，安全生产得到保障。

2）生产组织管理模式

黑岱沟露天煤矿实施矿长负责制的扁平化管理机制，设8个职能部室：生产技术部、机电管理部、经营管理部、劳动工资部、党委工作部、安全监察部、办公室、工会。下设1个调度部，6个专业队——轮斗队、穿爆队、采掘队、运输队、工务队、供电队。

3）采用设备状态监测和故障诊断技术

购置状态监测设备，如油品化验设备。改造后的黑岱沟矿和新建哈尔乌素矿购置的设备，装备有完善的状态监测设备及故障诊断技术，在原有使用的设备上加装了状态监测及故障诊断装备，有效地预防了设备突发性大型故障的发生，提高了设备的出动率。

4）采用EAM管理系统

缩短了设备维修时间，使备件仓储更趋合理，机电业务流程和物资采购流程更加优化，进而降低了设备的故障率，提高了配件的管理效率；实行卡车GPS调度系统，优化卡车的行驶路线，最大限度地减少卡车和电铲的等待时间，提高生产效率；对生产设备的产量、运行时间、运行状态（某个时刻设备的行驶速度、位置等）等动态信息进行跟踪记录、统计分析，进而为管理和决策提供依据。使配件供货更加及时，配件资金占用更少；同时也促进了民族工业的发展。

5）设备检修工艺标准化

编制了《露天煤矿设备检修工艺流程》，促进了露天煤矿机电设备检修规范化、标准化，机电设备检修质量和检修效率明显提高。

（三）伊敏露天煤矿（原伊敏一号露天煤矿）

伊敏露天煤矿是由国务院批准的全国第一家煤电联营公司（公司名称为华能伊敏煤电有限责任公司），生产管理模式先进，制定并实现了对人、设备等生产要素的合理有效的计划、组织和控制。

1. 生产组织方式创新

伊敏露天煤矿实施先进的生产组织，采取人、财、物和计划集中管理、统一经营核算的扁平化管理模式。发电厂、露天煤矿等为二级单位，作为公司的成本中心，公司本部是唯一的效益中心。露天煤矿改革前的13个科室压缩到3个科室，管理人员由原来的126人减至54人。3个科室实现全矿的生产管理职能。

2. 生产管理创新

1）实行露天煤矿工作票管理制度

露天煤矿凡在动力（电动、汽动、液动等）传动设备上进行安装、检修、维护或试验的工作，需要对设备采取安全措施的或需要运行人员在运行方式、操作调整上采取保障人身、设备运行安全措施的，采用露天煤矿机械检查工作票制度。工作票制度包括露天煤矿机械检修工作票、露天煤矿生产区域工作联系意见。工作票包括工作地点、工作负责人、工作人员、工作内容，以及必须采取的安全措施、工作质量评价等，由各级人员签署后方可执行。实行“工作票制度”，其优点是强化了维修人员的责任感、有可追溯性、设备时时处于完好状态、延长了设备使用寿命。

2）实行设备无渗漏管理制度

设备的使用、维修、维护费用在生产成本中所占比例较大。为降低设备使用维护费用，提高设备使用效率，多年来进行了各种管理方式的尝试。从2001年开始对设备实行了无渗漏管理，要求所有设备、设施达到无渗漏标准。经过6年多的治理、巩固，现在所有设备都达到了无渗漏要求。

（1）设备无渗漏管理主要体现。一是彻底从粗放式管理走向精细化管理，改变以往设备管理模式，具有创新性。二是以无渗漏管理为主线，以消除设备安全隐患为目标，带动了检修方式的改变。6年来的实践证明，设备无渗漏管理有其较高的实践性和推广性。三是改变了设备的整体面貌，提高了设备的利用率，改善了工人的作业环境，达到了洁净化生产的要求。四是实现了设备节能降耗、安全高效的管理目标。

（2）设备渗漏点的划分标准。密封点对应的基础、地面有新的渗漏痕迹为渗漏。密封点有介质渗出的为渗点，有介质滴落的为漏点，油每5min滴落1滴、水每1min滴落1滴为严重漏点，超过上述为一般漏点；汽、气以声、浓度、四周温度等实际情况来判断渗漏程度，一般情况下，能看到或直接感觉到的为严重渗漏，否则为一般漏点；电气设施和设备以测试和使用的实际情况来判定。

根据设备渗漏点的位置和处理的难易程度，将渗漏点划分成一、二、三类：一类渗漏点需要进行大修或技术改造才能消除；二类渗漏点需要停机处理，要求在设备再次运行前或停用间隙期间处理完；三类渗漏点不需要停机即可进行处理，必须及时消除。

（3）无渗漏管理标准。露天煤矿设备、设施渗漏率不超过0.3%。在设备和设施上，三类漏点不允许存在。

（4）无渗漏管理工作内容及方法。为加强无渗漏管理工作的组织领导，建立矿无渗漏管理组织机构。对无渗漏领导小组、运行人员、检修人员职责分划明确。

各基层单位落实无渗漏管理专兼职人员，将每个密封点的无渗漏管理责任落实到人，无渗漏管理网络如图6－2所示。

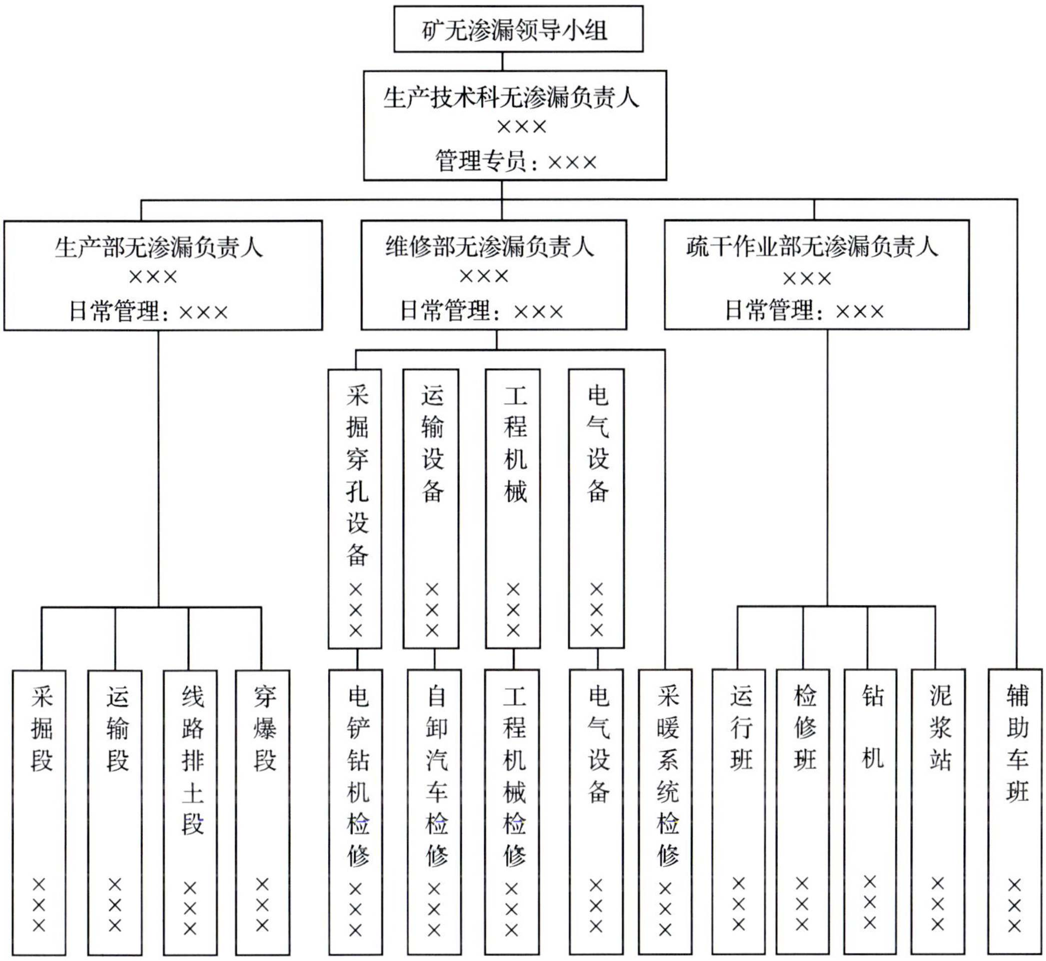

图6－2　伊敏露天煤矿无渗漏达标管理网络

第三节　露天煤炭企业安全管理

安全是露天煤炭企业的头等大事，安全是露天煤矿最大的效益。随着大型、特大型露天煤矿建成投产、设备规格大、品种数量多，给安全生产带来隐患，为此，几十年来，露天煤炭企业结合生产实际和安全技术的发展，不断构建和完善卓有成效的安全管理体系，打造了安全生产长效机制，实现了露天煤炭企业的长治久安。

一、露天煤炭企业安全管理体系的内涵

露天煤炭企业安全管理体系包括：安全准则、安全行为、安全环境、培训和装备等，先后建立和完善隐患排查制度、事故责任追究制度、隐患预警体系、安全评估体

系、安全网络体系、安全教育体系、安全标准化建设、亲情文化建设和安全投入管理。

二、露天煤炭企业安全管理体系的特点

露天煤炭企业安全管理体系建设是对煤矿法律法规及安全生产管理经验的总结。露天煤炭企业安全管理体系的特点是：安全管理制度化、安全质量标准化、安全监督网络化、生产现场责任化、职工教育素质化、安全管理人本化。

1. 安全管理制度化

管理制度化是打造安全生产长效机制的前提条件。只有管理制度完善、以制度说话，“依法治企”而非“依人治企”，露天煤炭企业安全管理才能有稳定性、继承性和延展性，安全管理体系才能够健康运行、持续发展，并在继承和发展中有序地编制安全管理制度网络，覆盖到安全生产的各个环节。

2. 安全质量标准化

质量标准化是露天煤炭企业安全生产的基础。质量标准化工作是否扎实，是否抓在平时、落在实处，直接影响到安全生产的基石是否牢固可靠。露天煤炭企业建设本质安全型企业必须作好安全质量标准化建设。

3. 安全监督网络化

安全监督网络化是露天煤矿企业安全生产的有力保证。加强安全监督是露天煤炭企业规范职工行为、杜绝“三违”现象和零打碎敲事故发生的有效保障。构筑一套覆盖生产各环节的安全监督网络，才能对生产过程实施有效监控。

4. 生产现场责任化

生产现场责任化成为露天煤炭企业消除安全隐患的有效手段。落实难、难落实是当前露天煤炭企业安全管理的症结所在。再好的管理制度，得不到落实就成了一纸空文；安全管理是否有成效，关键在于责任落实。

5. 职工教育素质化

职工教育素质化成为露天煤炭企业安全生产的治本工程。人是安全生产中最活跃和具有决定性的因素，职工的素质高低决定着企业的安全生产水平，加强职工教育培训是露天煤炭企业提升员工素质、强基健本的重要途径。

6. 安全管理人本化

安全管理人本化成为露天煤炭企业安全管理的系统保障。建设浓厚的安全文化是露天煤炭企业提升安全管理水平的一项系统工程，也是一项利及长远的重要工作。露天煤炭企业打造以安全文化建设为主线的品牌文化，安全管理才会有灵魂。

三、露天煤矿安全管理创新典型经验

中国各露天煤矿生产坚持“安全第一、预防为主、综合治理”的安全生产方针，

建立和完善了安全体系，构建了创新理念的安全文化，适应了新形势、新任务的需要，确保了企业实现长治久安。以下以黑岱沟露天煤矿及伊敏河露天煤矿为例，介绍各自的安全生产管理经验。

（一）黑岱沟露天煤矿

黑岱沟露天煤矿在多年的生产过程中，率先推行安全风险管理，以完善的规章制度作保障，以形式多样的方式提高全员的安全意识和整体意识，采取不同的措施消除隐患，控制事故的发生，探索出一条安全管理的新路子。

1. 推行安全风险管理

2007 年 10 月，黑岱沟露天煤矿成立了以矿长为首的安全管理体系委员会，编制了安全风险管理体系文件，制定了委员会各级成员的职责，各单位也相应成立了安全管理小组，配备了专、兼职人员。

安全风险管理是指企业在生产经营活动中，通过对各种危害因素的管控，使人、机、环等要素达到安全可靠、和谐统一。几年来，黑岱沟露天煤矿通过建立健全安全生产责任制，加强对职工的安全培训教育，加强联防互保，开展定期安全大检查，开展安全质量标准化建设，坚持事故处理“四不放过”，保障安全资金投入，创造良好的安全生产环境等一系列安全管理办法，使安全生产取得了很好的成绩，同时也积累了一定的安全管理经验。安全风险管理体系就是在这种前提下，从安全发展的理念出发，借鉴国内外先进安全管理经验，形成的露天煤矿现代安全管理方法。它通过危险源辨识、评价、分级，明确管理重点，制定相应的管理标准和管理措施，对其进行消除、减小、控制，切断事故发生的因果链，实现煤矿人—机—环系统的最佳匹配，进而逐步趋近恒久性安全目标，保证长效安全生产。露天煤矿安全风险管理的主要内容包括危险源辨识、风险评估、管理标准和管理措施的制定、危险源监测、风险预警等。

安全风险管理具有以下鲜明的特点：

（1）全方位管理。安全风险管理是一个系统综合的管理过程，反映了企业的自组织和预控能力，它要对煤矿生产过程中所有可能的危害因素（包括人的不安全行为、机和环境的危害状态、管理漏洞和缺陷等）进行管理。

（2）全过程管理。安全风险管理贯穿煤矿企业整个生命周期，从煤矿的设计、建设、生产到报废，在每个工作环节都要实施风险管理。

（3）螺旋上升管理。管理过程起始于对危险源的辨识，风险评估，制定相应的危险源管理标准和管理措施对风险进行预先控制，实现对危险源进行动态监控，并对监控中发现的问题及时予以分析、预警、纠正，同时辨识新的危险源，为下一阶段的安全管理循环提供经验累积。整个风险管理是在不断循环改进的动态过程中进行的。

（4）以预控为核心。安全风险管理的核心是预控，即在对煤矿所有可能出现的危险源全面准确辨识评估的基础上，制定合理的管理标准和管理措施，控制危险源，切断风险出现的渠道和因素，预先控制风险，防患于未然。

（5）双保险、闭环式管理。安全风险管理是一套双保险、闭环式的管理系统。对已知的危险源进行持续地监测，同时辨识系统中可能出现的新危险源，在对已知风险预控失效或出现新的风险时，风险管理系统能及时作出反应，对风险进一步进行分析、预警，并加以控制或消除，遏制其扩散演变为事故，造成损失。

通过以预控为核心的、持续的、全面的、全过程的、全员参加的、闭环式的安全管理活动，黑岱沟露天煤矿在体系实施后实现生产过程中人员无失误、设备无故障、系统无缺陷、管理无漏洞，进而实现人员、机器设备、环境、管理的安全，杜绝已知规律的、将酿成重大人员伤亡的煤矿生产事故。

2. 完善安全生产规章制度

完善的规章制度是衡量企业生产管理水平的依据之一，是保证煤矿安全生产的前提，也是煤矿生产过程及安全管理工作中必须遵循的准则。黑岱沟露天煤矿根据自身的特点，制定出安全生产责任制、安全质量标准管理制度和安全监督检查制度等适合本矿的规章制度，并认真贯彻执行，保障了生产的安全。

3. 进行安全教育与技能培训

安全教育是强化职工安全意识的途径。黑岱沟露天煤矿采用多种形式对职工进行安全意识教育：一是“安全第一，预防为主”的安全生产方针教育；二是安全责任重于泰山的责任教育；三是“典型案例、警钟长鸣”的警示教育；四是“遵章守纪、按章操作”的遵纪教育；五是狠反“三违”、严查隐患的措施教育；六是居安思危、反骄破满的意识教育。通过这些教育，为全面提升职工的安全意识起到了重要作用。技能培训的目的是提高设备操作人员的操作水平。黑岱沟露天煤矿已形成制度，一是每年对设备操作人员进行一次规范化操作考核，安排熟悉设备性能、操作技术水平高的操作人员和管理人员跟班跟设备考核，纠正不规范的操作行为，指导其正确操作；二是每年开展一次技术比武活动，营造比、学、赶、超的氛围；三是每年年初组织操作人员进行三大规程学习并进行考试，检验其掌握情况。通过这些行之有效的教育和实地技能训练，职工的整体素质有了很大的提高，保证了安全生产。

4. 狠反“三违”，控制事故发生

“三违”是事故的源头，实现安全生产，必须杜绝“三违”。黑岱沟露天煤矿从“查、反、帮、教”入手，以“情、理、法”相结合，努力探索职工不想违章、不敢违章、不能违章的新路子。一是加强宣传教育，在预防上下工夫，利用职工身边的事故，通过事故案例、简报和橱窗等形式宣传“三违”的危害性，启发、教育职工，“三违”就是事故，“三违”就是犯罪，使职工从思想上“不想违章”。二是加大对“三违”人

员的处罚力度，通过曝光、重罚等手段使职工从行为上“不敢违章”。三是在“三违”人员帮教和开展安全活动上做文章。各基层单位均对“三违”人员建立台账，进行跟踪管理。通过各种活动来营造反“三违”的氛围，达到“不能违章”的目的。四是通过规范化操作考核，杜绝习惯性违章作业，从而实现上标准岗、干标准活的标准化作业。

5. 加强安全隐患的查处，消除事故苗头

1）安全隐患的检查

（1）专项安全大检查查安全隐患。

（2）各级管理人员日常检查查安全隐患。

（3）各班组设置的群监网员和青安岗员查安全隐患。

2）安全隐患的汇总及分类

由矿安全监察站将所有收集到的安全隐患进行筛选、编号、分类。

3）安全隐患的处理

将已分类的安全隐患，按照“四定”原则落实到责任单位进行整改。

4）安全隐患处理跟踪

对处理的隐患进行跟踪复查。

6. 强化现场管理，创造安全的作业环境

现场作业环境的好坏，直接影响生产的安全。黑岱沟露天煤矿把创造安全作业环境当做头等大事来抓。第一，管理人员工作现场化，始终坚持“不安全不生产”的原则，及时处理现场存在的各类问题。第二，发挥安监人员现场监督检查的作用，安排专职安监员一天24h不间断巡回检查，要求安监人员做到“四勤”，即眼勤、手勤、嘴勤、腿勤。第三，突出安全专项检查和隐患整治，查一个整改一个，不留死角。第四，加强班组建设，形成以班组长为核心的安全管理单元，实现从被动应付到主动出击的转变，确保现场不失控。开展“岗位达标，班组升级”活动，大力创建“三无”班组，充分发挥班组长的模范带头作用。通过“班前讲安全、班中查安全、班后总结安全”，使安全工作在基层班组中得到了不断延伸和巩固。

7. 以质量标准化工作为基础，促进安全生产

质量标准化工作是企业生产和技术管理的基础工作，是企业文明作业、安全生产的前提。黑岱沟露天煤矿从4个方面开展工作，即领导要重视、标准不能降、投入不能少、重点要突出。通过“对标”的方式，找出差距，制定切实可行的措施，实现目标；合理使用提取的安技措资金，解决生产中存在的问题，确保安全生产；把工程质量放到首位，从改善穿爆质量入手，做到“穿孔之前有设计、穿孔之中有监督、爆破之前有措施、爆破之后有分析”。同时，在设备管理方面，一是推行包机制，强化点检制度，发

现问题及时处理，将设备安全运行的责任落实到人；二是对设备操作人员进行规范化操作考核，达到上标准岗、干标准活。

（二）伊敏露天煤矿

伊敏露天煤矿坚持“安全第一，预防为主”的安全生产方针，不断夯实安全管理基础工作，加强事故的预防、预控，杜绝事故的发生，正确处理安全与生产的矛盾，以质量标准化工作为基础，促进安全生产，使安全管理创出了新水平。

1. 推行特殊作业安全措施、动火安全措施作业记录表

伊敏露天煤矿推行特殊作业安全措施、动火安全措施作业记录表，记录表内容包括：作业班组、工作负责人、工作人员、工作地点、工作内容、计划工作时间、危险因素预知、安全措施及措施执行情况。

2. 实行《露天煤矿安全性评价制度》

伊敏露天煤矿于2002年5月编制了《露天煤矿安全性评价》，将安全性评价方法应用在露天煤矿安全管理中，在全国露天煤矿为首创。

为了坚持“安全第一，预防为主”的安全生产方针，不断夯实安全管理基础工作，加强事故的预防、预控，杜绝事故的发生。2002年，从辨识生产设备、劳动安全和作业环境及安全管理3个方面的危险有害因素入手，以防止人身事故，杜绝重、特大设备事故，以及频发性事故为重点，确立了具体的查评项目和查评方法，通常进行一年一次评价。查评项目涉及露天煤矿特有的采掘作业、生产运输作业、排卸作业、穿爆作业、边坡防治、疏干排水和主要生产设备评价等。通过对生产系统存在的危险性进行定性和定量分析，掌握了生产系统发生危险的可能性及其严重程度，提出必要的防范措施，达到了对事故的超前控制，堵塞了安全管理上的漏洞，减少和消灭了事故的发生，根据安评的要求，制定了详尽的保证措施，将目标层层分解到车间、班组和个人。通过对目标责任状、检查管理人员和员工掌握保证措施的情况、考核办法执行情况进行评分查证，从而实现个人无差错、班组无异常、车间无障碍、企业无事故的“四级控制”目标。实现了安全管理的标准化、规范化、科学化。连续多年消灭了重伤以上人身伤亡事故和重大财产事故，轻伤负伤率逐年下降，连续几年实现百万吨原煤生产死亡率为零的全国同行业领先管理水平。

第七章

新中国露天煤矿的设计、科研与人才教育

第七章　新中国露天煤矿的设计、科研与人才教育

新中国的露天煤矿设计、科研与人才教育，在党中央的领导下，从无到有、从小到大，发展迅速，为我国露天煤炭事业的发展提供了宝贵的智力支持。科教兴煤已经成为中国露天煤矿实现现代化的必由之路。广大露天煤矿设计、科研人员与露天煤炭企业一起，坚持“自主创新与引进吸收创新、集成创新相结合”，逐步建立和完善了以企业为主体、以科研院校为支撑、产学研一体化的技术创新体系，极大地促进了露天煤矿现代化建设的步伐，提升了我国露天煤炭事业的发展水平，使我国露天煤矿的发展步入了世界先进行列。

第一节　露天煤矿的设计

一、设计研究体系的建立

新中国成立后，为满足国民经济发展的需要，恢复和建设新中国自己的煤矿，1952年在原燃化工业部的直接支持下，组建了新中国第一个煤炭设计研究机构——沈阳煤矿设计院，并主要从事露天煤矿的设计与研究任务，从此沈阳煤矿设计院成为我国露天煤矿的设计骨干，担负起新中国露天煤矿设计艰巨而光荣的任务。此后，为了满足露天煤矿建设的需要，又相继在昆明、内蒙古、新疆、西安、宁夏等地成立或设立可从事露天煤矿设计的机构或部门。各露天煤矿企业为了满足自身生产的需要，也相继成立自己的设计处，如平庄矿务局设计处、霍林河矿务局设计处、伊敏河矿务设计处。这些专门从事露天煤矿设计及延伸设计的各设计研究院、设计所或设计处等，专业齐全，人员整齐，可专门为露天煤矿的建设提供勘测、科研、试验研究、露天煤矿开发项目规划、露天开采可行性研究、初步设计、施工图设计及生产延伸设计等工作，构建了可满足我国露天煤矿建设和生产的完整科学的设计基础体系，成为我国露天煤矿建设的孵化器和助推器，引领并承担起了我国露天煤矿的建设和发展。

同时，为了规范露天矿井的设计，尤其改革开放后，在原煤炭工业部及相关单位的组织下，我国露天设计人员根据我国露天开采的实际情况，先后编制了一系列的行业规范，以指导我国露天煤矿的设计与建设，这些行业标准的陆续制定，是我国露天煤矿设

计体系不断完善的重要标志。这些规范包括：1987 年编制的《露天采矿设计手册》，1990 年编制的《露天煤矿初步设计编制内容》，1994 年编制的《露天煤矿工程设计规范》，2000 年编制的《现代露天煤矿标通设计体系研究报告》，2003 年编制的《煤炭工业带式输送机工程设计规范》，2004 年编制的《露天煤矿可行性研究报告编制标准》、《露天煤矿初步可行性研究报告编制标准》，2005 年编制的《煤炭工业露天矿设计规范》。沈阳煤矿设计研究院作为露天设计的主要技术力量，所完成的露天煤矿规范及技术标准见表 7－1。

表 **7－1** 沈阳煤矿设计研究院完成的露天煤矿规范及技术标准

序　号	名　　称	完成年份
1	露天煤矿开采境界的研究	1985
2	露天煤矿优化境界的圈定—COB 系统	1986
3	不同开采程序的煤炭量关系曲线	1986
4	煤田勘探程序设计评价软件包	1988
5	露天煤矿初步设计编制内容	1990
6	机头伸缩式带式输送机	1991
7	露天煤矿工程设计规范	1994
8	露天采矿软件包	1995
9	煤炭工业带式输送机工程设计规范	2004
10	露天煤矿可行性研究报告编制标准	2004
11	煤炭工业露天煤矿设计规范	2005

二、设计人员状况

据统计，截止到 2007 年，全国从事露天开采专业的人员约 2000 多人。1956 年前其人员由“国高”、“中专”和大学毕业学生构成，主要从事露天煤炭基本建设、生产、设计、科研等工作。其中，从事露天采矿主导专业设计人员不足 200 人。截至 2007 年，全国从事露天煤矿开采专业设计的人员总数仍为 200～300 人，基本上满足了我国露天煤矿设计的人员需要。近几年由于露天煤矿发展迅速，露天采矿设计人员的无序竞争，各设计机构露天采矿专业设计人员普遍偏紧，加大露天开采专业设计人员的培训和教育迫在眉睫。

三、设计手段

1950—1990 年，露天煤矿设计手段主要是手工计算，利用丁字尺和三角板绘图。1990 年后，随着科学技术的发展，设计手段发生了巨大变化，手工制图和计算逐步由计算机取代，CAD 绘图工具得到广泛普及和开发。尤其进入 21 世纪后，现代露天煤矿项目开发速度加快，设计周期大大缩短，因此为了满足市场经济和露天快速发展的需要，广大设计工作者在吸收国内外先进技术和理念的基础上，不断创新设计理论和手段，并取得显著成绩。

1985年以来，沈阳煤矿设计研究院田会、孙学文等人相继开发完成了移动圆锥法圈定露天矿开采境界软件系统、煤田勘探程度设计评价软件包、三维动态规划法露天矿开采境界圈定软件系统、用计算机编制露天矿生产进度计划软件和露天采矿设计软件包（该软件包括数据与三角网、三角网与等值线、储量平面计算、矿山鸟瞰图绘制、煤层结构分析、高精度地质模型）等露天设计软件。这些相关专业软件使得设计周期大大缩短，工作效率也有了极大提高，对改进露天采矿系统工程理论和方法作出了重要贡献，并多次获得煤炭部优秀软件奖。目前，这些设计软件已成为露天煤矿设计的重要工具。

四、设计成果

我国露天煤矿的设计，从起步学习设计到建立起自己的设计体系，经历了近60年的发展历程，已达到世界先进的露天采矿设计水平。

新中国成立初期，我国露天煤矿设计人员从学习前苏联科学理论开始，在前苏联专家的指导下，边学习，边设计，在早期援建或指导建设的露天煤矿中，从理论到实践，不断积累经验。随着学习和实践的深入，经过设计人员的不懈努力，在新中国成立10周年的前夕，沈阳煤矿设计研究院独立完成了我国第一部露天设计——年产300万t的平庄西露天煤矿，标志着我国露天设计已能自主完成。1965年，前苏联列宁格勒煤矿设计院的专家对平庄西露天煤矿进行多次评估论证，认为沈阳煤矿设计研究院采取的技术处于20世纪60年代国内领先水平，主要生产环节技术接近当时国际水平。

1956—1971年，沈阳煤矿设计研究院又先后设计了河北兴隆火神庙露天煤矿、济南官桥露天煤矿、河南义马露天煤矿、平庄南露天煤矿、宁夏大峰沟露天煤矿、鹤岗北大岭西露天煤矿、云南小龙潭布沼坝露天煤矿、平朔安太堡露天煤矿等。西安煤矿设计院、新疆煤矿设计院、昆明煤矿设计院、内蒙古煤矿设计院也相继开始承担露天煤矿设计任务。在此期间，露天煤矿的设计（包括方法、标准和理念等）还停留在模仿和学习前苏联的模式上，开采工艺基本以单一的单斗—铁道工艺为主，在技术上无更大创新和突破。

1978年后，国民经济步入新的发展时期，中国逐步把发展露天煤矿作为煤炭工业建设的一个重点，原煤炭工业部规划开发平朔、霍林河、伊敏、准格尔和元宝山五大露天煤矿。相关设计院在五大露天建设过程中、在与国际交往中拓宽了视野，设计理念在新的实践中发生了深刻的变革，其整体的技术水平和理论素质得到了很大提高。所做的设计突破了铁道运输、沿走向全区开采、外部排土的开拓模式，开始实行分区开采，在拉沟方案和开采程序上进一步改进和创新。此时期的设计工作，在研究结合矿区具体开采条件和矿山设备制造企业情况的基础上，分别采用了各种适合我国国情及各矿具体条件的优势组合而成的综合开采工艺，取得了明显的经济效益。同时，在设计理念上，把经济论证、动态分析、产运销平衡、电子计算机和其他现代化科学管理手段，以及环境保护、造地还田、矿区绿化和土地综合治理等方面内容也纳入设计范围，形成了我国露天煤矿完整科学的设计体系。

2000年后，随着现代科学技术和经济的发展，在露天开采设计和生产管理过程中，设计人员对国内外露天开采技术、工艺、设备、开采方法等进行了更加深入地探索和实践，露天开采设计理论得到快速发展。露天煤矿设计已从注重剥采工程技术、均衡生产转变到注重资源开发的可行性研究、注重经济效益、注重环境与安全。在这个发展快速的时期，设计人员把现代技术和观念引进设计领域，如半连续开采工艺、连续开采工艺、联合开采工艺等，从而大大提高了露天煤矿的生产效率和经济效益。在开采装备上，大胆引进世界上最先进的大型设备，如大型挖掘机、大型卡车、吊斗铲等，以适应生产的需要，这是露天煤矿设计现代化的一个重要标志。另外，为了提高我国露天煤矿的技术水平，沈阳煤矿设计研究院对新型、大型设备在露天煤矿应用进行了积极的研究，通过不断的技术创新，逐步完成了“露天煤矿辅助设计专家系统”的引进、研究、开发工作，建立和完善了我国露天煤矿生产管理服务组织体系和制度体系，使露天煤矿设计理念和设计水平达到了国际先进水平。

总之，60年来，我国露天煤矿设计从无到有，从小到大，设计理念及方法不断发展，引领着我国露天煤矿向设备大型化、工艺多样化、规模大型化方向发展，推动了我国露天开采事业的发展。截止到2007年，我国广大设计人员在中国露天煤矿设计中艰苦奋斗，不断创新，取得了丰硕的成果，在中国煤炭工业发展中树立起200多座丰碑。

以沈阳煤矿设计研究院为代表的相关露天设计院设计成果分别见表7－2～表7－5。国外露天煤矿咨询设计成果见表7－6。各院获奖情况见表7－7～表7－9。

表7－2　1955—2007年沈阳煤矿设计研究院设计的露天煤矿项目

序号	项 目 名 称	设计能力/($Mt \cdot a^{-1}$)	设计时间	开发状况
1	阜新新邱北露天煤矿	0.6	1955－12	生产
2	兴隆火神庙露天煤矿	0.21	1956－04	生产
3	平庄西露天煤矿	3.5	1958－08	生产
4	济南官桥露天煤矿	0.6	1958－09	建设
5	河南义马北露天煤矿	0.6	1960－02	生产
6	扎赉诺尔灵泉露天煤矿	0.6	1960－08	生产
7	平庄南露天煤矿	0.63	1960－08	设计
8	黑龙江依兰露天煤矿	0.3	1963－12	生产

表 7-2（续）

序号	项 目 名 称	设计能力/(Mt·a⁻¹)	设计时间	开发状况
9	鹤岗北太岭西露天煤矿	0.6	1964-04	生产
10	云南小龙潭露天煤矿	0.6	1964-12	生产
11	云南布沼坝露天煤矿	0.9	1964-12	生产
12	平朔安太堡露天煤矿	15.33	1966-07	生产
13	内蒙公乌素露天煤矿	0.3	1969-07	生产
14	抚顺跃进露天煤矿	0.6	1971-01	生产
15	宁夏大峰沟露天煤矿	0.9	1971-04	生产
16	公乌素二号露天煤矿	0.9	1971-09	生产
17	元宝山露天煤矿	5	1981-05	生产
18	霍林河南露天煤矿	3	1981-01	生产
19	伊敏一号露天煤矿（一期）	5	1982-09	生产
20	霍林河一号露天煤矿	10	1986-05	生产
21	黑岱沟露天煤矿	12	1988-11	生产
22	古莲河露天煤矿	0.6	1991-05	生产
23	平朔安家岭露天煤矿	15	1997-03	生产
24	伊敏露天二期扩建	11	2005	生产
25	内蒙古大唐国际锡林浩特胜利东二号露天煤矿	10	2005-09	建设
26	宝清朝阳露天煤矿	11	2006	建设
27	黑岱沟露天煤矿吊斗铲工艺改造	20	2006	生产
28	胜利西一号露天煤矿	10	2006	生产
29	哈尔乌素露天煤矿	15	2006	生产
30	霍林河一号露天煤矿（改扩建一期）	15	2006	生产
31	霍林河扎哈淖尔露天煤矿	15	2006	生产
32	内蒙白音华四号露天煤矿（施工设计）	5	2006	建设
33	新疆帐篷沟露天煤矿	10	2007	建设
34	新疆准东矿区露天煤矿	0.9	2007	生产
35	云南弥勒跨竹露天煤矿	5	2007	生产
	总能力	205.67		

表 7-3　1955—2007 年内蒙古煤矿设计研究院设计的露天煤矿项目

序号	项 目 名 称	设计能力/(Mt·a⁻¹)	设计时间	开发状况
1	胜利煤田锡林浩特红旗露天矿	0.3	1975-06	生产
2	准格尔矿区窑沟露天矿	10	1977-09	设计
3	内蒙古平庄矿务局红庙露天煤矿	0.60	1981-11	设计
4	华能精煤公司马家塔露天煤矿	1.8	1985-10	生产
5	内蒙锡盟白音华露天矿(白音华一号)	0.45	1987-10	生产
6	内蒙古锡林郭勒盟苏尼特左旗芒来露天煤矿	0.60	1988-12	生产

表 7-3（续）

序号	项目名称	设计能力/(Mt·a^{-1})	设计时间	开发状况
7	内蒙古锡盟乌兰图嘎露天矿	0.9	1991-07	生产
8	华能精煤公司马家塔西露天煤矿	1.8	1993-12	设计
9	华联煤炭有限公司水塔沟露天矿初步设计	2.4	1993-12	设计
10	华能精煤公司武家塔煤矿	2.4	1994-06	生产
11	内蒙古宝日希勒一号露天矿	0.6	1996-08	生产
12	内蒙古宝日希勒煤业股份公司露天矿	1.8	2002-10	生产
13	神华宝日希勒一号露天矿改扩建	20	2003-12	建设
14	呼伦贝尔金新化工有限公司东明露天煤矿	1.8	2003-12	生产
15	义马煤业集团青海省义海能源有限公司天峻木里露天矿	1.2	2005-01	生产
16	华能集团魏家峁煤电一体化一期工程魏家峁露天矿	6.0	2005-01	建设
17	内蒙古锡林河煤化工集团公司贺斯格乌拉露天煤矿	3.0	2005-08	建设
18	霍林河煤业公司白音华三号露天矿	14.0	2005-09	建设
19	内蒙古呼伦贝尔市大雁煤业公司西区一号露天矿	3.0	2005-12	建设
20	内蒙古锡盟白音华煤电有限责任公司二号露天矿	15.0	2005-12	建设
21	伊金霍洛旗乌兰煤矿技术改造(露天矿)	0.6	2005-12	生产
22	内蒙古海州露天能源公司白音华四号露天煤矿(初设)	5.0	2006-03	建设
23	内蒙古源源能源公司源源露天煤矿 958 采区	1.20	2006-03	生产
24	中国神华能源股份公司神山露天煤矿	0.6	2006-06	生产
25	大雁矿业集团公司扎尼河露天矿	6.0	2006-08	设计
26	青海省木里煤业公司聚乎更一露天矿	1.20	2006-10	生产
27	内蒙古大青山煤田海柳树矿区大场新露天煤矿	0.45	2006-12	生产
28	准格尔金正泰煤炭公司金正泰露天煤矿	1.5	2007-05	生产
29	北方联合电力铧尖露天煤矿	3.0	2007-03	建设
30	内蒙古锡盟乌兰图嘎煤炭公司锗煤露天煤矿	3.0	2007-06	生产
31	山西宁武朝凯煤业公司朝凯露天矿	0.60	2007-08	生产
	总能力	110.8		

表 7-4　1955—2007 年昆明煤矿设计研究院设计的露天煤矿项目

序号	项　目　名　称	设计能力/($Mt\cdot a^{-1}$)	设计时间	开发状况
1	云南大理永华露天煤矿	0.07	1958	生产
2	云南临沧小石城露天煤矿	0.03	1958	生产
3	云南风鸣村杨家坟露天煤矿	0.05	1958	生产
4	云南富宁露天煤矿	0.03	1958	生产
5	云南楚雄昌合露天煤矿	0.3	1960	生产
6	云南可保露天煤矿	3.0	1961	生产
7	云南罗茨露天煤矿	1.20	1974	生产
8	云南小龙潭露天煤矿	0.90	1982	生产
9	云南小龙潭露天煤矿改扩建	1.50	1987	生产
10	云南布沼坝露天煤矿改扩建	2.4	1987	生产(三期)
11	云南布沼坝露天煤矿(与沈阳院合作)改扩建	4.8	1987	生产(四期与沈阳院合作)
12	云南先峰露天煤矿	3.0	1990	生产
	总能力	17.28		

表 7-5　1955—2007 年西安煤矿设计研究院设计的露天煤矿项目

序号	项　目　名　称	设计能力/($Mt\cdot a^{-1}$)	设计时间	开发状况
1	焦坪前河露天煤矿扩大设计	0.30	1959	生产
2	西北塔露天煤矿	1.20	1959	生产
3	地方国营雏南关山窑露天矿	0.60	1959	生产
4	铜川前河露天煤矿	0.30	1959	生产
5	依食林露天煤矿	0.60	1959	生产
6	青海木里一号露天煤矿	0.60	1959	生产
7	热水煤矿先锋露天煤矿	0.60	1960	生产
8	焦坪露天煤矿	0.30	1964	生产
9	汝箕河矿区大峰露天煤矿	0.60	1966	生产
10	柠条塔露天煤矿	8.00	1997	生产
11	依兰露天煤矿改扩建	1.80	1999	生产
	总能力	14.9		

表7-6　国外露天煤矿咨询、设计项目

序号	国　名	露天煤矿名称	设计能力/(Mt·a^{-1})	设计阶段	设计单位	提供时间/a
1	印度拉加斯担帮	巴沙露天煤矿	2.4	可研	沈阳煤矿设计研究院	1995
2	巴　西	干九达露天煤矿		项目建议书		2001
3	缅　甸	TIGYIT 露天煤矿	0.75	技术设计施工图		2002
4	土耳其	COLLOLAR 露天煤矿	15～19.5	投标设计		2002
5	加拿大	BLACKFOOT 露天煤矿	3	开发方案		2003
6	印度尼西亚	蜡烛河露天煤矿	1.05	初步可行性研究		2003
7	巴基斯坦	塔尔露天煤矿	4	初步可行性研究		2004
8	蒙古	锡伯敖包露天煤矿	20.0	初步可行性研究		2007
9	蒙古	布斯敖包露天煤矿	15.0	初步可行性研究		2007
10	蒙古	候谢图露天煤矿	3.6	初步可行性研究		2007
11	蒙古	塔温托尔盖煤田	30	开发方案		2003
12	印　尼	南苏门腊电厂配套露天煤矿	一期 5.0 二期 10.0	初步可行性研究	西安煤矿设计研究院	2006

表7-7　沈阳煤矿设计研究院设计获奖项目

序　号	项　目　名　称	获奖级别
1	伊敏一号露天煤矿	国家银奖
2	准格尔黑岱沟露天煤矿	国家银奖
3	准格尔矿区污水处理厂	国家铜奖
4	1991—2020 中国煤炭开发战略研究	部一等奖
5	露天煤矿优化境界的圈定 Cob 系统	国家级二等奖
6	三维矿床模型 Com 系统	国家级二等奖
7	内蒙古扎哈淖尔露天煤矿改扩建可研报告	国家级一等奖
8	黑岱沟露天煤矿吊斗铲工艺技术改造可行性研究报告	国家级三等奖
9	内蒙古胜利一号露天煤矿可研报告	国家级三等奖
10	蒙东(东北)煤炭基地规划	部级特等奖
11	内蒙古扎哈淖尔露天煤矿扩建工程环境影响评价	部级一等奖
12	露天煤矿工程设计规范(2005年)	国家优秀奖

表 7-8　内蒙古煤矿设计研究院获奖项目

序号	项目名称	获奖级别
1	白音华四号露天矿可行性研究	中国工程咨询协会优秀工程设计一等奖
2	白音华四号露天矿可行性研究	中国煤炭协会优秀工程设计一等奖
3	白音华矿区总体规划	中国煤炭协会优秀工程设计三等奖
4	东煤公司马家塔露天煤矿设计	内蒙古煤炭工业厅一等奖
5	神华集团马家塔露天煤矿设计	中国煤炭建设协会三等奖
6	乌达矿务局黄白茨煤矿设计	内蒙古煤炭工业厅一等奖
7	海勃湾矿务局平沟煤矿设计	内蒙古煤炭工业厅二等奖
8	伊克昭盟鄂托克前旗选煤厂设计	内蒙古煤炭工业厅一等奖
9	东胜煤田经济小区规划	内蒙古煤炭工业厅三等奖
10	瓦斯监测系统开发 QC 小组	内蒙古勘察设计质量奖审定委员会三等级
11	平庄矿务局老公营子煤矿可研报告	中国煤炭协会优秀工程设计二等奖
12	内蒙古准格尔煤炭规划采区采矿权设置方案	中国煤炭协会优秀工程咨询成果三等奖
13	内蒙古东胜煤炭规划采区采矿权设置方案	中国煤炭协会优秀工程咨询成果三等奖
14	露天采矿 CAD 软件	内蒙古质量奖审定委员会二等奖
15	露天采矿 CAD 软件	全国工程设计计算机优秀软件三等奖
16	包头矿务局阿刀亥选煤厂工程设计	内蒙古优秀勘察设计质量奖审定委员会三等奖
17	神华宝日希勒能源有限公司 露天煤矿改扩建可行性研究报告	中国煤炭(部级)优秀工程咨询成果一等奖
18	内蒙古鄂托克旗 建元煤焦化有限责任公司 建元一矿可行性研究报告	中国煤炭(部级)优秀工程咨询成果二等奖
19	内蒙古自治区吉林郭勒矿区总体规划	中国煤炭(部级)优秀工程咨询成果二等奖
20	内蒙古锡林郭勒白音华煤电有限责任公司露天矿(白音华二号露天矿)可行性研究报告	中国煤炭(部级)优秀工程咨询成果三等奖
21	青海木里煤业有限公司 聚呼更露天矿可行性研究报告	中国煤炭(部级)优秀工程咨询成果三等奖

表 7-9　西安煤矿设计研究院获奖项目

序号	项目名称	获奖级别
1	平朔煤炭工业公司安太堡露天煤矿原煤运输系统改造	省级二等奖
2	山西省平朔矿区总体规划	部级一等奖
3	内蒙古准格尔矿区总体规划	国家级咨询成果二等奖
4	平朔煤炭工业公司东露天煤矿可行性研究报告	国家级咨询成果二等奖

第二节　露天煤矿的科研

一、科研体系的建立

露天煤矿的科研在新中国成立前十分落后。1925 年，唯一的科研院所——抚顺煤矿研究所成立，其研究的对象为煤、煤焦油、油页岩及煤气等。

在抚顺煤矿研究所的基础上，1953 年 3 月成立了抚顺安全研究所，1961 年后又改为煤炭科学研究总院抚顺分院，主要承担露天煤矿的科研项目。1952 年，沈阳煤矿设计院成立，除进行露天煤矿设计外，又开始进行露天煤矿的科研试水工作。1954 年，中国矿业大学(原北京矿业学院)开设露天采矿专业。1958 年，阜新煤矿学院开设露天采矿专业。这两所高校先后开始对露天煤矿的有关课题进行基础研究和科研攻关。

新中国成立初期，中国露天煤矿科研人员从学习前苏联科学理论开始，在前苏联专家的指导下从事科学研究。前苏联专家撤离后，以上高校和研究院所的科研人员与各露天煤矿技术人员一起，自力更生，走出了一条适应我国露天煤炭事业发展的产学研相结合的一体化发展的道路，构建了我国露天煤炭科研体系，支撑起我国露天煤矿生产的理论及工艺的科学研究与成果转化，实现了露天煤矿科研从无到有、从弱到强、从落后到国际先进水平的历史性跨越，有力地保证了我国露天煤矿的安全生产。

二、科研人员状况及研究手段

据统计，截至 2007 年，从事露天开采技术主导专业的高级科研人员，全国不足 300 人，绝大部分科研人员为 1958 年后高等院校的露天采矿专业毕业的学生。这些科研人员从没有一个像样的试验室开始，白手起家，艰苦创业，引领着露天科研的发展。改革开放后，随着国家整体科技水平的提高，露天煤矿开采技术的科学研究手段得到了较大发展。煤炭科学研究总院抚顺分院作为露天煤矿主要科研力量之一，装备了边坡岩石力学、边坡模拟、边坡岩体变形监测及仪表、轮斗挖掘切割破碎机理、爆破震动测试、矿用汽车性能测试、计算机信息中心等实验室，并购置了大量先进仪器、设备，以模拟、测试、试验等先进手段开展研究工作，实现了与国际发达的露天煤矿科研机构的接轨。

三、科研成果

在原煤炭工业部的支持下，沈阳煤矿设计研究院、煤炭科学研究总院抚顺分院、中国矿业大学、阜新矿业学院等高校和科研机构陆续开始进行露天开采工艺和设备、安全生产等方面的科学研究工作。

新中国成立初期，中国露天煤矿科研人员从学习前苏联科学理论开始，在前苏联专家的指导下从事科学研究。

1958 年后，国家提出大力发展露天采煤，并开始筹建平朔、元宝山、霍林河等大型露天煤矿，为适应露天采煤事业的发展，国家决定加强露天采煤技术的研究力量。1965 年，全国露天科研人员发展到近百人。此间，露天科研人员针对抚顺西露天煤矿技术改造方案、海州露天煤矿的开拓方式及开采方法、露天水力机械化采煤、爆破震动测试及减震技术、边坡稳定性和监测技术进行了深入研究，并取得了良好的效果。同时，这些科研单位踏勘了西部四省的 31 个矿点，规划了 17 个露天煤矿，研究确定了技术发展方向、开拓开采方式和工艺技术等，为以后我国露天煤矿的建设发展打下了基础。

20 世纪 80 年代后，随着若干大煤田的探明，我国机械设备制造能力的增强和不断扩大对外开放，我国露天煤矿的科研力量迅速发展壮大，并在平朔、霍林河、伊敏、准格尔、元宝山五大露天煤矿的建设中得以实践应用。由于这些大型露天煤矿都部分采用了轮斗—带式输送机的连续工艺，并从国外引进了大型轮斗挖掘机。为配合轮斗挖掘机设计和设备验收任务，科研工作者进行了煤岩切割阻力、轮斗挖掘机切割破碎机理、轮斗工作机构设计理论、轮斗挖掘切割力和机械性能测试等方面的研究，提出了我国煤岩切割阻力理论、切割阻力及轮斗挖掘机切割力的测定方法，填补了我国在这一领域的空白，达到了国际水平。

2000 年后，随着一大批千万吨级的大型露天煤矿的规划建设，科研机构攻克了多项技术难关，解决了在生产实践中的突出问题，我国的露天开采正向着世界先进的露天开采技术迅速靠近。

“十五”期间，露天煤炭产业科技需求明显增强，行业技术创新能力和体系建设加快进行，煤炭科技研究开发取得巨大进展。在国家科技政策引导下，“863”、“973”和科技支撑计划、高新技术产业化、重大装备国产化等项目中启动了一批露天煤矿亟待解决的科学技术研究项目。

“十一五”期间，露天煤矿开采技术取得了突破性进展。在走产学研结合的科技创新之路时，露天科研单位深入开展调查研究，系统地掌握国内外先进的露天装备和技术工艺的发展方向，引导相关机构和企业，在引进先进技术装备的基础上，开发适应各类露天煤矿的技术装备。依靠科技进步，从基础科学研究、核心关键技术抓起，有目的地引进一批大型先进露天开采技术装备。在引进消化吸收国外先进装备技术和制造工艺的基础上，加大自主创新能力的培养，建立了一大批具有雄厚实力的研发队伍。在大型现代化露天煤矿建设的基础上，紧密结合我国露天煤矿的生产实践，加大适合我国煤田地质、地层特点的露天煤矿钻孔、剥离、采煤、运输技术装备的研发和对关键技术的掌握，完善了我国的科研体系。

总之，新中国成立后在广大露天科研人员的努力下，露天科研在开采工艺、采矿设备更新换代、爆破技术及器材、边坡稳定性及边坡变形监测技术、计算机技术在露天矿山的应用、露天矿生产的监控技术、地质灾害及环境评价等方面取得了巨大成果，完成各类科研课题千余项，大大促进了生产力发展，为矿山安全高效生产提供了可靠的技术保证，为我国露天采煤技术的发展作出了贡献。

各相关科研院所取得的科研成果及获奖项目见表 7－10～表 7－14。

表 7－10　1966—2007 年煤炭科学研究总院抚顺分院完成的主要科研项目

序号	项　目　名　称	研究时间	水平状况
1	QZ－M64 潜孔钻机	1966	通过鉴定
2	抚顺西露天煤矿南舍场防止冻土粘车	1971—1972	
3	提高海州露天煤矿硬岩爆破效果	1974	通过鉴定
4	义马矿务局北露天煤矿撒灰台滑坡整治的研究	1974—1976	通过鉴定
5	抗水高比重露天炸药	1974—1977	通过鉴定
6	YG－15 型皮带移设机的研究	1974—1978	通过鉴定
7	煤岩切割阻力测试方法的研究	1974—1978	通过鉴定
8	抚顺西露天煤矿爆破减震	1975	通过鉴定
9	露天煤矿 12t 架线式电机车可控硅脉冲调速	1975	通过鉴定
10	海州露天煤矿▽ 86 站钢轨抗滑桩工程	1975—1976	通过鉴定
11	PS－1000 排土机研制	1975—1979	通过鉴定
12	用防冻剂预防黄粘土冻粘车	1975—1979	
13	B_2、B_3 液体炸药的研究	1976—1979	通过鉴定
14	LH－200 回转钻机	1977	通过鉴定
15	液体炸药混装车	1978—1979	通过鉴定
16	耐寒运输带低温试验总结报告	1978—1980	
17	应变式滑坡位移传感器的研制	1978—1981	通过鉴定
18	LMO－1 型皮带运输机集中控制远动装置	1979	通过鉴定
19	YR－1 型组合胶带接头硫化机	1979	通过鉴定
20	抚顺西露天煤矿南崩岩区边坡岩体应力测试与边坡稳定分析	1979—1983	通过鉴定
21	硝酸基液体炸药增稠的研究	1980—1981	国内先进
22	驱动滚筒与胶带之间摩擦系数试验研究	1980—1982	通过鉴定
23	KS－1 型高精度应变式测斜仪	1981—1983	通过鉴定
24	ZX－150A 型旋转钻机	1982	通过鉴定
25	露天煤矿剥离物最优调运方案的研究	1982—1983	通过鉴定
26	义马北露天煤矿东部工作帮滑坡整治方案	1982—1983	通过鉴定
27	抚顺西露天煤矿西北帮到界边坡稳定性研究	1982—1984	国内先进
28	露天煤矿采掘运输工艺模拟	1983—1985	国内先进
29	提高露天煤矿块煤率爆破方法研究	1983—1985	通过鉴定
30	轮斗挖掘机耐磨斗齿的研究	1983—1986	国内先进

表 7-10（续）

序号	项 目 名 称	研究时间	水平状况
31	轮斗挖掘机斗轮机构性能测试	1983—1986	
32	108t 矿用自卸汽车性能测试	1983—1987	
33	计算机在霍林河露天煤矿的开发应用	1983—1987	
34	露天煤矿技术改造和发展方向的研究	1983—1987	
35	小龙潭矿连续开采工艺系统的研究	1983—1987	
36	门式轮斗贮装机挖掘阻力测试	1984	通过鉴定
37	胶带机运行参数测定	1984—1986	
38	KY-150 型牙轮钻机	1985	通过鉴定
39	四路起爆器	1985—1986	通过鉴定
40	68t 矿用自卸车对比试验及测试研究	1986	国内先进
41	轮斗挖掘机性能测试方法	1986	国内先进
42	高效率耐磨球翼多刃切削钻头的研制	1988—1989	
43	单斗铲耐磨斗齿的研究	1988—1990	
44	露天边坡地下水及地下位移监测系统	1989	国内领先
45	准格尔煤炭工业公司初期基建计算机管理系统	1989	
46	抚顺西露天煤矿深部开采工艺的研究	1989—1990	
47	新型疏干管材的研究	1989—1991	
48	YGB1 型高压电机综合保护装置的研究	1989—1992	
49	YQD1-4000×2 矿用一般型高压真空电磁起动器研究	1989—1992	
50	单斗挖掘机耐磨斗齿	1990	国际先进
51	平庄西露天煤矿工作帮到界边坡稳定性研究	1990	国内领先
52	深大露天煤矿大气污染调查与分析	1990—1991	
53	边坡倾倒滑移变形分析方法	1990—1992	
54	边坡岩石破坏过程中的 AE 规律	1990—1992	国内先进
55	露天煤矿 CAD 测量验收系统的研究	1990—1992	
56	露天煤矿高边坡岩体沉降监测装置的研究	1990—1992	国内先进
57	轮斗挖掘机切削理论的研究	1990—1992	国内领先
58	伊敏河—宝日希勒露天煤矿区开发工艺技术调查	1990—1992	
59	准格尔黑岱沟露天煤矿矿床地质模型建立	1990—1992	
60	深露天煤矿大气污染调查分析	1991	
61	层状复合煤层地质模型建立方法	1991—1993	国内先进
62	柴油汽车废气的机外净化技术	1991—1993	
63	地下露天综合开采影响下边坡地表变形规律的研究	1991—1993	国际先进
64	抚顺西露天煤矿内部排土与边坡稳定的研究	1991—1993	
65	露天煤矿软弱夹层剪切强度与流变特征研究	1991—1993	国内先进
66	平庄西露天煤矿 F_3 断层区边坡治理措施的研究	1991—1993	
67	轮斗铲工作面硬夹层探测技术	1991—1994	
68	连续工艺成套设备综合工业试验评价及系统生产能力的研究	1991—1997	通过鉴定

表 7－10（续）

序号	项 目 名 称	研究时间	水平状况
69	测量验收计算机 CAD 系统	1992	国内领先
70	黑岱沟露天煤矿矿床地质模型	1992	国内领先
71	大型露天煤矿爆破技术优化	1992—1993	
72	抚顺西露天煤矿 E600—E1000 区段深部加陡措施的研究	1992—1994	
73	露天煤矿边坡岩体变形无缆监测系统的研究	1992—1994	国内领先
74	平朔安太堡露天煤矿外排土场边坡稳定性研究	1992—1994	国际先进
75	昭通河花池煤田首采区煤岩切割阻力及承载力研究	1992—1994	
76	斗轮工作机构设计理论的研究	1992—1994	国内领先
77	露天煤矿电铲卡车计算机调度系统的研究及伊敏河一号露天煤矿一期工程卡车调度系统	1992—1998	国内领先
78	露天煤矿边坡倾倒滑移变形分析	1993	国内领先
79	现代化大型露天煤矿爆破技术研究安太堡露天煤矿爆破技术优化	1993	国内领先
80	新型疏干管材成型及安装工艺的研究	1993—1994	
81	准格尔黑岱沟露天煤矿爆破震动对环境影响的研究	1993—1994	
82	边坡岩体蠕动变形规律的研究	1993—1995	
83	深大露天边坡工程师评价计算机系统的研究之一	1993—1995	国际先进
84	深大露天边坡滑坡中后期监测系统的研究之二	1993—1995	国内领先
85	深大露天煤矿边坡工程评价计算机系统	1993—1995	
86	深大露天煤矿边坡滑坡中后期监测系统研究	1993—1995	
87	抚顺矿务局西露天煤矿 E600—E1000 区段深部边坡加陡措施研究	1994	国内领先
88	抚顺西露天煤矿西区内排土场边坡稳定的关系	1994	国内领先
89	黑岱沟露天煤矿爆破震动观测	1994	国内先进
90	平庄西露天煤矿西北帮 F_3 断层区边坡治理工程措施的研究	1994	国内领先
91	云南省昭通矿区荷花井田切割阻力和承载能力的试验研究	1994	
92	准格尔黑岱沟露天煤矿排土场边坡稳定的研究	1994	国内领先
93	滑坡灾害预测预报系统的研究	1994—1996	国际先进
94	露天煤矿边坡裂隙岩体渗流规律及水压控制技术	1994—1996	国内领先
95	排土场基底黄土受荷下微结构特征与力学性质研究	1994—1996	国内领先
96	三维应力状态下露天煤矿软弱夹层强度特征的试验研究	1994—1996	国内领先
97	顺层边坡滑坡灾害预测预报系统的研究	1994—1996	
98	露天煤矿边坡岩体真三维稳定性研究	1995	国内先进
99	顺层边坡岩体蠕动变形规律的研究	1995	国内领先
100	边坡岩石破坏过程中电磁波辐射规律的研究	1995—1997	
101	大型露天煤矿生产过程监控系统	1995—1997	国际领先

表 7-10（续）

序号	项 目 名 称	研究时间	水平状况
102	大型露天煤矿爆破地震强度预测方法	1995—1997	通过鉴定
103	露天煤矿大坡道铁路运输工艺技术的研究	1995—1997	
104	深井水下电视监测系统研制与开发	1996—1997	
105	抚顺矿务局西露天煤矿工字钢砼混凝土抗滑桩工程	1996—1998	
106	露天煤矿自然发火机理与防灭火材料的研究	1996—1998	通过鉴定
107	倾斜仪导槽方位测试装置的研究	1996—1998	国内领先
108	露天煤矿边坡变形灰色尖点突变预测方法研究	1996—1999	
109	提高露天深孔爆破钝感炸药起爆效果的基础研究	1996—1999	国内领先
110	电厂灰渣和剥离物工程性质及优化排弃方式试验研究	1997	国内领先
111	抚顺矿务局西露天煤矿东南帮 E2600—E3600 到界边坡稳定性研究	1997	国内领先
112	霍林河南露天煤矿爆破震动观测与建筑物抗震预测	1997	国内领先
113	露天煤矿大型沉陷滑移变形体稳定性研究	1997	国内领先
114	煤矿安全工程师决策支持系统	1997	国内领先
115	软岩边坡力学特性极其变形破坏的研究	1997	国内先进
116	高精度三维地表位移检测系统的研究	1997—1998	国内先进
117	黑岱沟露天煤矿北排土场边坡稳定勘探与评价	1997—1998	
118	准格尔黑岱沟露天煤矿北排土场边坡稳定勘探与评价	1997—1998	
119	开采引起的边坡岩体应力与渗流耦合机理的研究	1997—1998	具科学性和学术意义
120	露天煤矿边坡蠕动变形破坏过程中的动态控制技术	1997—1999	国内先进
121	小龙潭矿务局布沼坝露天煤矿西帮、北帮边坡地下位移监测	1997—1999	
122	中国露天煤矿边坡工程理论与实践	1997—2000	
123	露天煤矿生产设计三维动态实体模型	1997—2001	国内领先
125	安家岭露天煤矿排土场稳定性评价及变形监测系统	1998—2000	
126	寒冷地区煤岩切割阻力变化规律的研究	1998—2000	
127	黄土地基加载过程力学性质演化规律与露天煤矿排土场设计	1998—2000	
129	伊敏煤电公司一露天煤矿疏干排水集中控制系统	1998—2000	
130	电铲 6kV 保护供电及电铲运行电气参数遥测系统开发研制	1999	
131	安家岭露天煤矿铁路专用线采空区路基变形控制监测工程	1999—2000	
132	安太堡露天煤矿西北帮到界边坡稳定控制监测工程	1999—2000	
133	安家岭外排土场重点部位稳定控制监测工程	1999—2004	
134	准格尔黑岱沟露天煤矿西排土场边坡稳定勘探与评价	2000	
135	黑岱沟露天煤矿非工作帮残煤开采边坡稳定评价与变形区监测	2000	
136	露天煤矿卡车电铲优化调度系统	2000—2002	国际先进

表 7－10（续）

序号	项　目　名　称	研究时间	水平状况
137	抚顺西露天煤矿闭坑前后环境地质灾害勘查与防治对策研究	2000—2001	国内首次
138	露天煤矿闭坑前后环境地质灾害预测与防治技术研究	2000—2003	国际先进
139	平朔安太堡露天煤矿非工作帮残煤开采可行性研究	2001	
140	安太堡矿西排土场二铺煤矿井采变形区边坡稳定性评价	2001—2002	
141	抚顺石油一厂（E400—W600）厂区变形动态分析与预测	2001—2002	
142	伊敏露天煤矿东端帮边坡治理	2001—2002	
143	安太堡露天煤矿采矿卡车调度系统初步设计	2002	
144	8.18km^2 土地地质灾害危险性和土地适宜性评价	2002—2003	
145	抚顺市区矿山生态环境保护整治与土地复垦规划	2002—2003	
146	小龙潭矿务局布沼坝露天东帮、北帮地下位移孔安装工程	2002—2003	
147	典型矿业城市环境地质灾害监测与防治对策	2002—2005	具有推广应用前景
148	安家岭露天煤矿高效安全生产信息管理系统可行性研究	2003	
149	神华集团准格尔能源公司黑岱沟露天煤矿综合生产调度系统可行性研究与方案设计	2003	
150	黑岱沟露天煤矿阴湾排土场勘察及边坡稳定性研究	2003—2004	
151	安家岭露天煤矿北端帮边坡稳定性评价与监控工程	2003—2004	
152	东洲区新屯街道东泰社区滑坡及滑坡区场地地质灾害评价	2004	
153	伊敏露天煤矿矿床地质模型系统	2004	
154	云南小龙潭矿务局五期扩建工程安全评价	2004—2005	
155	伊敏露天煤矿采矿计划优化系统	2004—2005	
156	伊敏露天煤矿南帮（W10—0 间）变形区边坡稳定性评价与措施防治研究	2004—2005	
157	安家岭露天煤矿西排土场北部变形区稳定性评价与监控	2005	
158	安太堡矿西排土场受二铺矿采空区影响下边坡稳定性评价	2005	
159	抚顺市南阳路以南场地地质灾害危险性评估	2005	
160	伊敏露天煤矿 GPS 测量验收系统	2005	
161	哈尔乌素露天煤矿排土场工程地质补充勘察	2005—2006	
162	哈尔乌素露天煤矿排土场工程地质勘察与边坡稳定性评价	2005—2006	
163	安家岭矿北帮 E8200—8600 区段滑坡治理	2005—2006	
164	安家岭矿北帮 E8600—9400 区段滑坡治理	2005—2006	
165	安家岭露天煤矿南端帮边坡稳定性评价与监控工程	2005—2006	
166	安太堡矿六坑排土场增高边坡排土参数研究	2005—2006	
167	胜利东二号露天煤矿首采区和排土场边坡稳定性初步评价	2005—2006	
168	魏家峁露天煤矿边坡工程地质勘察与稳定性评价	2005—2006	
169	伊敏露天煤矿南帮变形区（加速段）边坡稳定性分析与控制措施研究	2005—2006	
170	抚顺西露天煤矿卡车自动化调度系统	2005—2007	

表7-10（续）

序号	项 目 名 称	研究时间	水平状况
171	抚顺东露天煤矿工程物探	2006	
172	抚顺东露天煤矿南帮边坡稳定性评价与防治措施研究	2006	
173	神华准能公司黑岱沟露天煤矿西排土场增高边坡稳定性评价	2006	
174	平朔煤炭工业公司安家岭露天煤矿生产调度管理系统	2006	
175	伊敏露天煤矿 GIS 系统	2006	
176	露天煤矿生产与设计的智能化与信息化技术	2006—2008	
177	安家岭露天煤矿北帮滑坡区边坡治理	2007	
178	安太堡露天煤矿原煤运输系统安全性评价	2007	
179	白音华四号露天煤矿测量验收与矿床地质模型系统	2007	
180	华能伊敏露天煤矿二期工程卡车调度系统升级改造	2007	
181	伊敏露天煤矿边坡管理系统	2007	
182	伊敏露天煤矿采矿模拟系统	2007	
183	伊敏露天煤矿决策系统	2007	
184	华能伊敏露天煤矿数字矿山建设	2007	
185	安家岭露天煤矿边坡综合治理	2008	
186	安太堡露天煤矿羊圈排土场工程地质勘察与边坡稳定性评价	2008	

表7-11　1963—2007年中煤国际工程集团沈阳设计研究院完成的科研项目

序　号	项 目 名 称	研究时间
1	抚顺西露天边坡稳定研究	1963—1965
2	抚顺西露天爆破减震研究	1971—1975
3	海州露天煤矿硬岩爆破效果研究	1971—1975
4	岩性钻机的研究	1970
5	煤岩切割阻力试验方法	1976—1980
6	海州露天煤矿▽86站钢轨桩抗滑	1976—1980
7	义马露天煤矿撒灰台滑坡整治	1970—1980
8	轮斗挖掘机切割破碎机理研究	1981—1985
9	应变式滑坡位移传感器的研究	1981—1985
10	斗轮工作机构试验装置	1981—1985
11	元宝山露天煤矿建设过程优化	1986—1990
12	特大型煤田露天开发优化	1986—1990
13	露天煤矿优化境界圈定（COB 系统）	1980—1990
14	露天煤矿高边坡岩体内部沉降监测装置	1990—1992
15	平庄西露天 F_3 断层区边坡治理措施研究	1991—1993
16	平朔安太堡露天煤矿外排土场稳定性研究	1992—1994
17	露天开采半连续工艺系统关键技术研究	1992—1995
18	露天煤矿自然发火机理与防灭火材料研究	1999
19	带式输送机综合保护仪	
20	柔性启动 AACM 控制系统	

表 7-12　中国矿业大学完成的科研项目

序号	项 目 名 称	颁发部门	授奖时间	获奖级别
1	露天煤矿山工程有向图系统模拟	国家教委	1986	科技进步二等奖
2	露天开采设计规划综合优化的理论和应用	煤炭部	1991	科技进步一等奖
3	露天开采设计规划综合优化的理论和应用	国家教委	1992	科技进步二等奖
4	霍林河矿区南露天煤矿开采程序优化研究	煤炭部	1995	科技进步三等奖
5	提高半连续及综合工艺可靠性的理论与途径	煤炭部	1996	科技进步三等奖
6	露天煤矿半连续工艺关键技术及复杂矿床工艺的选择的研究	煤炭部	1997	科技进步三等奖
7	露天煤矿煤层自燃机理及防治措施的研究	煤炭部	1997	科技进步三等奖
8	露天煤矿半连续工艺破碎过程及块度控制研究	煤炭部	1999	科技进步三等奖
9	大型近水平露天煤矿端帮靠帮开采理论及开拓运输系统研究	国家教委	2008	科技进步二等奖

表 7-13　辽宁工程技术大学完成的科研项目

序号	项 目 名 称	颁发部门	受奖时间或完成时间	获奖等级
1	海州露天煤矿边坡稳定性研究	阜新矿务局	1985-01	
2	平庄西露天矿边坡稳定性研究	平庄矿务局	1985-08	
3	新邱露天矿生产系统计算机模拟	阜新矿务局	1986-01	
4	扎赉诺尔露天矿过 F_4 断层边坡稳定性研究	扎赉诺尔矿务局	1988-09	
5	海州露天煤矿工艺系统计算机模拟	阜新矿务局	1988-12	
6	霍林河南露天煤矿半连续开采工艺系统可行性研究	霍林河矿务局	1989-12	
7	提高霍林河露天矿现有工艺系统生产能力的研究	煤炭工业部	1993-12	三等
8	元宝山露天煤矿地质模型建立	平庄矿务局 元宝山露天煤矿	1996-12	
9	黑岱沟露天煤矿短期开采计划编制系统及其优化	阜新市政府	1999-01	一等
10	露天矿生产剥采比控制原理与方法的研究(煤炭部优秀青年基金项目)	煤炭工业部	1999-01	
11	元宝山露天矿 CIMS 集成系统(国家 863 示范工程项目)	科技部	2000-01	
12	露天煤矿短期开采计划编制及其优化系统	辽宁省政府	2000-10	二等
13	综合开采工艺系统模式及合理划分的评价体系	煤炭工业部	2000-12	
14	倒堆工艺合理倒排程序及工作参数确定(煤炭自然基金项目)	中国煤炭工业协会	2003-01	二等
15	海州露天煤矿边坡滑移机理及地表变形区界定	阜新市	2003-12	
16	地质信息系统及其在露天矿中的应用	辽宁省自然科学学术委员会	2004-01	三等

表 7－13（续）

序号	项 目 名 称	颁发部门	受奖时间或完成时间	获奖等级
17	武家塔露天煤矿现状分析及后续开采方案研究	神东天隆集团	2004－01	
18	现代露天矿虚拟现实集成系统(20082115)	辽宁省教育厅	2004－12	
19	露天矿卡车自动化实时调度决策支持系统(20082116)	辽宁省教育厅	2004－12	
20	黑岱沟露天煤矿扩建工程单斗卡车工艺向吊斗铲倒堆工艺过渡时期矿山工程合理衔接方案研究	神华准格尔能源公司	2005－04	
21	海州矿环境灾害治理	阜新市	2005－12	
22	元宝山露天煤矿排土场边坡稳定性研究	平庄煤业集团	2006－06	
23	霍林河南露天煤矿地质模型及开采计划编制系统	中电投霍林河煤业集团	2006－08	
24	宝日希勒露天矿采场边坡稳定性研究	神华宝日希勒煤业公司	2007－01	
25	宝日希勒露天矿排土场边坡稳定性研究	神华宝日希勒煤业公司	2007－01	
26	安家岭露天煤矿开拓运输系统优化	平朔煤炭工业公司安家岭露天煤矿	2007－08	
27	数字矿山构建技术中的露天矿三维立体建模技术研究(2004F050)	辽宁省教育厅	2008－01	
28	准格尔黑岱沟露天煤矿内排土场边坡稳定性评价	神华准格尔能源公司	2008－01	
29	平庄露天矿提高边坡角采用横采内排开采工艺	平庄煤业集团	2008－07	
30	元宝山露天煤矿东南帮边坡治理方案研究	平庄煤业集团	2008－12	

表 7－14　1986—2003 年煤科总院抚顺分院露天煤矿科技获奖项目

序号	项 目 名 称	颁发部门	授奖时间	获奖级别
1	抚顺矿务局西露天煤矿西北帮到边界稳定性研究	煤炭工业部	1986	科学技术进步二等奖
2	滑坡灾害预测预报系统的研究	煤炭工业部	1987	科学技术进步二等奖
3	68t 矿用自卸汽车测试研究	煤炭工业部	1988	科学技术进步三等奖
4	准格尔露天煤矿首采区黄土与红土层切割阻力，承载能力和物理力学指标试验与测定	能源部	1989	科学技术进步三等奖
5	义马北露天煤矿内部排土的研究	能源部	1990	科学技术进步三等奖
6	提高炮采工作面单产效率与安全的研究	能源部	1990	科学技术进步二等奖
7	露天边坡地下、地表监测系统	抚顺市	1990	科学技术进步二等奖
8	露天边坡地下位移监测系统的研制，地表位移及数据处理系统	抚顺市	1990	科学技术进步三等奖
9	千万吨级露天煤矿成套设备	国家科委	1990	国家科学技术进步特等奖
10	RY－1 型轮胎修补热压机	国家科委	1990	国家级新产品奖
11	露天边坡地下水及地下位移检测系统	能源部	1991	科学技术进步三等奖

表 7－14（续）

序号	项目名称	颁发部门	授奖时间	获奖级别
12	平庄西露天煤矿工作帮到界边坡稳定性研究	抚顺市	1991	科学技术进步三等奖
13	露天煤矿西区深部井强化开采及内部排土方式研究	抚顺市	1992	科学技术进步二等奖
14	露天煤矿高边坡岩体沉降监测装置的研究	煤炭工业部	1993	科学技术进步三等奖
15	抚顺西露天煤矿北帮边坡稳定研究	国家科委	1993	国家科学技术三等奖
16	现代化大型露天煤矿爆破技术研究	煤炭工业部	1994	科学技术进步三等奖
17	平朔安太堡露天煤矿外排土场稳定性研究和抚顺西露天煤矿西区内排土场边坡稳定的关系	煤炭工业部	1995	科学技术进步二等奖
18	露天边坡岩体变形无缆检测系统	抚顺市	1996	科学技术进步二等奖
19	滑坡灾害预测预报系统的研究	煤炭工业部	1997	科学技术进步二等奖
20	连续工艺成套设备综合工业实验评价及系统生产能力的研究	煤炭工业部	1998	科学技术进步三等奖
21	露天煤矿卡车电铲优化调度系统	煤炭工业部	1999	科技进步三等奖
22	抚顺市矿山生态环境恢复整治与土地复垦规划	辽宁省国土厅	2005	科技成果一等奖
23	深部开采动力灾害预测及其危害性评价与防治研究	科技部	2003	国家科学技术二等奖
24	抚顺矿震时间—空间—强度预测及其对城市危害性评价研究	抚顺市	2002	安全生产科技成果一等奖

第三节　露天煤矿人才教育

一、教育基础状况

在旧中国，没有一所专门的煤炭工业院校，虽有焦作工学院、东北大学、中国交通大学唐山工学院、北洋大学、清华大学、南开大学、武汉大学、重庆大学、云南大学、湖南大学、广西大学、淮南工业专科学校等一批院校，先后设有采矿和矿冶系、科，但许多院校的师资匮乏，经费拮据，设备短缺，在籍学生也只有几百人。

新中国成立后，专业人才奇缺，成为恢复和发展煤炭生产的突出矛盾。

1949 年，燃料工业部首先接管了以矿冶为主的焦作工学院。1950 年，又接管了淮南工业专科学校。至此，并将两校分别更名为中国矿业学院和淮南煤炭工业专科学校。1952 年，全国高等院校、院系调整，将清华大学、北洋大学、中国交通大学唐山工学院的采矿系采煤组并入中国矿业学院，1954 年更名为北京矿业学院，1998 年更名为中国矿业大学。

1958 年，阜新煤矿学院成立。20 世纪 60 年代初期院校调整与抚顺煤矿学院、辽宁煤矿师范学院和鸡西矿业学院合并，定名为阜新煤矿学院，1978 年更名为阜新矿业学院。1996 年 4 月，经国家教委批准更名为辽宁工程技术大学。

北京矿业学院于 1954 年开始招收露天采矿专业，学制为 4 年，1956 年改为 5 年制。阜新煤矿学院于 1958 年开始设立露天采矿专业，学制为 4 年。

由于露天煤矿开采起步较晚，在人才培养方面比较缓慢，1956 年前，露天煤矿开采专业人才主要依靠中等专业学校培养学生；1956 年后，北京矿业学院和阜新煤矿学院成为培养露天开采专业高等技术人才的主要基地。

煤炭教育事业的不断发展为煤炭工业提供了宝贵的人才资源。几十年来，包括两所重点院校，多所煤炭中等专业学校、技工学校，培养了大量露天煤矿的科技人员、管理人员和技术工人，但仍不能满足露天建设的需要。

进入 21 世纪，露天煤矿已进入新的历史发展机遇期，但同时仍面临着露天煤矿主体专业人才匮乏、知识更新的严峻挑战。为此，煤炭行业推行了“653 工程”（专业技术人才知识更新工程），突出解决煤炭行业专业技术人才的继续教育问题。通过正规教育和继续教育，全面提升了露天煤矿开采专业技术人才队伍素质，从而为露天煤矿专业的全面、协调和可持续发展提供了强大的人才保障和智力支持。

1958—2007 年高等院校的露天开采专业毕业生统计见表 7－15。

表 7－15　1958—2007 年高等院校露天开采专业毕业生统计表　　人

学　校	各类学生		
	本科毕业生	硕士研究生	博士研究生
中国矿业大学	1250	131	
辽宁工程技术大学	803	78	8
合计	2053	217	

二、教育方式多样化

除目前高等院校培养人才外，在各露天煤矿对技术人员开展了各种形式的教育，如电视教育、远程教育或多媒体教学等，使技术人员多渠道得到培养和继续教育的机会。

同时，在露天开采相关专业课程的教学时，紧密结合露天采矿业发展的最新动向，调整露天开采课程设置，增加实践环节比例，不断加强了教学模式创新和教育手段的多样性。

另外，为了加快露天采矿技术人员的培训和教育，各相关高校和科研单位与煤矿企业进行联合办学，各种短期班、培训班、学位班应运而生，有的培训甚至把课堂搬到了矿区，以共同培养露天煤矿急需的人才。这种有计划、有方向的培训和学习很大程度上弥补了各露天生产企业技术人员的不足，保证了露天煤矿对基层技术人员的需求。

第八章 中国露天煤矿的可持续发展及远景

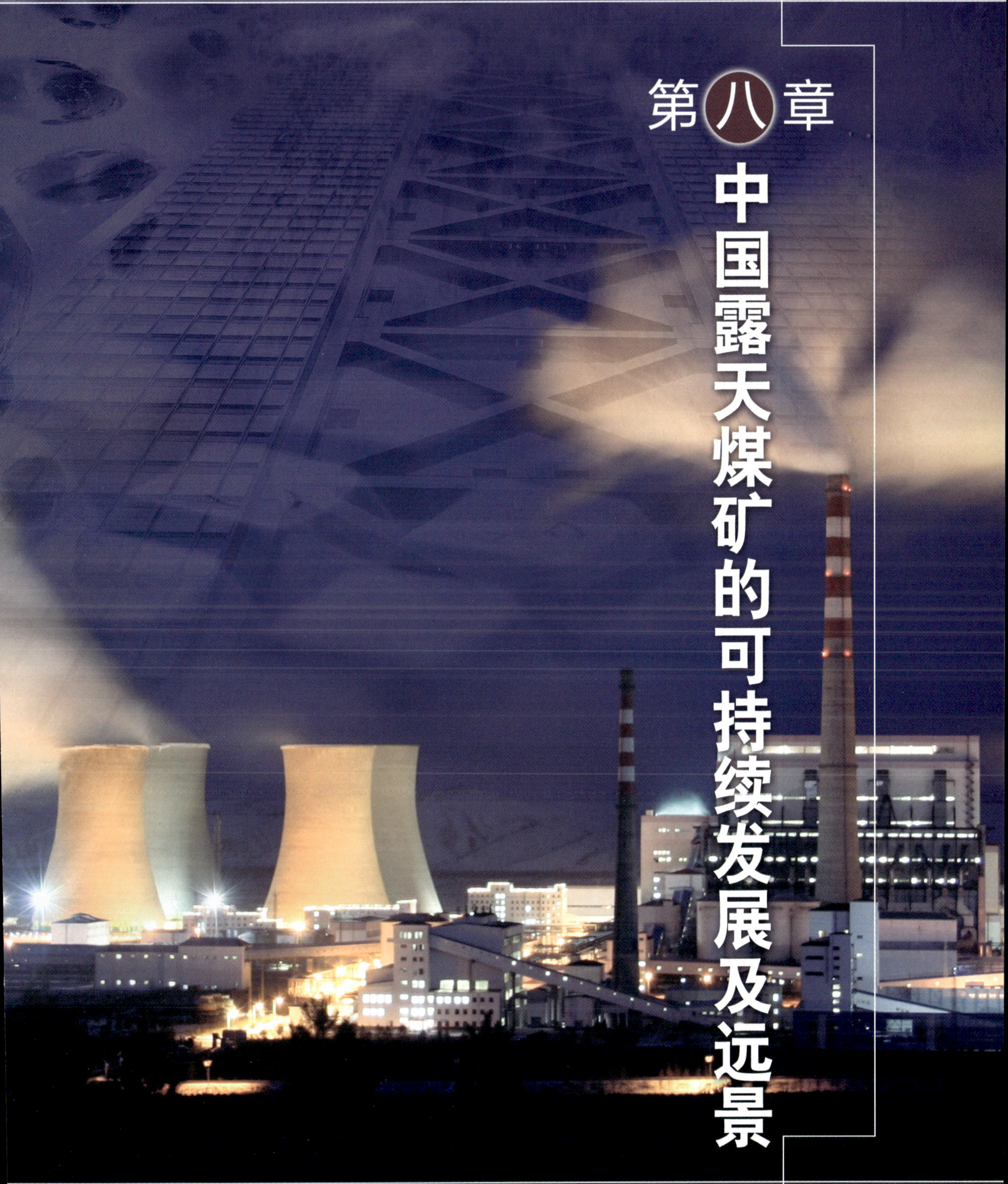

第八章　中国露天煤矿的可持续发展及远景

新中国露天煤矿经过了半个多世纪的发展，已进入了大型化、集中化、现代化的新时代。露天煤矿采用了先进的露天采矿理论和先进的采矿技术；装备制造技术坚持走引进、吸收与自主创新相结合的道路，加快了技术改造和创新的步伐；计算机日新月异的发展，并广泛应用于矿床勘探、地质模型建立及矿山设计计划等方面，建立了计算机信息网络技术、数字矿山、智能化系统、监测与监控系统等，为提高露天煤矿经济效益发挥出举足轻重的作用；煤炭资源的合理开发、环境保护、节能减排与循环经济得到了长足的进步；在与国际交流与合作中，构建了合作平台，加强了科学技术合作，引进了先进技术和装备，对促进我国露天煤矿技术和装备制造的发展起着重要作用。这些成绩为露天煤矿实现可持续发展提供了根本的保证。

2007 年，在内蒙古、山西、陕西和新疆等地发现一大批特大型、大型煤炭后备基地。其中，内蒙古东胜煤田西部煤炭勘查初步控制煤炭资源量为 195 亿 t，新疆准东煤田奇台县黑山普查提交煤炭资源量为 126 亿 t，云南昭通新的大型煤田资源储量为 50 亿 t 等，为露天煤矿实现可持续发展提供了充足的资源。

在可预见的未来，煤炭仍是我国的主要能源，随着露天煤矿开采优势的进一步显现，其所占比重逐年增大，将为露天煤矿的可持续发展展示出无限光明前景。

第一节　制定露天煤矿的总体发展规划

煤炭是我国重要能源和基础产业，煤炭产业的可持续发展关系到国民经济发展和国家能源安全。对全面贯彻落实科学发展观，合理、有序开发煤炭资源，提高资源利用率和生产力水平，促进露天煤矿健康发展至关重要。中国煤炭资源丰富，分布广而不均。截止到 2006 年，我国已探明的煤炭总储量达 30000 亿 t。其中，适合于露天开采的矿区达 30 余处，煤炭储量达 1700 亿 t，主要分布在内蒙古的西部地区(乌达、东胜、准格尔、胜利)、中部地区(白音华、平庄)、东部地区(霍林河、伊敏河、宝日希勒、扎赉诺尔)，山西的平朔地区，陕西的神木地区，辽宁的阜新地区、抚顺地区，河南的义马地区，新疆的哈密地区，宁夏石嘴山地区、石炭井地区，云南小龙潭地区等。从露天煤田的分布密度看，内蒙古露天煤田最多，赋存储量最大。我国主要露天煤田基本特征见表 8－1。

表 8－1　我国主要露天煤田基本特征

序号	煤田名称	地区位置	煤田面积/km^2	地质储量/Mt	年平均气温/℃	煤层平均厚度/m	主采煤层层数
1	准格尔	内蒙古西部准格尔旗	1022	25900	6.2～8.7	33.6	3
2	东胜	内蒙古东胜	3481	92770	5.5	17.7	3
3	胜利	内蒙古锡林浩特市	66.9	15800	1.4	34.2	5
4	白音华	内蒙古锡林郭勒盟西乌珠我省沁旗	510	14069	1.4	69.6	8
5	元宝山	内蒙古郝峰市元宝山区	10.2	493.2	6.6	76.7	24
6	平庄	内蒙古赤峰市元宝山区	3	49.1	6.6	32.8	3～6
7	霍林河	内蒙古通辽霍林郭勒	54.4	4216.5	－0.5	38.9	9
8	宝日晞勒	内蒙古海拉尔	77.5	2249.7	－2.6	53.2	8
9	伊敏河	内蒙古海拉尔	100	2759.6	－2.4	47.2	7
10	扎赉诺尔	内蒙古满洲里	7.1	125.9	0.2～－2	33.7	5
11	平朔	山西朔州市	380	127.5	6.4	30	5
12	海州	辽宁阜新市	7.0	363.6	8.15	82	7～8
13	抚顺	辽宁抚顺市	13.2	347.5	8.3	80	1
14	哈密三道岭	新疆哈密	10.2	225.4	10	17	1～2
15	新疆五彩湾	新疆乌鲁木齐	22.6	1700	5～7	62.52	1
16	义马	河南义观	2.4	50.5	12.4	20	2～3
17	大峰	宁夏石嘴山石炭井区	3.78	10.17	5.8～9.4	23.3	1～2
18	河保偏	山西忻州	4.83	201	4.3～9.2	34.7	1～6
19	昭通	云南昭通	300	12592	12.6	30～146 平均 55	1～5
20	小龙潭	云南小龙潭	0.84	70.3	15.9	70	1～3
21	先锋	云南昆明市寻甸回族彝族自治县	3.96	192.4	15.1	1.03～236.6 平均 57.1	2
22	公乌素	内蒙古乌海	6.8	102	9.3	15	6
23	长坡	云南楚雄	24	137	15.6	2～7	3

序号	煤田名称	地区位置	煤层倾角/(°)	煤层结构	覆盖层厚/m	岩性	平均剥采比/($m^3 \cdot t^{-1}$)
1	准格尔	内蒙古西部准格尔旗	5～10	简单	40～180	f＝3.4～6	5.81
2	东胜	内蒙古东胜	1～2	简单	23～60	中硬 f＝1～7	2～5
3	胜利	内蒙古锡林浩特市	3～4	较简单	200	中硬	2.5
4	白音华	内蒙古锡林郭勒盟西乌珠我省沁旗	0～10	简单	35～200	f＝0.1～0.2 软	4.39
5	元宝山	内蒙古郝峰市元宝山区	3～14	较复杂	30～350	软～中硬	5.4
6	平庄	内蒙古赤峰市元宝山区	10～20	复杂	50～260	中硬～硬	5～8
7	霍林河	内蒙古通辽霍林郭勒	5～15	复杂	5～250	f＝4～5	3.22
8	宝日晞勒	内蒙古海拉尔	3～6	较简单	20～100	中硬	3.87
9	伊敏河	内蒙古海拉尔	4～15	简单	10～400	f＝1～2	3.13

表 8-1（续）

序号	煤田名称	地区位置	煤层倾角/(°)	煤层结构	覆盖层厚/m	岩性	平均剥采比/($m^3 \cdot t^{-1}$)
10	扎赉诺尔	内蒙古满洲里	3~9	简单	10~70	中硬	2
11	平朔	山西朔州市	4~10	较简单	30~170	f=4~6	5.13~9.78
12	海州	辽宁阜新市	16~24	简单	50~70	f=3~10	6.9
13	抚顺	辽宁抚顺市	29~41	简单	60~250	中硬~硬	5.1
14	哈密三道岭	新疆哈密	6~20	简单	20~50	中硬	2~3
15	新疆五彩湾	新疆乌鲁木齐	24	复杂	100	软	3~5
16	义马	河南义观	8~10	简单	30~50	软~中硬	4~5
17	大峰	宁夏石嘴山石炭井区	5~24	简单	0~50	软~中硬	4.16
18	河保偏	山西忻州	5~10	简单	100~170	中硬	4~6
19	昭通	云南昭通	3~10	简单	1~200	软	1.6
20	小龙潭	云南小龙潭	8~20	简单	50~150	软	0.84
21	先锋	云南昆明市寻甸回族彝族自治县	3~10	简单	1~200	软	1~2
22	公乌素	内蒙古乌海	15~20	简单	0~110	中硬	2~4
23	长坡	云南楚雄	3~5	简单	30~130	软岩	1.6~3

从我国主要露天煤田的赋存特征可以看出我国露天煤田的开采技术条件差异较大，有必要制定我国露天煤矿的总体发展规划。制定露天煤矿发展总体规划的目的是立足长远发展，对矿区或地区性煤炭开发进行统一规划，合理划分大、中、小型露天煤矿的开采范围，指导和规范煤矿矿区长远的建设的发展，有利于合理利用及保护国家煤炭资源，防止资源浪费。

中煤国际工程集团沈阳设计研究院、内蒙古自治区煤矿设计研究院等单位在制定露天煤矿总体发展规划方面做了大量的工作，并取得了突出的成绩。1962—2007 年，先后编制了伊敏矿区、霍林河矿区、准格尔矿区、宝日希勒矿区及胜利矿区等总体规划，见表 8-2。

根据规划，今后 10 年内，新建露天煤矿生产能力 1000 万~2000 万 t/a 的特大型、大型露天煤矿逾 20 座，总能力将达到全国煤炭总产量的 10% 左右，为中国露天煤矿开采带来光明前景。现在正在建设中的露天煤矿有宝日希勒一号露天煤矿（2000 万 t/a）、魏家峁露天煤矿（600 万 t/a）、白音华三号露天煤矿（1400 万 t/a）、白音华二号露天煤矿（1500 万 t/a）、锡林浩特胜利东二号露天煤矿（1000 万 t/a）、白音华四号露天煤矿（500 万 t/a）、宝清露天煤矿（1100 万 t/a）和新疆帐篷沟露天煤矿（1000 万 t/a）等。

表 **8－2** 露天煤矿区总体规划表

序号	矿区名称	矿区规模/（Mt·a^{-1}）	编制时间	编制单位
1	平庄矿区总体规划	1.50	1969－08	沈阳煤矿设计研究院
2	伊敏矿区总体规划	10.00	1976－11	沈阳煤矿设计研究院
3	沙尔呼热矿区总体规划	20.00	1980－07	煤炭工业部 露天煤矿设计研究院
4	沙尔呼热矿区总体设计	10.00	1982－07	沈阳煤矿设计研究院
5	沙尔呼热矿区总体方案设计	30.00	1983－04	沈阳煤矿设计研究院
6	伊敏露天总体设计	25.00	1983－04	沈阳煤矿设计研究院
7	依兰煤矿总体设计	25.00	1983－10	沈阳煤矿设计研究院
8	沙尔呼热矿区总体设计	12.00	1985－03	沈阳煤矿设计研究院
9	平朔矿区总体建设可行性研究报告	20.00	1985－10	沈阳煤矿设计研究院
10	准格尔矿区总体规划	60.00	1983－04	内蒙古煤矿设计研究院
11	准格尔矿区总体规划	45.00	1985－11	沈阳煤矿设计研究院
12	黑龙江古莲矿区总体设计	60.00		沈阳煤矿设计研究院
13	沙尔呼热总体设计	10.00	1986－10	沈阳煤矿设计研究院
14	昭通露天煤矿区总体设计	30.00	1988－04	沈阳煤矿设计研究院
15	伊敏煤电联营工程总体规划	15.00	1989－08	沈阳煤矿设计研究院
16	胜利煤田露天开发意见	20.00	1991－04	沈阳煤矿设计研究院
17	平庄矿区总体发展规划	6.50	1991－07	沈阳煤矿设计研究院
18	宝日希勒矿区总体开发方案	18.50	1991－11	沈阳煤矿设计研究院 内蒙古煤矿设计研究院
19	平朔矿区总体建设可行性研究报告	45.00	1991－12	沈阳煤矿设计研究院
20	平朔矿区总体建设可行性研究报告	1.80	1993－08	沈阳煤矿设计研究院
21	准格尔矿区总体规划	60.00	2003－05	沈阳煤矿设计研究院
22	伊敏矿区总体规划	33.00	2004－12	沈阳煤矿设计研究院
23	朝阳矿区总体规划	14.00	2006－01	沈阳煤矿设计研究院
24	乌达总体设计			沈阳煤矿设计研究院
25	内蒙古公乌素总体设计			沈阳煤矿设计研究院
26	海勃湾矿区总体设计			沈阳煤矿设计研究院
27	霍林河总体设计	30.00	1999－10	沈阳煤矿设计研究院 内蒙古煤矿设计研究院
28	霍林河煤田伊图塔总体设计			沈阳煤矿设计研究院
29	内蒙古胜利煤田总体设计	60.00	2000－01	沈阳煤矿设计研究院 内蒙古煤矿设计研究院
30	山西河东煤田河保编地区总体设计			沈阳煤矿设计研究院
31	鲁能宝清电化工业园区发展规划			沈阳煤矿设计研究院
32	准格尔矿区总体规划	60.00	1983－05	内蒙古煤矿设计研究院
33	准格尔矿区总体规划	50.00	1985－11	内蒙古煤矿设计研究院

表 **8－2**（续）

序号	矿区名称	矿区规模/（Mt·a⁻¹）	编制时间	编制单位
34	内蒙古伊盟东胜煤田总体开发规划	42.00	1986－07	内蒙古煤矿设计研究院
35	内蒙古东胜煤田万利川矿区总体规划	20.00	1989－09	内蒙古煤矿设计研究院
36	内蒙古陈旗煤田宝日希勒矿区总体开发方案	15.00	1992－05	内蒙古煤矿设计研究院
37	内蒙古宝日希勒矿区总体规划	一期 54.00 二期 10.14	1998－07	内蒙古煤矿设计研究院
38	内蒙古锡林郭勒盟白音华矿区总体规划	一期 10.00 二期 30.00 三期 60.00	2003－09	内蒙古煤矿设计研究院
39	内蒙古锡盟白音华煤田总体规划	100.00	2004－10	内蒙古煤矿设计研究院
40	内蒙古白音华矿区露天煤矿（二、三号）统筹规划	初期 29.00 远期 60.00	2005－05	内蒙古煤矿设计研究院
41	内蒙古包头大青山煤田东段矿区总体规划	9.00	2007－10	内蒙古煤矿设计研究院
42	内蒙古准格尔矿区总体规划	100.00	2006－04	煤炭工业西安设计研究院

第二节　露天煤矿开采工艺及技术发展趋势

露天煤矿开采的特点是开采成本低、建设周期短、劳动生产率高、煤炭资源回采率达 95% 以上及安全生产程度高。20 世纪 80 年代初煤炭工业部提出了“优先发展露天开采”的方针。

经过改革开放 30 年的发展，我国露天开采工艺有单斗—卡车的间断工艺、单斗—卡车—破碎机—带式输送机半连续工艺、单卡—卡车—自移式破碎机—带式输送机半连续工艺、轮斗挖掘机—带式输送机—排土机的连续开采工艺等。我国主要露天煤矿开采工艺见表 8－3。

表 **8－3**　我国主要露天煤矿开采工艺

序号	露天煤矿名称	设计能力/（万 t·a⁻¹）	开采工艺	备　注
1	抚顺西露天煤矿	500	单斗—铁道改为联合工艺	扩建
2	海州露天煤矿	500	单斗—铁道工艺	2005 年闭坑
3	三道岭露天煤矿	180	单斗—铁道工艺	扩建
4	平庄西露天煤矿	315	单斗—铁道工艺	扩建

表 8－3（续）

序号	露天煤矿名称	设计能力/（万 t·a^{-1}）	开采工艺	备　注
5	新邱露天煤矿	60	单斗—铁道工艺	
6	灵泉露天煤矿	130	单斗—铁道工艺	扩建
7	岭北露天煤矿	60	单斗—铁道工艺	生产
8	公乌素露天煤矿	60	单斗—铁道工艺	生产
9	义马露天煤矿	80	单斗—铁道工艺	生产
10	大峰露天煤矿	90	单斗—汽车工艺	生产
11	小龙潭露天煤矿	60	单斗—汽车工艺	扩建
12	小龙潭布沼坝露天煤矿	90（五期 1480）	轮斗—带式输送机	扩建
13	霍林河露天煤矿	1500	联合工艺	扩建
14	霍林河南露天煤矿	300	联合工艺	扩建
15	伊敏露天煤矿	三期 1600	单斗—卡车半连续工艺	扩建
16	平朔安太堡露天煤矿	1533	单斗—卡车半连续工艺	生产
17	平朔安家岭露天煤矿	1500	联合工艺	生产
18	黑岱沟露天煤矿	1200（技术 2000）	联合工艺	生产
19	元宝山露天煤矿	500	联合工艺	生产
20	哈尔乌素露天煤矿	1500	联合工艺	在建
21	胜利西一号露天煤矿	1000	单斗—卡车＋半连续工艺	在建
22	胜利西二号露天煤矿	500	单斗—卡车＋半连续工艺	在建
23	胜利东二号露天煤矿	1000（二期 3000）	半连续工艺	在建
24	白音华二号露天煤矿	500（二期 1500）	半连续工艺	在建
25	白音华三号露天煤矿	1400	半连续工艺	在建
26	白音华四号露天煤矿	500（二期 2400）	单卡—卡车＋半连续工艺	在建
27	宝清露天煤矿	1100（三期 2000）	上部半连续＋倒堆＋半连续工艺部倒堆	在建
28	帐篷沟露天煤矿	1000	单卡—卡车＋半连续工艺	在建
29	马家塔露天煤矿	180	单斗—卡车工艺	生产
30	武家塔露天煤矿	60	单斗—卡车工艺	生产
31	乌兰图嘎露天煤矿	120	单卡—卡车＋半连续工艺	生产
32	宝日希勒一号露天煤矿	1000	单卡—卡车＋半连续工艺	生产
33	宝日希勒一号露天煤矿	2000	单卡—卡车＋吊斗铲联合工艺	在建
34	青海木里义海露天煤矿	120	单斗—卡车工艺	生产
35	青海木里庆华露天煤矿	120	单斗—卡车工艺	生产
36	青海大煤沟义海露天煤矿	120	单斗—卡车工艺	生产
37	山西宁武潮凯露天煤矿	120	单斗—卡车工艺	生产
38	新疆五彩湾三号露天煤矿	2000	单卡—卡车＋半连续工艺	在建
39	内蒙古伊金霍洛旗乌兰露天煤矿	60	单斗—卡车工艺＋端帮采煤机	生产
40	华能集团魏家峁煤电一体化一期工程魏家峁露天煤矿	600	单卡—卡车＋吊斗铲联合工艺	在建
41	北方联合电力锥尖露天煤矿	300	单斗—卡车工艺	在建

进入21世纪后，露天煤矿开采工艺及技术发展趋势如下所述。

一、露天煤矿的开采工艺

1. 半连续开采工艺

在中、硬矿岩的开采中，采用半连续工艺可实现矿岩的连续运输，扩大生产规模和降低生产成本，具有强劲的优势，已成为我国露天开采的主导工艺。

2. 联合(综合)开采工艺

由于开采境界内煤层赋存条件复杂，开采范围扩大、开采深度增加的条件下，采用传统的单一开采工艺，开采效率低，开采成本高。已显露其不适应性，联合(综合)多种开采工艺将成为我国大中型露天煤矿开采工艺发展的方向。

3. 自移式破碎机的半连续工艺

自移式破碎机具有环节少、能力大、适应性强、以电代油、降低生产成本等优势。我国伊敏露天煤矿第一个采用自移式破碎机的半连续工艺，将为今后采用自移式破碎机半连续工艺提供经验。

二、露天煤矿技术的发展

1. 设备大型化、开采集中化

21世纪初我国设计的大型、特大型露天煤矿，选用的采掘设备正向大型化发展，如准格尔哈尔乌素露天煤矿使用单斗挖掘机斗容为$55m^3$、卡车为292t，黑岱沟露天煤矿使用吊斗铲倒堆剥离工艺的吊斗铲斗容为$90m^3$等，实现装备的大型化可明显提高生产规模与经济效益。

露天煤矿开采集中化，表现为开采的规模越来越大。根据规划，今后近10年内我国进行改扩建和新建的露天煤矿能力为1000万~2000万t/a的特大型露天煤矿逾20座，总能力达到全国煤炭总产量的10%左右。主要露天煤矿大型化发展见表8-4。

2. 开采工艺简化

露天煤矿开采适宜时，采用一种开采设备，实现几个生产环节的合并，简化开采过程，实现开采工艺的简化，降低开采成本，如黑岱沟露天煤矿采用的$90m^3$的吊斗铲倒堆剥离工艺，为采、运、排生产环节的合并，使开采工艺简化。

3. 半连续工艺系统优化

露天煤矿采用半连续工艺，其工艺系统环节的配合与设备选型、开拓运输方式、破碎机类型、设置及破碎过程参数选择、工艺系统的可靠性等均对半连续工艺系统效率、经济效益产生影响。因此，设计部门、生产企业对半连续工艺系统的优化具有重大的经济意义。

表8－4　主要露天煤矿大型化发展一览表　　万 t/a

序号	露天煤矿名称	设计能力	扩建后能力
1	伊敏露天煤矿	500	三期扩建 1600
2	霍林河露天煤矿	1000	扩建 1500
3	安太堡露天煤矿	1500	待扩
4	黑岱沟露天煤矿	1200	2000
5	哈尔乌素露天煤矿	2000	待扩
6	胜利西一号露天煤矿	1000	二期扩建 2000
7	胜利西二号露天煤矿	500	待扩
8	胜利东二号露天煤矿	1000	二期扩建 3000
9	白音华二号露天煤矿	500	二期扩建 1500
10	白音华四号露天煤矿	500	二期扩建 2400
11	白音华三号露天煤矿	1400	待扩
12	布沼坝露天煤矿	90	五期扩建 1480
13	宝清露天煤矿	1100	三期扩建 2000
14	帐篷沟露天煤矿	1000	待扩
15	新疆五彩湾三号露天煤矿	90	二期扩建 2000
16	宝日希勒一号露天煤矿	60	二期扩建 1000 三期扩建 2000
17	华能集团魏家峁煤电一体化一期工程魏家峁露天煤矿	600	二期扩建 1200
18	北方联合电力锌尖露天煤矿	300	二期扩建 600

第三节　大力发展循环经济

近年来，我国露天煤矿在探索、总结循环经济发展模式方面取得了一定进展，但对推进露天煤矿循环经济的大力发展还面临着思想观念及具体模式等方面的问题，需要进一步解决。

一、循环经济的概念

循环经济是一种以资源的高效利用和循环利用为核心，以“3R（减量化、再利用、资源化）”为原则，以低消耗、低排放、高效率为基本特征，符合可持续发展理念的经济增长模式，是对“大量生产、大量消费、大量废弃”的传统增长模式的根本变革。

循环经济是生态经济学不断拓展过程中产生的新兴学科，是国际社会在可持续发展实践中探索和总结的实践模式。在“3R”的基础上，许多发达国家都颁布了相关的法律，目前的研究基本上在3个层面上展开：一是企业内部的循环利用；二是通过企业间的物质集成、能量集成和信息集成，形成产业间共生的生态工业园区；三是整个社会范围的废物回收和再利用循环经济体系。

中共中央“十一五”规划建议中明确提出大力发展循环经济，建设资源节约型、环境友好型社会。2005年国务院发布了《关于加快发展循环经济的若干意见》，组织开展循环经济试点工作，煤炭行业已被列为试点工作重点行业。露天煤矿与井工开采煤矿相比，具有建设速度快、资源回收率高和安全条件好等优势。但露天煤矿投资较多、占地面积较大；在煤炭生产的过程中有大量土石、废渣需要剥离，造成环境的污染；同时也在进行着各种资源的消耗。因此，探索露天煤矿发展循环经济的有效模式，对于实现资源循环利用、全面推进循环经济发展具有现实意义。

二、露天煤矿发展循环经济的制约因素

1. 观念障碍

露天煤矿的企业经济活动属于“资源—产品—废物”的单向流动。许多企业推行以资源换发展，先污染后治理的发展模式，片面追求产量、效率和企业经济效益而忽视社会生态效益，其发展以重大的资源环境牺牲为代价。这些观念不但阻碍煤炭企业的可持续发展，而且不可避免地会伤害整个国民经济的长久发展。

2. 效益障碍

一些企业建立循环系统，但出现了“循环不经济”现象，主要由于企业的外部成本内部化和循环技术适用等原因，导致采用循环经济模式生产的再生资源产品成本和价格高于初始资源产品，循环型生产环节的效益难以显现，因此，企业发展循环经济的动力也就逐渐减弱。

3. 技术障碍

发展循环经济必须有相应的技术作支撑，目前我国造成资源浪费大、能源消耗高、环境污染重的重要原因之一是技术水平低，技术成为发展循环经济的主要障碍之一，特别是具有重大推广意义的资源节约和替代技术、“零”排放技术、有毒有害原材料替代技术、可回收利用材料和回收处理技术、降低再利用成本技术等，已成为制约循环经济发展的技术瓶颈。

煤炭是可以清洁利用的能源，落后的利用技术使煤成为主要污染源。实现一次能源向二次能源的有效转化是煤炭工业走新型工业化发展道路的必然选择，也是煤炭循环经济发展的主要方向。

三、充分利用共、伴生资源的综合利用

根据国家有关方面提供的数据，中国煤炭资源综合回收率为30%，大中型煤矿为

40% ~50%，小型煤矿10% ~15%。如何提高煤炭回采率，以及在煤炭生产和消费的每一个环节使资源得到最有效和重复的利用，对各类废物的循环利用实现煤炭企业废物“零排放”，是煤炭行业、企业发展循环经济的新任务。目前一些露天煤矿在以下方面正在实施：

(1）露天煤矿开采过程中，正在利用一切可以利用的资源，综合开发利用煤层附近分布的所有价值的共、伴生源进行综合利用。

(2）露天煤矿的开采过程中，大面积的地表剥离和土、石的固体废物大量堆放，工业场地、公路、铁路的兴建，导致农业用地(或草原面积)减少，正在利用剥离的表层岩石、土填沟造地，进行复垦，循环利用，将保土植物，与经济植物种植有机地结合。

(3）环境治理和生态建设，正在建立一个“矿区—社会—经济—自然”协调发展、生态良性循环的绿色工业生态型矿区。

(4）在资源消耗方面，大力节约降耗，提高资源利用率。

第四节　加强国际交流与合作

新中国的经济建设在20世纪50年代末期，由前苏联援助的156项工程中断后，一直处于相对封闭状态。1978年十届三中全会提出改革开放政策以来，中国的露天煤矿建设与国际交流合作掀开新的一页。

一、与国外合作经营

沈阳煤矿设计研究院先后与美国岛溪公司、美国福陆公司、德国莱因公司、前苏联列宁格勒矿业设计研究院合作完成多个国内露天煤矿技术方案设计。与国外合作设计中，利用国外投资的第一个露天煤矿是与美国西方石油公司合资开发的平朔安太堡露天煤矿。

1984年4月29日中美合作经营平朔安太堡露天煤矿在北京人民大会堂举行了签字仪式。中共中央总书记邓小平接见了美国西方石油公司哈墨博士。

二、设计合作与交流

1981—2007年，中煤国际工程集团沈阳设计研究院等院所，先后于世界露天开采发达的加拿大、美国、德国、俄罗斯等国家进行考察、谈判、引进大型先进采掘设备，装备新建设的大型露天煤矿。

1995—2007年，中煤国际工程集团沈阳设计研究院为加拿大、印度、印度尼西亚、缅甸、巴基斯坦、土耳其等国家提供十余项咨询和设计项目。

三、引进设备与合作制造

我国五大露天煤矿建设中，先后引进英国、德国、美国等国家的挖掘机、大型卡车、破碎机。2004年太原重型机械厂在引进美国P&H2300XP型挖掘机技术，与美国合作制造斗容为16.8~34.5m^3挖掘机，为平朔安家岭露天煤矿合作制造P&H2800XPB型斗容为35.2m^3挖掘机。

四、继续加强国际交流合作

世界已进入高科技发展的时代，先进技术不断涌现，推动着生产力的发展。国际上的先进技术通过广泛交流与合作的渠道，促进我国露天开采技术及装备制造业的水平提高。因此，继续加强与国际交流合作，仍然是今后方向。

第五节　露天煤炭工业存在的主要问题及发展建议

露天煤炭工业在快速发展的同时，应该看到，在发展过程中还存在着许多突出的矛盾和亟待解决的问题，如生产和效益、生产与环境、生产与安全等问题。而且，我国露天煤矿开采技术与世界先进水平相比，仍存在着规模小、产业集中度低、经济效益较低，技术工艺与装备水平、设备制造水平的差距，以及自动化程度、大型成套装备国产化程度较低、进程较慢等问题。要解决这些问题，发展我国大型现代化露天开采技术、实现露天煤矿的可持续发展，还需要进行不懈的努力。

一、露天煤炭工业存在的主要问题

（1）对露天开采煤炭资源、新技术发展及其经济效益等缺乏全局性研究、评估与规划。

（2）企业生产规模小、数量多、不利于行业发展。根据2007年不完全统计，我国各类露天煤矿有200余座。2007年，我国露天煤矿产量占煤炭总产量的5%，产业集中度低，竞争力较差。

（3）企业体制、机制转换不到位，管理仍粗放，产权关系不清晰。近年来一些露天煤矿先后进行了改制，但企业尚未建立“合理分权、权责明确、相互制衡、协调运转、科学管理”的法人治理结构，体制创新目标远未实现。

（4）露天开采工艺单一化，开采成本较高，限制了经济效益的提高。

（5）露天煤矿尚待综合开发利用有价值的共、伴生资源，发展循环经济步伐缓慢。

（6）露天煤矿闭坑后存在着产业转型与接续。海州露天煤矿资源枯竭，2005年国家宣布闭坑后，已对当地的经济产生一定影响，产业后序接续也存在很大问题，特别是偏远地区新建露天煤矿产能大，资源存在相对不足，并且新建项目多以煤为基础延伸产业链集约化发展将更为突出。

（7）人才培养滞后，约束露天煤矿可持续发展。目前，我国露天煤炭工业的技术人才、管理人才远不能满足露天煤矿建设的需要。新中国成立至今 60 年，从高等学校培养的露天采矿专业人才仅 2000 余人，不能满足露天煤矿设计、科研和管理的需要，严重制约了露天煤矿事业的发展。

二、露天煤炭工业发展建议

（1）加快实行大型企业集团战略。通过资产重组，目前除了神华、华能、平朔、中能蒙东、平庄等建立了大型企业集团外，大多数露天煤矿仍分散经营。组建大型企业集团的目的是为了在更大范围内实现生产优化组合和资源合理配置，提高规模经济效益，增强竞争力，实现跨越式发展。

（2）建立健全科学的管理机制。根据体制创新的思路，扩展煤炭主业资源和提升非煤产业的发展思想，系统地设计集团管理模式，以实现煤炭主业集约化经营，非煤产业市场化运作。在市场竞争日益激烈、市场经济体制日趋完善，以及社会对企业行为的要求迅速提高的外部环境下，应及时调整发展战略、战略目标、战略步骤和战略措施，建立健全科学管理机制，促使露天煤矿大型企业集团快速、持续和健康发展。

（3）尽可能采用联合开采工艺实现优化开采。我国多数露天煤矿采用半连续开采工艺进行开采，符合国际发展趋势。但对不同的开采对象、开采深度、岩石构造，在适宜条件下应尽可能地采用联合的开采工艺，以实现最佳经济效益。

（4）大型设备尽快实现国产化。我国建设的特大型露天煤矿采用世界上最先进的大型设备（如 $50m^3$ 以上挖掘机、220t 及以上的矿用自卸卡车、小时能力 3000t 的破碎站等），具有更高的生产能力和更低的开采成本，应尽快从引进、消化合作制造转化为国内自行生产，减少对国外的依赖。

（5）合理规划，有序开采，建设友好环境露天煤矿。

（6）加快人才培养，适应露天煤矿的发展。露天煤炭事业的发展，依靠人力资源为动力，要求各级部门把人才培养提高到发展战略的高度，除高等院校主要担负人才培养外，各露天煤矿企业应采取各种途径，提高人员的技术素质、文化素质，走“人才兴企”、“人才强企”之路。

（7）采用先进的工程项目管理模式，加速露天煤矿建设步伐。我国大型、特大型露天煤矿建设时间较长、效率较低。为提高企业管理水平，露天煤矿应采取社会化、专业化等先进管理模式，加速露天煤矿建设速度。

(8) 开展露天煤矿深部开采技术的研究。随着露天煤矿深部的开采，对深部区的通风和粉尘污染，应有计划地开展治理研究。

(9) 露天煤矿闭坑后，大坑如何加以利用，需进行探讨研究。

附录

附录

附录一　露天煤矿安全事故统计与分析

安全是露天煤矿生产的重要保障，历来被国家安全生产主管部门所重视。国家安全生产主管部门制定了许多法律法规，取得了很大成绩。但是由于一些露天煤矿为追求产量，以及管理不严格、违章作业等，发生了本应避免的安全事故。

1950—2007 年，抚顺西露天煤矿各类事故死亡人数 100 余人、阜新海州露天煤矿各类事故死亡人数 219 人，其他各矿发生了不同程度的死亡事故。

一、露天煤矿安全事故统计

1. 霍林河一号露天煤矿安全事故统计

霍林河一号露天煤矿生产事故统计见附表 1。

附表 1　霍林河一号露天煤矿历年生产事故统计表

年份	伤亡事故/人			非伤亡事故/次			经济损失/万元
	死亡	重伤	轻伤	一级	二级	三级	
2004			4			4	1.94
2003			1			2	0.26
2002			4			4	4.7
2001		2	2			4	6.6
2000			3			2	0.9
1999			6			5	2.4
1998	1		6			7	9.03
1997		1	5			15	9.49
1996		1	3			18	13.56
1995						18	17.46
1994		1	6			20	8.51
1993			—			—	—
1992		1	9			4	0.49
1991		1	11			4	1.20
1990		2	19			10	2.40
1989			9			10	4.10
1988			3			8	1.31
1987			6			4	0.88
1986		1	11			10	1.98
1985		1	8			6	1.30
1984			14			5	1.14
合计	1	11	130			160	89.65

由附表 1 可知：

（1）在伤亡事故中，总伤亡人数 142 人。其中，轻伤 130 人，占 91.6%；重伤 11 人，占 7.7%；死亡 1 人，占 0.7%。

（2）1984—2004 年，总事故财产损失 89.65 万元，平均每年损失 4.27 万元，平均每次损失 0.56 万元。

霍林河一号露天煤矿设备事故统计见附表 2。

附表 2　霍林河一号露天煤矿设备事故统计表

年份	4 类合计	卡　车	电铲作业面	设备维修	推土机排土场
2001	20	14	5	1	
2002	9	7	1		1
2003	13	9	2		2
2004	5	2	2	1	
合　计	47	32	10	2	3

注：2004 年为 1—7 月份。

由附表 2 可知，按发生事故的设备分类为：

（1）总事故次数为 47 次；

（2）卡车事故 32 次，最多，占 68.1%；

（3）电铲作业面事故 10 次，次之，占 21.3%；

（4）排土机和排土场事故 3 次，较少，占 6.4%；

（5）设备维修事故 2 次，最少，占 4.2%。

2. 元宝山露天煤矿设备事故统计

元宝山露天煤矿设备事故统计见附表 3。

附表 3　元宝山露天煤矿设备事故统计表

年份	小计	输送带			卡　车		电　铲		轮　斗		推土机	
		纵向撕裂	横向断裂	其他	碰、撞、刮	自身	自身	碰、刮	自身	碰、刮	自身	碰、刮
1998	1								1			
1999	2	1	1									
2000	1	1										
2001	6	1	1	1	1		1	1				
2002	4		1	1	1					1		
2003	6	2	1			1	2					
2004	3	1					1					
合计	23	6	4	2	2	1	4	1	1	1		

由附表3可知，按发生事故的设备分类为：

（1）总事故次数为23次；

（2）卡车事故3次，最多，占13%；

（3）电铲作业面事故5次，次之，占21.7%；

（4）带式输送机事故10次，占43.4%。

3. 伊敏一号露天煤矿一期工程生产事故统计

伊敏一号露天煤矿一期工程生产事故统计见附表4。

附表**4**　伊敏一号露天煤矿一期工程事故统计表

年份	年度生产事故/次	人身事故/次			按生产设备设施分类的事故(财产)/次							火灾		财产损失/万元	原煤产量/10^4t
		死亡	重伤	轻伤	运输排土	矿外交通	采装	修路	设备修理	带式输送机、破碎机	铁路	设备	设施		
1998	19	0	1	1	9	6					1	1		18.78	220
1999	15	0	0	2	8	3				1	1			16	315.36
2000	16	0	0	4	8		2			2				41.92	466.37
2001	12	0	0	2	6					1		1	2	182.12	493.77
2002	14	0	0	1	4		1		3	2	1	1	1	31.8	511.91
2003	10	0	0	2	1			1	6					15	550.92
合计	86	0	1	12	36	9	3	1	9	6	3	3	3	305.62	2558.33

由附表4可知，总事故次数为86次，按事故类别、次数排序为：

（1）运输（含排土）事故次数最多，为36次，占41.9%；

（2）矿外交通事故次数为9次，占10.4%；

（3）上述两项共45次，占52.3%；

（4）设备修理中事故为9次，占10.4%；

（5）带式输送机和破碎机事故为6次，占7.0%；

（6）火灾次数为6次，占7.0%，其中设备火灾与设施火灾各为3次，各占3.5%；

（7）采装、铁路事故各3次，各占3.5%；

（8）人身事故共13次，占15.1%，其中重伤1次；

（9）修路事故为1次，占1.2%。

二、案例分析

（一）伊敏一号露天煤矿一期工程机械事故案例分析

1.1025号电铲铲杆断裂事故

1）事故经过

2003年11月13日22时40分左右，司机姜某操作1025电铲向325m 3号车装第3

勺货回转时，由于电铲勺门自开，致使勺门刮在3号车右侧厢斗后角，造成勺杆双臂出现300mm和500mm的裂痕。

2）事故致因因素

直接原因是电铲勺门刮车厢斗；间接原因是勺门自开时使勺门突然转动下降，司机没有发现，未能及时向上提起勺斗带动门，造成勺杆撞车厢。

2. 85D 9号卡车刮401号电铲事故

1）事故经过

2002年2月26日22时，85D 9号卡车在401号电铲装完车后，电铲司机向卡车司机白某发出鸣笛信号，并看到车已行驶，便正常维护电铲工作面。白某驾车前行中发现由于转向不合理和车身倾斜，便停车准备调方向，于是在未瞭望和未发出倒车信号的情况下开始倒车，与正在维护作业面进行回转的401号电铲相刮，401号电铲后部机棚撕裂变形。

2）事故致因因素

85D 9号车司机白某违章作业，安全意识不强，既未瞭望，又未发出倒车信号，且倒车距离过长以伸至电铲作业机尾回转半径之内（电铲司机看不到的电铲后部），导致电铲回转刮蹭事故。

3. 9号平路机与40t吊车相撞事故

1）事故经过

2004年5月19日9时30分，40t吊车司机范某驾车到1202号电铲换大绳，当吊车行至1202号电铲附近时，发现有1台平路机已停在现场，便将吊车停在平路机后面3m左右的地方。刚停下后，突然发现平路机向后倒车，范某一边鸣笛一边操作倒车，由于平路机倒车速度快与40t吊车发生相撞，将40t吊车的右前脸及右大灯刮坏。

2）事故致因因素

9号平路机司机李某在倒车前，对周围环境瞭望不清是造成此次事故的主要原因；40t吊车司机范某停车时，吊车距离平路机过近是造成此次事故的次要原因。

4. 85D 2号卡车与85D 9号卡车相撞事故

1）事故经过

2000年11月11日0时15分，谭某驾85D 2号卡车到1205电铲装煤，刚装完1勺，谭某发现对位较近，便倒车重新对位，这时康某驾85D 9号车已停在距85D 2号车后约15m远的地方，康某因怕大灯影响电铲司机作业，便将大灯关掉(小灯和驾驶室棚灯开着)，同时调整坐垫。谭某断续倒车时，尾部将85D 9号车的水箱部分撞坏，直接经济损失1万元，无人员伤亡。

2）事故致因因素

司机谭某倒车对位没给电铲司机信号，违章操作倒车对位是事故的主要原因；司机康某关闭大灯，调整坐垫没能发现85D 2号车倒车过来，是造成事故的次要原因。

5. 108t 1号卡车与108t 5号卡车相刮事故

1）事故经过

2001年3月5日5点40分，108t 1号卡车司机刘某返回12m^{3}电铲途中下坡道时电动轮制动失效，上小坡道时看到有1台108t车（5号）停在12m^{3}电铲附近待装车，上坡后刘某看到前车（5号）距本车（1号）15m左右，立即踩脚制动，但制动无效，刘某又扳动自锁开关仍然无效，这时司机在开启紧急制动开关的同时向外首转向，但这时1号卡车已撞在5号卡车车尾的外侧，时间是6时05分，造成1号卡车驾驶室里侧严重变形，风挡玻璃破碎，直接经济损失1万元。

2）事故致因因素

经对现场勘察，1号卡车外侧前轮的刹车液压油管折断，刹车液洒落，造成液压制动无效是本次事故的主要原因，司机在利用脚刹制动无效后没有立即开启紧急制动进行停车，而是先拨动自锁装置（与脚制动属相同效果），无效后又开启紧急制动，延误了制动时间，采取措施不当，操作技能欠缺，是本次事故的直接原因。

6. 77t 8号车追尾108t 6号车事故（追尾隔着撞）

1）事故经过

2004年6月21日2时21分，司机刘某驾108t 6号车，因加不上油、牵引消失停在路边，准备汇报调度处理。此时，司机雒某驾77t 8号车（空）跟77t 9号车沿排土线路返回采掘工作面，2时23分，77t 9号车发现停在前面的108t 6号车后，绕过该车继续行驶，而77t 8号车距离10余米时才发现停在前面的108t 6号车，雒某立即刹车并向左转向，由于距离太近，77t 8号车驾驶室护板撞到108t 6号车大箱后左角，造成77t 8号车驾驶室护板和左侧护栏变形。

2）事故致因因素

司机雒某注意力不集中，对行驶路线和路况观察不仔细，尤其是跟踪行驶，视线一直被前面行驶的车挡住，瞭望距离有限，前面车通过后，突然又闪出一辆车挡住去路时，无精神准备，措手不及，对突然出现的异常情况没有准确判断，是造成此次事故的原因。

7. 108t 3号车与77t 4号相撞事故

1）事故经过

2001年4月20日18时48分，108t 3号车司机冯某驾驶卸完煤的空车对下部交叉的各道口进行观察瞭望，没发现有车，与此同时，77t 4号车司机李某驾车从电铲拉土行至下二坡北侧小坡道时，没有发现有车，于是将注意力集中在从煤铲上来的其他两台车上，没有再对上部进行观察，并准备先于两台煤车率先通过交叉路口，当其确认可先过路口，并采取加油措施的同时，再次观察坡道，108t 3 号车已到自己的车前，于是立即向左转方向盘躲避，但由于车距太近，使 108t 3 号车护板撞在 77t 4 号车驾驶室上，造成驾驶室损坏，108t 3 号集中润滑甘油泵外壳变形，直接经济损失 5 万元。

2）事故致因因素

直接原因是 77t 4 号车司机李某在运行中没有全方位不间断瞭望，只将注意力集中在坑下上来的车辆，且超速行驶；次要原因是 108t 3 号车司机和 77t 4 号车司机在驾车进入交叉路口转弯前没有鸣笛示意，执行规程不严格。

8. 85D－14 号车侧翻事故

1）事故经过

2003 年 3 月 29 日，司机张某对 85D－14 号车进行了检查，均正常后到坑下 1203 号铲作业，当装完第 3 车剥离后，向内排土场排弃，行至离 1203 号铲 330m 处时，由于在刚洒过水的路面上超速行车中操作不当（突然转向），造成车侧向滑行 27m 后侧翻，司机立即熄灭发动机，向值班领导进行汇报，时间是 0 点 40 分。

2）事故致因因素

经对现场勘察及通过 GPS 回放证实该车在发生侧滑时的时速为 32km/h，司机超速行车并在刚洒过水的路面上行车操作不当（转弯）是发生事故的根本原因。

9. 85D－7 号车发生溜车追尾事故

1）事故经过

2001 年 11 月 21 日 18 时 10 分，85D－7 号车司机王某开车去 1201 号铲待装时，听到车外有异响，即将车辆下坡缓行器给上，走出驾驶室，当走到车头顶部时，发现车在缓慢移动，于是迅速回驾驶室采用脚刹车并关闭发动机，此时车头右前角撞至 85D－5 号车（前方待装车辆）大斗右后角上（前后车距约为 18m），致使 85D－7 号车右侧前角变形，水箱向里倾倒，司机又向后倒车，致使水箱管部分断裂，造成经济损失 2000 多元。

2）事故致因因素

停车措施不当，致使车辆失控；而未经允许擅自倒车是事故扩大的主要原因。

10. 85D－1 号卡车着火

1）事故经过

2002 年 9 月 29 日零时，85D－1 号车司机杨某接班时对 85D－1 号卡进行检查，各部均正常。

在排土场二段排弃，当第二车卸完落斗时，司机杨某发现有雾状油性物质正喷至司机室右侧玻璃，立即关闭发动机和接地开关，接着又发现后部车架上起火，杨某立即取来灭火器灭火，但火势蔓延迅速，用完 2 个灭火器后火势未得到控制。

后经多人赶到用灭火器扑救，并采取2台40t水车施救，火情才得到控制。公司消防车随即赶来灭火。于0点45分，车火被全部扑灭。

2）事故致因因素

导致事故直接原因是85D－1号车举升分配阀与举升油管对接处的压盖螺栓在液压系统工作时突然折断，致使对接处密封“O”形环损坏喷出液压油，液压油喷至该车排烟箱上引起着火。

11. 疏干泵地下室熏人事故

1）事故经过

2003年8月26日8时40分，李某带领邵某执行疏干井巡视和渗漏检查。9时左右，两人到现场，先对47号泵和48号泵进行了检查(检查前打开两泵地下室盖后用打火机进行了氧气浓度测试)，并对48号泵地下室进行了清扫。

当到达49号泵时，先将地下室盖打开通风，然后李某开始吸烟。吸烟毕，邵某对李某说：“我下去检查”。于是邵某进入地下室并开始清扫地面，此时在上面监护的李某发现邵某慢慢倒下，李某马上意识到是地下室内有害气体所致，李某立即憋气进入地下室对邵某进行施救，但没有成功，他到外面换口气后再次进入地下室，打开水泵回水阀用水浇邵某头部，此时邵某发出声音。李某又到外面寻找其他人协助，将邵某救出地下室，时间9点35分。邵某在送往医院途中苏醒，经医院观察无伤害。

2）事故致因因素

巡泵人员李某、邵某在巡泵时打开地下室盖后，只一支烟时间即进入地下室，通风时间短，有害气体没有散尽，邵某入井后即被有害气体熏倒。

（二）准格尔黑岱沟露天煤矿工程机械事故案例分析

1. 20号630E卡车刮指挥车事故

1）事故经过

2002年12月5日0时50分左右，卡车司机邹某驾驶20号630E卡车在电铲4号395B处待装车，此时电铲故障，工长命他去煤铲作业，他便调头起步。这时采掘队工长王某驾驶的49号指挥车违章停在20号630E卡车平行位置的盲区内，在20号630E卡车调头起步后，卡车右梯子刮到49号指挥车右前侧。致使指挥车前风挡玻璃、右前护板等部位损坏。

2）事故致因因素

（1）49号指挥车违章停在20号630E卡车的盲区内；

（2）卡车起步转弯对环境未进行认真观察。

2. 28号630E卡车沉陷事故

1）事故经过

1999年10月1日21时，作业部运输队司机陶某驾驶28号630E卡车重载至东排土场1240m平面卸货，发现53号车正在卸货，他便短暂等候。待53号车离开后，陶某驾车进入卸料位置，距离挡土墙3m(里侧)，此时排土场边缘开始沉降。推土机司机发现情况紧急，迅速向陶某示意。陶某接到危险信息后，熄灭发动机，待大车沉降稳定后离开卡车。

2）事故致因因素

（1）雨后作业，由于工作线短、推进强度大，造成排土场沉降；

（2）司机发现排土场有沉降迹象时，没有进行安全确认。

3. 电铲压电缆事故

1）事故经过

1997年7月3日15时15分，作业部采掘队职工韩某操纵4号WK－10B电铲在1185工作面走车时，勺斗失控，落在电缆车上。勺斗将电缆车砸坏，挤断电缆，事故损失9500元。

2）事故致因因素

（1）电铲失控时采取措施不当；

（2）不应该把电缆车挂在牙尖上，而应该挂在方销上，特别是阴雨天更应该注意；

（3）未严格按照规程进行作业。

4. B13带式输送机火灾事故

1）事故经过

2002年11月11日1班，轮斗在运行中交接，B13当班工人贾某在12时40分接班后对B13带式输送机进行一次巡视检查，大约50min后，贾某被当班工长张某安排在B12－1带式输送机机头站处监视平托辊，至3时12分，此托辊发热，张某命令停机，处理此托辊，大约30min处理完毕，张某命贾某在此观察，确认正常后再离开，而张某驾车在B13带式输送机巡视一圈，之后至坑下巡视。5时35分排土机停电，联系送电发现送不上电，张某与排土机司机便沿线查找电缆故障。当行至B13卸料车处时，发现B13头站处有火光，当他们到达该地点时发现机架5～7号上的输送带正在燃烧，立即向矿调度室和消防队报告，并组织人员灭火，至6时40分将火扑灭。

2）事故致因因素

7号机架上的回程托辊轴承损坏，造成托辊发热，在停机后将输送带引燃。此次事故烧毁输送带137m和部分电缆，为一般责任火灾事故。

5. 24号卡车排土场滑落事故

1）事故经过

2001年5月30日8时40分，运输队卡车司机穆某驾驶24号154t卡车在2号395B

装车后至东排土场1220m水平排弃。倒车举斗后，卡车突然开始下滑。卡车沿着坡面下滑至沟底时侧翻。致使卡车后悬挂、三脚架等部位损坏；司机穆某尾骨骨折。

2）事故致因因素

24号154t卡车司机穆某违反操作规程，倒车时右后轮先靠挡墙，待左后轮靠上挡墙时右后轮已经越过挡墙，造成卡车下滑；当班工长传达不到位，对特殊情况下卸货时卡车与挡墙的距离交代不清，对司机的教育和监督不到位。

6. 吊车侧翻事故

1）事故经过

1998年6月25日，作业部整备队职工张某和白某驾驶20t吊车在集控楼作业。下午3时许吊1台卷扬机，张某操作吊车，白某负责指挥，由于吊车起吊前没有打好支腿，加上回转速度快，造成吊车侧翻。

2）事故致因因素

（1）违章操作(作业时没有正确打好支腿、回转速度快)；

（2）起重工对违章作业行为没有制止；

（3）联防互保意识差。

7.46号630E卡车与25号630E卡车相撞事故

1）事故经过

1999年6月1日14时30分，作业部运输队司机齐某驾驶46号630E卡车重载行驶至东出入沟沟口处，与从东排土场空载返回的25号630E卡车相撞，造成直接经济损失19800元。

2）事故致因因素

齐某驾车时注意力不集中，缺乏瞭望，出现紧急情况采取措施不当。

8.13号630E卡车行车事故

1）事故经过

1994年1月10日6时，作业部运输队职工张某驾驶13号630E卡车重载去马连沟排土场卸货，行驶至距临时油库200m处时，因张某打盹，致使大车前轮打横后撞在土墙上，造成直接经济损失10000元。

2）事故致因因素

班前休息不好，造成班中精力不足，张某驾驶车辆时打盹。

9.58号630E卡车与23号108t卡车追尾事故

1）事故经过

1999年10月31日13时30分左右，作业部运输队职工朱某驾驶58号630E卡车由北排返回途中看到本队职工邬某在边帮路上，朱某便停下车让邬某上58号630E卡车，到坑下 2800 电铲处装车。朱某运了两趟后，将车交给邬某驾驶，大约在 14 时 30 分，邬某驾车行驶至 1215 斜坡道接近出口时，其前方的 23 号 108t 卡车司机发现从 1 号 396B 电铲方向由张某驾驶的 28 号 630E 卡车驶来，为了避让 28 号 630E 卡车，23 号 108t 卡车司机踩了制动，由于 58 号 630E 车与 23 号 630E 车距离近，后面的 58 号 630E 车追尾撞在 23 号 108t 车后厢大角处，造成邬某轻伤，直接经济损失 18895 元。

2）事故致因因素

（1）朱某违反端帮路不许停车的规定，停车后让邬某上车；

（2）朱某未经工长许可，私自将车交他人驾驶；

（3）没有按规定保持行车车距(30m)；

（4）28 号 630E 车与 23 号 108t 卡车交叉时没有避让，违犯了支线车避让干线车的规定；

（5）邬某驾车时精力不集中。

从以上事故案例得出，运输(卡车)事故率最高，其次为电铲作业、破碎机等，其直接原因是人为因素，如违章操作、日常监测不到位、安全意识较差。

事故的教训：必须经常地进行安全意识教育，杜绝和减少生产安全事故的危险源，将事故率降至最低水平，确保生产安全。

附录二　露天煤矿主要建设单位

内蒙古准格尔能源有限责任公司黑岱沟露天煤矿

黑岱沟露天煤矿隶属准格尔能源有限责任公司的二级生产单位，是我国大型现代化露天煤矿之一。黑岱沟露天煤矿设计生产能力为1200万t/a，1999年建成投产，2003年进行开采工艺改造，设计生产能力为2000万t/a。

黑岱沟露天煤矿采用联合开采工艺，其中煤层顶板以上35m岩石采用抛掷爆破—吊斗铲工艺（斗容为$90m^3$），为世界上第一个使用大型无级调速迈步式吊斗铲。

黑岱沟露天煤矿6号煤为长焰煤、不粘煤，具有低硫、特低磷、高灰熔点，以及较高挥发分和较高发热量等特性，是优质动力和气化及工业用煤，有“绿色煤炭”之称。

黑岱沟露天煤矿积极创新开采技术，实行采煤工艺优化，开发抛掷爆破技术，实行剥、采、排与土地复垦预控技术，推行运输车辆交通预警系统、循环维修，伴生资源镓元素、氧化铝待开发利用等。

2007年，黑岱沟露天煤矿生产原煤2549万t，生产人员效率141.01t/工，实现利润15亿元。

历年被评为“全国煤炭工业特级高产高效露天煤矿”及“全国煤炭工业双十佳煤矿”等荣誉称号。

现任矿长简介

张　勇，男，汉族，1964年9月20日出生，高级工程师，中共党员，籍贯山西省万荣县。1987年7月毕业于中国矿业大学，获采矿工程系露天开采专业工程学士学位。

1987年7月中国矿业大学毕业后分配到准格尔煤炭工业公司露天煤矿，从事技术工作。1989—1994年参加了准格尔项目一期工程的设计引进工作，先后任综合科科长、任调研科科长、公司技术处副处长、处长等职。主持公司计算机光纤主干网的建设，主持制定了多种经营管理制度，参与公司信息化建设的规划和审查，主持实施了公司企业资产管理信息系统（EAM）的建设。2006年2月至今任黑岱沟露天煤矿矿长。

历任矿长

刘贵庭　1991.6—1995.8

郭昭华　1995.8—1999.7

田爱民　1999.7—2006.2

神华准格尔能源有限公司办公大楼

黑岱沟露天煤矿矿工居住区全景

神华集团准格尔能源公司哈尔乌素露天煤矿

哈尔乌素露天煤矿由神华能源有限公司出资建设，是国家“十一五”时期重点建设煤矿之一。项目包括年产 2000 万 t 原煤的露天煤矿、配套同等规模的选煤厂、全长16km 的铁路专用线以及坝系防洪工程。该露天煤矿地处准格尔煤田中部，北邻已经建成的黑岱沟露天煤矿。该项目设计能力 2000 万 t，总投资 71 亿元，设计服务年限79 年。

哈尔乌素露天煤矿地表境界东西长 9.59km，南北宽 7.03km，面积为 67.17km^2，露天采区共含煤 12 层，其中 6 号煤层为主要可采层，煤层平均厚度为 20.01m。煤矿可采储量为 17.3 亿 t。神华集团准格尔能源有限公司哈尔乌素露天煤矿岩土剥离工程已基本完工，煤矿将进入投产阶段。

哈尔乌素露天煤矿 2006 年 5 月启动建设，露天煤矿及配套建设的 2000 万 t 级选煤厂、矿区防洪工程、运煤铁路专用线等工程规划总投资达 71 亿元。

哈尔乌素煤矿可采原煤为中灰、低硫、特低磷、发热量高的长焰优质动力煤。哈尔乌素煤矿投产后，将大大推动内蒙古西部地区国家大型能源基地建设步伐。

国华准格尔电厂三期扩建工程作为煤电资源综合利用、优势互补的重要工程，于2003 年开始前期准备，2006 年 2 月 7 日正式获得国家发改委核准。工程静态投资 25 亿元，两台机组分别于 2007 年 10 月和 12 月投产发电。

现任矿长简介

赵二夫，男，汉族，1962 年出生，内蒙古鄂尔多斯人，教授级高级工程师，1982 年毕业于内蒙古煤炭工业学校露天专业。曾任黑岱沟露天煤矿副矿长、准能公司生产技术部副经理、准能选煤厂厂长，现任哈尔乌素露天煤矿矿长。

中煤能源平朔煤炭工业公司安太堡露天煤矿

安太堡露天煤矿隶属中煤集团平朔煤炭工业公司，是我国“七五”期间煤炭行业引进资金、设备、技术和管理的重点建设项目，总投资6.49亿美元；设计年产原煤1500万t。1985年7月开始建设，1987年9月建成投产，1996年达到并超过年设计生产能力。1998年通过“ISO9002”质量体系认证，1999年通过“ISO14001”环境体系认证，2005年获得OHSMI18001职业健康管理体系认证。生产的商品煤以其质量稳定可靠、发热量均衡、品种多样而畅销世界十多个国家和地区。

安太堡露天煤矿按照现代化企业发展的要求，加强管理、深化改革，矿山建设和生产经营工作取得了长足进步。被评为全国“质量标准化矿井”、“特级高产高效露天煤矿”，中国煤炭工业协会评为“双十佳煤矿”、“五一”劳动奖状，被国资委授予“先进党委”称号。2007年原煤产量达到2158万t，原煤工效122.61t/工，实现利润20578万元。

安太堡露天煤矿是国内现代化露天煤矿之一。

现任矿长简介

任利明，男，1963年9月14日出生，中共党员。1987年7月毕业于中国矿业大学，获采矿工程系露天开采专业，工程学士学位。1999年9月获高级工程师任职资格。1999年以来历任安太堡露天煤矿采矿部副经理、安监站主任工程师、生产副矿长、矿长、党委副书记。2007年被山西省企联、山西省企协评为2006年度“山西省优秀企业家”，获“中国露天采矿青年科技人员奖”、“中国煤炭工业协会科学技术二等奖”等奖项。

历任矿长

冈伯斯(美方)　谢鸿秋(中方)
亨　特(美方)　谢鸿秋(中方)　1985.7—1991.7（中美合作期间）

柴清恩　1991.8—1993.2

张宪山　1993.3—1996.7

张宝山　1996.8—1997.10

胡　群　1997.11—2001.7

乔云海　2001.8—2002.7

刘　勇　2002.8—2004.7

段起超　2004.8—2006.10

安太堡露天煤矿工住宅一角

中煤能源平朔煤炭工业公司安家岭露天煤矿

平朔安家岭露天煤炭项目是使用日本第三批能源贷款的国家重点建设项目之一，是国家“九五”期间煤炭工业建设的重点项目，建设规模为年产原煤1500万t，配套建设相应能力的选煤厂和铁路专用线。2001年6月1日投产，2003年达到设计生产能力，创造了日外运煤炭超5万t、月外运超百万吨的历史记录。

安家岭露天煤矿走“晚投入、早产出”，“少投入、多产出”的新路子，建成投资仅为48.38亿元，机械化率100%。2007年原煤生产人员效率150.24t/工，经济效益实现利润7.3519亿元。

安家岭露天煤矿现已成为大型现代化露天煤矿之一。

现任矿长简介

丁新启，男，1964年10月出生，山西大同人，中共党员，1986年7月毕业于中国矿业大学露天采矿专业，2003年获辽宁工程技术大学硕士学位，教授级高级工程师。

历任矿长

刘泽民	1997—2001.12
叶新荣	2002.1—2002.12
王社林	2003.1—2004.10
李志强	2004.10—2006.11

山西平朔安家岭矿剥采现场

内蒙古华能伊敏煤电有限责任公司露天煤矿

华能伊敏煤电有限责任公司露天煤矿是国务院批准的全国第一家煤电联营公司。始建于1984年，设计生产能力500万t/a。二期工程建设，设计生产能力为1100万t/a，2008年三期工程建设生产能力为1650万t/a。

伊敏露天煤矿实施煤—电—化一体化发展战略。伊敏露天煤矿坚持科学发展观，建立完善科学的生产组织管理模式；依靠科学管理率先在煤炭行业提出并实施数字化露天煤矿建设工作。在露天煤矿生产调度指挥方面率先采用GPS卫星定位卡车调度系统，实现了智能化生产指挥。强化安全管理，实现了1984年建矿以来安全生产无死亡事故，2006年消灭了轻伤以上人身伤亡事故。

伊敏露天煤矿在设备管理上更新常规管理手段，开展设备无渗漏治理，在设备检修维护方面，强化检修维护力度，实施定检制度，实现了总成互换检修体制。2007年生产煤炭940万t，全员工效为64.14t/工，利润1.26亿元。先后荣获“自治区职业道德十佳单位”，2002—2006年连续获“全国煤炭行业特级高产高效露天煤矿”、“全国五一劳动奖章”，2007年被评为全国煤炭工业先进集体、“全国环境友好企业”等荣誉。

现任矿长简介

姚常明，男，汉族，1958年1月出生，中共党员，大学学历，教授级高级工程师，2003年4月任华能伊敏煤电公司露天煤矿矿长。

在伊敏露天煤矿先后担任技术员、段长、总工程师、副矿长，2003年担任露天煤矿矿长。

曾在国家级煤炭杂志上发展论文，如《露天煤矿褐煤自然发火特性研究》、《数字化矿山建设是解决露天煤矿信息化应用深层次问题》等。2006年被评为全国优秀矿长。

历任矿长

马家俊　1982—1984

张同仁　1984—1985

范　贵　1986—1994

耿　羽　1995—1999

赵秀峰　2000—2003

伊敏露天煤矿矿工居住区

内蒙古平庄煤业（集团）有限责任公司元宝山露天煤矿

元宝山露天煤矿隶属于平庄煤业（集团）有限责任公司，设计生产能力 500 万 t/a，1990 年开工建设，2005 年移交生产。

该矿采用连续、半连续综合开采工艺。连续工艺系统从德国引进先进技术，中德厂家合作制造，生产工艺先进，为国内一流。

露天煤矿采用现代化管理模式和手段，生产实现了集中控制，管理采用 YBS/MIS 系统，目前正在进行“数字矿山”建设。2007 年煤炭产量达到 650 万 t，全员效率 18.4t/工，利润 2.585 亿元。

2002 年获内蒙古自治区科学技术进步二等奖。

2002 年被评为全国煤炭系统造林绿化先进单位。

2001 年获“国家 863 计划 CIMS 应用示范企业”称号。

现任矿长简介

王玉泉，男，汉族，1953 年 7 月出生，赤峰林西人，大专学历。1983 年 8 月毕业于乌达煤矿职工大学地下采煤专业，中共党员，高级工程师。曾任平庄矿务局办公室秘书科副科长、科长，平庄局志办公室副主任、扎赉诺尔矿务局铁北党委书记、平庄白音华矿矿长。2007 年 2 月至今任元宝山露天煤矿矿长、党委副书记。

历任矿长

武　杰　　1990.10—2003.10

张继文　　2003.11—2006.12

内蒙古元宝山露天煤矿采场全景

内蒙古元宝山露天煤矿国内最大的轮斗挖掘机($3600m^3/h$)夜景

内蒙元宝山露天煤矿(5000m³/h)排土机在作业

内蒙古大唐国际锡林浩特胜利东二号露天煤矿

内蒙古大唐国际锡林浩特胜利东二号露天煤矿项目于2005年开始筹备，由大唐国际发电股份有限公司全资筹建。大唐国际是中国大盾集团公司的控股子公司，也是中国大唐集团公司的骨干企业。

大唐国际胜利东二号露天煤矿位于内蒙古锡林郭勒盟胜利煤田的东部，锡林浩特市北郊，距市中心约10km，是胜利煤田的聚煤中心。该矿煤层最厚达320.65m，是世界煤炭开发史上发现的最厚煤层。开采境界内地质资源量41.54亿t。一期设计生产规模为1000万t/a，二期规划生产规模为3000万t/a（届时将成为国内最大露天矿），远期生产规模为6000万t/a（届时将成为世界最大露天矿）。剥离采用单斗—卡车开采工艺；采煤采用单斗—卡车—可移式破碎机—带式输送机半连续开采工艺。

现任矿长简介

王社林，男，1965年出生，河南内黄人，硕士，高级工程师，1989年毕业于中国矿业大学露天开采专业。曾任平朔安太堡露天煤矿设计员、主任工程师、技术部副经理、总工程师，平朔公司副总工程师、平朔安家岭公司总经理、大唐国际发电股份有限公司内蒙古分公司总工程师、内蒙古大唐国际锡林浩特矿业有限公司总经理；现任中国大唐集团煤业有限责任公司党组成员、副总经理。

内蒙古海洲露天能源公司白音华四号露天煤矿

白音华四号露天煤矿地处内蒙古自治区锡林郭勒盟西乌珠穆沁旗境内，是白音华金山坑口电厂（2×60 万 kW）的配套供煤项目，初期设计生产能力 500 万 t/a，总体规划确定 2400 万 t/a。

《国家发展改革委关于内蒙古白音华矿区总体规划的批复》（发改能源［2006］2339 号）批准辽宁省阜新矿业（集团）有限责任公司勘探开发建设白音华四号露天煤矿。项目业主是内蒙古海洲露天能源有限责任公司，该公司由阜新矿业（集团）有限责任公司与沈阳金山热电股份有限公司共同出资组建。圈定后的露天矿地表南北走向长 7.17km，东西倾向平均宽 3.35km，地表面积 22.14km^2，最大开采深度 330m。

根据地质勘探成果，全矿田共获得煤炭资源量 104251 万 t，设计可采储量 72641 万 t。一煤层为主采煤层，埋藏较浅，地质构造简单，赋存较稳定，煤层平均厚度 25.62m（最大厚度 48.9m），资源储量占全区的 72%，倾角平缓（5°~10°），围岩属于松散软岩—中硬岩类，适合建设大型露天煤矿。煤类属于褐煤，属低灰—中高灰、低硫—中硫（一煤层以低硫煤为主）、低磷、中低热值煤，可用作动力用煤、化工用煤和民用煤，主要适用于火力发电。

白音华四号露天煤矿开采工艺采用单斗—汽车工艺。剥离台阶高度 12m，水平分层；采煤台阶高度≤12m，倾斜划分；剥离和采煤的采掘带宽度均为 24m。剥离物由单斗挖掘机采装，再由自卸汽车通过工作面及端帮运输道路运往外（内）排土场排弃；采煤采用顶板露煤的方式进行开采，用推土机协助单斗挖掘机，挖掘机采用端工作面采装方式，原煤由工作面通过汽车运至坑下破碎站，破碎后经胶带输送机运至电厂。设计将矿田划分为 3 个采区，选择露天矿东侧（即一煤层露头沿线往西 500~1000m 的范围内）沿倾向布置首采区，具有基建工程量小、初期生产剥采比小、勘探程度高、煤质好等优点，有利于提高前期经济效益。

现任矿长简介

洪　因，男，汉族，1957 年出生，中共党员，教授级高级工程师。1982 年毕业于原阜新矿业学院采矿系露采专业，工学学士。曾担任海州露天煤矿总工程师，阜矿集团规划发展部部长，现担任阜矿集团副总工程师兼内蒙古白音华海州露天煤矿有限责任公司董事长、党委书记。长期从事大型露天煤矿开采研究，主持的“大型露天煤矿现代化管理模式”项目被中国煤炭工业部评为“中国煤炭工业企业管理现代化部级优秀成果一等奖”，“应用工业工程优化露天运输工程布局”和“价值工程在电铲滚洞修复中的应用”两项目均获得煤炭工业部“中国煤炭工业企业管理现代化部级优秀成果三等奖”。

内蒙古霍林河煤业股份公司霍林河露天煤矿

霍林河露天煤业股份有限公司霍林河一号露天煤矿隶属于中电投蒙东能源集团公司，设计生产能力300万t/a，1984年9月建成投产。二期扩建设计生产能力1000万t/a，1992年9月移交生产，三期扩建设计能力1500万t/a，2007年5月移交生产。该矿为我国第一座自行设计、自行施工的大型露天煤矿。剥采采用单斗—卡车及单斗—卡车—破碎机—带式输送机半连续工艺。全矿实现网络化、OA办公系统等。

2007年产量达到1339万t，生产人员效率45.73t/工。

曾获“特级高产高效露天煤矿”及“特级安全高效露天煤矿”等荣誉称号。

现任矿长简介

赵学军，男，1956年出生，中共党员，研究生学历，工程师。2002年1月至2005年3月任煤炭加工公司生产副经理；2005年4月至2008年1月任煤炭加工公司经理；2008年1月至今任一号露天煤矿矿长。

历任矿长

李久山	1984.8—1990.12
常天明	1991.1—1993.12
马　军	1994.1—1997.12
王　冲	1998.1—2000.1
刘义勇	2000.1—2001.12
李　铭	2001.12—2005.2
张桂军	2005.2—2008.1

内蒙古霍林河一号露天煤矿地面生产系统圆形堆取料场

抚顺矿业集团西露天煤矿

抚顺矿业集团有限责任公司西露天煤矿位于抚顺煤田西部、浑河南岸千台山北麓，以开采历史悠久、规模宏伟、技术先进而闻名于世。

西露天煤矿开采于1901年，1914年转为露天开采，是一个具有百年历史的大型露天煤矿。西露天煤矿坑长6.6km，宽2.2km，矿坑总面积10.87km^2，到目前开采深度414m，海平面334m。1948年前生产煤炭8913万t，新中国成立后生产煤炭1.89亿t，总计2.78亿t，为我国的经济建设作出了贡献。新中国成立以来，培养近百名工程技术人员输送到国内新建露天煤矿建设企业。

西露天煤矿现有在岗员工6014人，2007年生产原煤250万t左右，现以进入深部开采，产量在逐年下降。采用电铁、卡车、带式输送机联合运输的生产工艺。采矿用4－10M3电铲，运输用108t采矿汽车运输，煤炭生产采用卡车、带式输送机运输工艺。主要产品为煤炭和油页岩，此外西露天煤矿还有特产矿物——质密坚硬的煤精，可雕刻各种工艺品；光亮透明的琥珀可制作项链、戒指等工艺装饰品，又是一种药材。2007年全员效率5.288t/工，实现利润4152万元。

新中国成立以来，党和国家领导人十分重视和关怀矿山生产建设。1958年2月13日毛泽东主席亲临抚顺西露天煤矿视察，并题词留念。邓小平、江泽民等党和国家领导人先后来到西露天煤矿视察。

多年来，荣获辽宁省"五一"劳动奖状、辽宁省2006—2007年度文明企业，辽宁省2006年、2007年度安全质量标准化一级矿井，中国煤炭协会2006年度国家行业一级安全高效露天煤矿等称号。

现任矿长简介

段学英，男，1954年3月出生，1972年2月参加工作，中共党员，大学本科学历，高级政工师，现任抚矿集团公司西露天煤矿矿长。

1981年10月到省煤管局后备干部班学习，1983年8月任老虎台矿党委办公室主任、纪委副书记，1991年任老虎台生活公司党委书记、矿党委副书记兼纪委书记，1996年3月任西露天煤矿党委书记，2001年10月任东露天煤炭开发总厂党委书记兼厂长，2004年12月任抚矿运输部党委书记、主任，2008年4月至今任西露天煤矿矿长。

历　任　矿　长

彭绳吾	1950.1—1954.5	露天煤矿处长
张　英	1954.5—1956.2	露天煤矿矿长
王齐芳	1956.2—1959.5	西露天煤矿矿长
崔　甫	1959.5—1960.10	西露天煤矿矿长
李世仪	1960.10—1962.8	西露天煤矿矿长
彭炳坤	1962.8—1967.3	西露天煤矿矿长
关振华(军代表)	1967.3—1968.8	军事管制小组组长
张富才(军代表)	1968.8—1970.6	军事委员会主任
李士杰(军代表)	1970.6—1973.9	革命委员会主任
彭炳坤	1973.11—1977.2	革命委员会主任
果瑞云	1977.3—1978.2	革命委员会主任
沈德谦	1978.2—1981.8	西露天煤矿矿长
乔绪文	1981.8—1983.4	西露天煤矿矿长
高国骧	1983.4—1993.7	矿务局副局长兼西露天煤矿矿长
刘裕文	1993.7—1994.8	矿务局副局长兼西露天煤矿矿长
栾忠岩	1994.8—1995.4	西露天煤矿矿长
王振杰	1995.4—1998.4	西露天煤矿矿长
王三立	1998.4—1999.8	矿务局副局长兼西露天煤矿矿长
尹　亮	1999.8—2001.9	矿务局副局长兼西露天煤矿矿长
李守义	2001.9—2004.1	集团公司副总经理兼西露天煤矿矿长
韩　放	2004.1—2004.11	集团公司副总工程师兼西露天煤矿矿长
李守义	2004.11—2008.4	集团公司副总经理兼西露天煤矿矿长

抚顺西露天煤矿矿工住宅新貌 ▲

抚顺西露天煤矿20世纪50～60年代矿工住宅 ▸

云南省小龙潭矿务局布沼坝露天煤矿

布沼坝露天煤矿隶属于云南省小龙潭矿务局。设计生产能力 60 万 t/a，1953 年建成投产。1964—1967 年第一期扩建，设计生产能力 90 万 t/a；1969—1977 年第二期扩建，设计生产能力 120 万 t/a；1987—1991 年第三期扩建，设计生产能力 240 万 t/a；1988—2003 年第四期扩建，设计生产能力 480 万 t/a，第四期能力已达产；第五期扩建，设计生产能力 1200 万 t/a，2009 年建成投产。

布沼坝露天煤矿为国内首家采用轮斗连续开采工艺。2005 年从德国引进移动式破碎站。实现对带式输送机运输系统 PLC 全程控制，生产设计、产品计量、安全监测、监控管理实现现代化和信息化。

2007 年煤炭产量达到 7Mt，全员效率 20. 38 t/工，实现利润 17650 万元。

先后荣获“煤炭工业特级高产高效露天煤矿”，“2005 年、2006 年获中国煤炭工业百强单位”和“全国用户满意企业”等荣誉。

现任矿长简介

顾晓斌，男，汉族，1959 年 9 月出生，大专学历，中共党员，机电工程师。1976 年 9 月参加工作，1983—1985 年参加天津工程机械研究所轮斗连续工艺系统培训班学习，1986 年 7 月至 1989 年 8 月先后任布沼坝露天煤矿机电股副股长、剥离工段工段长等职，1989 年 9 月任小龙潭矿务局布沼坝露天煤矿副矿长，2004 年 9 月至今任布沼坝露天煤矿矿长。

历任矿长

吴东来　　1987—2003

云南小龙潭露天煤矿大型连续工艺系统

云南小龙潭布昭坝露天煤矿矿工新住宅

辽宁阜新海州露天煤矿

1950年8月东北工业部煤炭管理局指示，海州煤矿一、二、四、八、九坑停采，改为露天开采。1951年委托前苏联列宁格勒矿井设计院设计，设计能力300万t/a，由海州露天煤矿负责建设施工，于1953年7月1日建成投产。可采储量1.53亿t，服务年限60年。

海州露天煤矿的开拓方式：沿煤层底板，接走向方向开挖新水平煤沟，向顶板方向水平推进。开采工艺：单斗挖掘机、准轨铁道、电机车运输、外部排土。新水平煤沟、运输系统中间站、东西两端帮形成的运输环线，三者的时空关系形成开拓开采程序。

半个多世纪以来，露天煤矿经过三次扩界，1985年进行改扩建，设计生产能力500万t/a。主要装备由原有的$3m^3$、$4m^3$挖掘机，增加斗容为$6m^3$、$10m^3$挖掘机共4台，2台270铲车，300hp(1hp=745.700W)平装车，2台外向凿穿孔机($\phi60$)。

1953—2005年共生产原煤2.15亿t，实现利润28亿元。

曾荣获“煤炭部全国先进矿”、“煤炭部特级质量标准化”、“安全创水平先进矿”，全国“五一”劳动奖状。

海州露天煤矿不仅为国家提供了可观的煤炭资源，同时还培养了大量的生产工人、技术管理干部支援新的露天煤矿建设，安排了数万人的劳动生产力，为社会的稳定作出了巨大贡献。

2005年5月31日因资源枯竭，国家宣布破产，由阜新市建立“阜新海州露天煤矿国家矿山公园”，将主要大型剥采设备陈列于此，供后人铭记海州露天煤矿的业绩。

历任矿长

薛　奇	1949—1952	李振东	1978—1980
黄育中	1952—1954	景春甫	1980—1982
卜　凡	1954—1957	陈金城	1982—1987
谢天荣	1957—1964	项永丞	1987—1992
郭凤阁	1964—1968	高洪儒	1992—1998
赵启恒	1968—1978	王福清	1998—2005

神华宝日希勒能源公司露天煤矿

神华宝日希勒能源公司露天煤矿煤田距呼伦贝尔市中心约22km，距陈旗旗政府巴颜库仁镇20km，距神宝公司12.5km。海拉黑公路由矿田西侧通过，该公路为该矿主要煤炭地销通道；该矿有一条铁路专用线与公司铁路专用线及滨州线相连，为该矿煤炭外运主要通道。

神宝公司露天煤矿开采工艺为单斗—汽车工艺。开拓运输方式为工作帮移动坑线组沟开拓，实现煤岩分流的采场运输方式。开采设备主要由108和TR－100等大型车辆18台、10m^{3}电铲4台和4面电铲2台，150钻机2台，斯太尔汽车20台，同力汽车10台，液压铲5台，推土机8台，铲车31台，平路机2台，破碎采用每小时2000t的2台一级破碎机进行破碎。土方剥离初期采用外排，后期实现全部内排。采场地下水采用超前疏干结合坑内强排方式。初期设计生产能力为60万t/a，1998年9月开始建设，2000年10月投产，2002年核定生产能力为100万t/a，2003年实际煤炭产量为101万t，2004年改扩建为180万t/a，2004年产量为216万t，2005年实际产量为400万t，2006年设计能力为1000万t，核定能力为1000万t，实际产量为552万t，2007年产量735万t，在安全生产上没有出现重伤以上事故，2006年建设成一条集破碎仓储快速装车为一体的千万吨地面装车系统。

矿区自然景观为草原，属于寒温型草甸草原，地带生植被以羊草草原为主。露天矿在采装、运输过程中会产生大量粉尘，为使空气中的含尘量达到卫生标准，在产尘点安装洒水降尘系统，及时喷洒。在运煤上风向种植防风绿化带，栽种隔离式乔木林、灌木林。在排土场周边种植防护林带长度2600m，占地3.9公顷，林带树种选择小叶杨、樟子松、沙棘。在运煤公路两侧采用“三林夹一路”的林带防护。现已通过ISO9000、ISO14000、ISO18000国际三体系认证工作。

现任矿长简介

张东风，男，1962年1月出生，内蒙古满洲里市人，中共党员，内蒙古乌达职工大学采矿专业毕业，历任露天煤矿技术主管、总工程师、矿长等职。曾发表《边坡监测》论文。曾荣获呼伦贝尔市优秀企业家称号，两次获“全国煤炭工业优秀矿长”称号。

历任矿长

郑振宇　　1998—2002

戴景新　　2002—2005

附录三　主要设计、科研单位及高等院校

中煤国际工程集团沈阳设计研究院

中煤国际工程集团沈阳设计研究院(原名煤炭工业部沈阳设计研究院)始建于1952年10月，是新中国建立的第一所煤炭工业设计院。

现有国家颁发的煤矿工程、建筑工程、民用爆破器材工程、建筑智能化系统工程、环境污染防治专项工程的甲级资质和电力工程、公路工程、机械工程、市政公用工程的乙级设计资质，同时具有建设项目水土保持、环境影响评价、地质灾害治理勘察、测量、咨询、工程监理、工程总承包等甲级资质。由建设部和国家统计局评为“全国勘察设计综合实力百强单位”。1997年通过ISO9001标准质量管理体系认证。现有员工500余人，高级工程师以上200余人，国家级设计大师1人、省级设计大师1人。

20世纪50年代在学习前苏联的设计方法和设计标准的基础上，自行设计了平庄西、灵泉、岭北、义马、新邱、茂名等6座露天煤矿设计，其中平庄西露天煤矿是我国第一部自主设计的代表作。进入20世纪80年代的改革开放时期，开始对外技术交流和国际技术合作。采取了“走出去、引进来”的方法，派出大量技术和管理人员考察、学习国外先进的露天采矿技术和装备。在五大露天煤矿(即平朔、伊敏、霍林河、准格尔、元宝山)设计中，采用了国际上先进的开采工艺和设备，先后与美国岛溪公司、美国福陆公司、德国莱因公司和前苏联列宁格勒设计院等公司、设计院合作，开展技术方案设计。改革开放近30年来，先后自行设计平朔安家岭、扎哈淖尔、哈尔乌素、胜利一号、大唐胜利东等十几个大型露天煤矿，总设计生产能力约为2.4亿t/a。由长期采用单斗—铁道工艺设计，发展成为单斗—卡车工艺、轮斗工艺、单斗—卡车—破碎站—带式输送机半连续工艺、单斗—自移式半连续工艺和吊斗铲倒堆剥离工艺等，极大地促进了我国露天煤矿工艺技术和装备水平的飞速发展。

先后主编及参编《煤炭工业露天总体规划》、《露天煤矿工程设计规范》、《露天采矿手册(煤炭露天篇)》及规程、标准等。20世纪50年代提出的$V=f(p)$曲线理论，现今仍在露天煤矿设计工作中广泛应用。

为加快露天煤矿的建设，提高设计效率，自1985年以来先后开发了移动圆锥法圈定露天煤矿开采境界软件系统、煤田勘探程度设计评价软件包、三维动态规划法露天开

采境界圈定软件系统、用计算机编制露天煤矿生产进度计划软件及露天采矿软件包等，实现集地质资料录入、地质模型建立、地质图形绘制、露天煤矿煤炭量计算和剥采工程计算等，分别达到国内和国际先进水平。

在科研成果上，研发机头伸缩式带式输送机、电缆卷绕车、轨道移设装置、移置式带式输送机、ZPG－400×1000型高强力双齿破碎机、2000t/h给料式半固定式破碎站等多项专利技术在大型露天煤矿得到应用，获得巨大经济效益和社会效益。

积极参与国际市场竞争，先后在印度、巴西、缅甸、土耳其、加拿大、俄罗斯等国家承担露天煤矿工程设计，总设计生产能力8000万t/a。

作为国内露天煤矿工业主要设计承担者，50多年来，共设计大、中、小型露天煤矿近百项，先后获国家级和部级132项银、铜奖。

现任院长简介

刘庆田，男，1952年9月17日出生，山东黄县人，毕业于辽宁工程技术大学矿建专业，本科学历，教授级高级工程师。1976年8月参加工作，曾任技术员、工程师、高级工程师。先后任沈阳煤矿设计院技术经济所副所长、计划经营处副处长、处长、院长助理、副院长、院长等职。

被选为："中国煤炭建设协会"理事、"辽宁省勘察设计协会"副理事长、"辽宁省煤炭行业协会"副理事长。曾参加《煤炭工业露天煤矿设计规范》和《露天煤矿剥离定额》的编制。

历任院长

刘佐魁　1952.10—1955.3（沈阳煤矿设计公司经理）
李华林　1955.4—1956.7
顾　峰　1956.8—1964.5
李　群　1965.8—1978.4
伊　彬　1978.4—1983.2
于文江　1983.2—1985.5
姜贵新　1985.5—1989.6
张　贵　1989.6—1999.12
孙　震　2000.1—2003
郑友毅　2003—2006
周　桐　2006—2007

中煤国际工程集团沈阳设计研究院大楼

内蒙古煤矿设计研究院有限责任公司

内蒙古煤矿设计研究院有限责任公司(原名为内蒙古自治区煤矿设计研究院)始建于1958年，拥有煤炭全行业设计及咨询甲级资质。公司在籍职工220人，中级以上专业技术人员117人，其中，高级及以上专业技术人员65人、各类专业注册工程师61人，省级设计大师3人。公司设立露天、矿井、机选、总运、机电、土建、环保、电算、技术经济8个专业设计所；并下设有3个全资子公司：工程公司、勘测公司、电脑公司。

公司通过ISO9001质量管理体系认证，档案管理达到国家二级档案管理标准，2005年获“全国煤炭行业十佳设计院”称号。

公司是内蒙古自治区煤炭行业唯一具有煤炭全行业甲级资质的设计咨询单位，具有矿井、露天煤矿、选煤厂甲级咨询、设计资质。同时拥有生态建设和环境工程、公路、机械工程咨询、工程测量、安全评价等资质。主要承担矿区规划、矿权设置、矿井、露天煤矿、煤炭深加工(焦化、洁净煤、褐煤提质)、环保、水保、土地复垦、劳动安全及工业卫生、(矿区)消防、(矿区)灭火、防治水、市政工程、(矿区)公路、(矿区)铁路、输配变电工程、机械类工厂、城镇及工业小区规划、工业与民用建筑等工程设计、科研、技术咨询、项目总承包、勘探、测量、监理和技术服务等业务。

50多年来，公司员工精心设计，积极参与内蒙古煤炭行业的建设事业，完成矿区总体规划20余部，规划产量10亿余吨；共完成大、中型以上露天煤矿、矿井、选煤厂设计300余部，总设计能力约2亿t。随着煤炭工业建设的快速发展，公司的业务逐步从内蒙古扩展到山西、宁夏、新疆、青海、河南等省区。近年来有30余项工程设计、计算机应用软件等科技成果获国家、省部级优秀设计奖及科技进步奖。

现任院长简介

宿威俊，男，1960年11月出生，1983年7月毕业于山西矿业学院地下采煤专业，获工学学士学位，教授级高级工程师，现任内蒙古自治区煤矿设计研究院有限责任公司董事长兼总经理。

历任内蒙古自治区煤矿设计研究院综合设计处副处长、处长；院副总工程师兼计划经营处处长；1998年任院总工程师；2005年任内蒙古自治区煤矿设计研究院院长至今。

先后获得国家、煤炭行业(部级)、自治区各类奖项50余项，涵盖了露天煤矿、井工矿、选煤厂、总体规划、专业设计软件及单项工程设计。

专业技术职称及执业资格：教授级高级工程师、注册采矿工程师、注册咨询师、注册矿产资源储量评估师、注册一级安全评价师、中国施工企业高级职业经理人、中国煤炭高级职业经理人。

历 任 院 长

白文芳　　1974—1976
乌恩奇　　1976—1979
谢　军　　1979—1983
赵仁诚　　1983—1985
焦东鹏　　1985—1987
王作储　　1987—1995

宝日希勒露天煤矿1000万t/a采场全景(内蒙古煤矿设计研究院设计)

白音华二号露天煤矿地面生产系统规模1500万t/a（内蒙古煤矿设计研究院设计）

中煤西安设计工程有限责任公司

1954 年创建的煤炭工业部西安设计研究院，是原煤炭工业部直属甲级综合勘察设计研究单位(现名为中煤西安设计工程有限责任公司)，1997 年煤炭工业部撤部后划归中煤建设集团公司，2001 年开始隶属于中国中煤能源集团公司。

公司具有国家颁发的煤炭矿区、矿井、露天煤矿、选煤厂及矿区配套工程、建筑和智能建设、环境污染防治专项工程、地质灾害防治工程、建设开发项目水土保持方案甲级设计资质，岩土工程勘察、工程测绘、环境影响评价、岩土工程、工程总承包、工程造价咨询甲级资质，以及工程建设场地抗震性能评价、电力工程、公路工程、铁路工程、桥梁与隧道工程、市政工程、城市规划等设计资质。主要从事煤炭行业和非煤行业的岩土工程勘察、工程测绘、工程设计、环境影响评价、科研开发、岩土工程、设备设计、工程监理与工程总承包等业务。

公司现共有员工 970 人，其中在职职工总数 864 人。在职职工中专业技术人员 678 人，其中，国家设计大师 1 人，教授级高级工程师 41 人，高级工程师、政工师 259 人，各类注册技术人员 198 人。

本公司近 20 年来设计大、中型露天煤矿 13 座，为露天煤矿建设作出了贡献。

20 世纪 80 年代以来，公司共获得省部级各种奖项 125 项，其中国家优秀设计金奖 4 项。2000 年通过 ISO9001 标准（1994 版）质量管理体系认证。2003 年获得 ISO9001 标准（2000 版）的质量管理体系认证证书。

现 任 院 长 简 介

王锐锋，男，吉林人，1957 年 11 月出生，1973 年 11 月参加工作，1974 年 11 月入党，1982 年毕业于阜新矿业学院采矿专业，教授级高级工程师。1982 年 2 月至 2001 年 4 月在煤炭工业部邯郸设计研究院先后担任工程师、副处长、副院长、常务副院长等职务，2001 年 4 月至 2006 年 4 月在煤炭工业部西安设计研究院任书记兼副院长，2006 年 4 月至 2008 年 6 月任中煤西安设计工程有限责任公司执行董事、总经理兼党委副书记。

1990 年被中国统配煤矿总公司命名为优秀青年知识分子，1991 年被评为河北省勘察设计先进工作者，1991 年获全国工程设计计算机优秀设计软件一等奖，1996 年在国家实施的“百千万人才工程”中被煤炭系统评为拔尖人才，2000 年被评为享受政府特殊津贴，2003 年被陕西省科技工委评为“廉勤兼优”模范干部。

历 任 院 长

郝　耀　1954. 9—1956. 2
白　瑶　1956. 2—1958. 2
庞振华　1958. 2—1978. 6
李维纪　1978. 6—1983. 5
张连栋　1983. 6—1996. 5
陈志强　1996. 6—1997. 8
王燕宾　1997. 9—2004. 2
雷鸣远　2004. 3—2008. 3
李馥友　2008. 4—2008. 6

中煤国际工程集团北京华宇工程有限公司

中煤国际工程集团北京华宇工程有限公司(以下简称“华宇工程”)是国务院国资委所属的中央企业。华宇工程前身是由1952年成立的北京煤炭设计研究院和1956年成立的煤炭工业部选煤设计研究院联合组建，是以提供工程建设全过程优质服务为主业的国际型工程公司。

公司现有员工近800人，拥有国家级设计大师3人、勘察大师1人，教授级高级工程师90余人，高级工程师380余人，国家级各类注册执业资格人员248人。

公司重组后，在国内煤炭领域具有较强的综合实力，拥有国家颁发的甲级资质证书20余项，各类专业配套齐全，具有矿山、选煤、水煤浆制备、电力、机械、设备集成、计算机、通信、建筑、市政、交通、铁路、环境保护等近40个专业，并在市政、交通、铁路等跨行业资质方面具有国家重点投资行业的较高级资质。

公司的业务范围遍及全国29个省、市、自治区及20个国家和地区。迄今为止，公司共完成矿区总体规划100余项、矿井设计300余项、选煤厂设计500余项、电厂设计50余项、水煤浆厂设计30余项以及市政、交通、工业与民用建筑设计数百项，工程总承包项目60余项。其中获得国家级金奖10项，银奖12项。公司重视新工艺、新材料、新设备、新能源的研究开发工作。至今共完成各种科研和开发项目200多项，其中获得国家或省部级各种奖项40余项、优秀软件奖5项。公司成功设计了大型露天煤矿选煤厂，如安家岭露天煤矿选煤厂(设计能力2600万t/a)、准格尔矿区哈尔乌素露天煤矿选煤厂(设计能力2500万t/a)等。

现任总经理简介

李明辉，男，1961年9月出生，河南省邓州市人，中共党员，教授级高级工程师，现任中煤国际工程集团北京华宇工程有限公司总经理。1982年7月毕业于武汉钢铁学院选矿工程专业。曾任煤炭工业部选煤设计研究院助理工程师、工程师、高级工程师；历任煤炭工业部选煤设计研究院主任工程师、副处长、处长、副院长，北京华宇工程有限公司副总经理等职。

参加工作以来，李明辉同志在《煤炭加工与综合利用》、《煤矿设计》、《选煤技术》等杂志发表了《论神华煤降低水分的必要性和有效途径》、《GZM－150Ⅲ型新型自同步振动给料机的研制与应用》、《耐磨弯头和耐磨阀门在选矿业的应用》等数篇论著。主持起草了《煤炭工业选煤厂设计规范》(GB 50359—2005)、《煤炭工业选煤厂建设标准》、《煤炭科技术语——选煤》(GB/T 7186—1998)、《选煤厂用图示符号》(GB/T

16660—1996)、《选煤水力分级效果评定法》(MT/T 738—1997)、《选煤厂浓缩效果评定方法》(MT/T 736—1998)、《选煤厂可行性研究编制内容及深度》、《选煤厂初步设计编制内容及深度》等规范和标准。先后获各种奖 8 项，其中国家级工程设计银奖 1 项，煤炭行业工程设计一、二、三等奖 4 项，煤炭工业协会科技进步二、三等奖 3 项。2006 年被中国煤炭工业协会选煤分会选为副理事长。

历 任 总 经 理

周少雷　2001. 12—2006. 12

郑友毅　2007. 1—2007. 12

辽宁天信工程设计咨询有限公司

辽宁天信工程设计咨询有限公司是顺应煤炭行业改革与科技发展的新形势而组建的新型工程设计和咨询服务股份制经营单位。其主要经营范围为：建筑工程设计、煤炭行业井工及露天设计、煤矿安全评价、非煤矿山及危化安全评价、煤矿(露天、井工)生产能力核定等技术咨询与服务。公司现拥有煤炭行业（矿井、露天矿）乙级、冶金行业（冶金矿山工程）乙级、建筑丙级设计资质。

公司现有职工 30 余人，其中，采矿、矿建、机电、运输、通风、地质等专业设计人员 24 人，设计人员中高级工程师 18 人，工程师 6 人，各类外聘专家 15 人。

公司下设煤矿(露天、井工)设计部、建筑设计部、综合管理部、资料档案室及其他相关职能部门。主要服务项目包括：煤炭(井工矿井、露天煤矿)设计、建筑工程设计、煤矿安全评价、非煤矿山及危化安全评价、各种灾害评估、技术论证、煤矿(露天、井工)生产能力核定等技术咨询服务。

公司自成立以来，先后完成数十家各种大、中型煤炭企业及数百家地方煤炭企业的新建、改扩建项目的设计及安全评价工作。公司先后在辽宁、山西、内蒙古、吉林、四川、黑龙江等省区完成设计及安全评价项目数百个，均得到了业主和行业主管部门、行业协会的认可。

现任经理简介

单继舟，1960 年 9 月出生，1982 年毕业于阜新矿业学院露天开采专业。拥有高级讲师、采矿工程和安全工程高级工程师、国家注册安全（二级）评价师，注册安全工程师等职称。现任辽宁工程技术大学职业技术学院科技中心副主任，辽宁天信工程设计咨询有限公司董事长。

煤炭科学研究总院抚顺分院

煤炭科学研究总院抚顺分院(以下简称抚顺分院)始建于1953年,是我国煤炭行业建立最早的主要从事煤矿安全技术研究和产品开发(同时拥有我国煤炭工业唯一的露天开采安全研究机构)的科学研究机构。1999年7月,抚顺分院转制为中央直属的科技企业。

经过50余年的发展,到目前,抚顺分院已形成"矿山安全技术研究"、"新产品研发与生产"、"安全产品检验检测"、"安全技术项目评价"四大主体功能版块;在坐落于辽宁省抚顺市的总部功能不断完善和扩大的同时,经国家同意收并了"沈阳煤炭科学研究所",在大连组建了"大连矿山安全科学技术研究院"。

抚顺分院现有职工1000余人,其中,专业技术人员500余名,研究员15名、高级工程师150余名,硕士研究生45名、博士研究生9名,博士生导师5名、硕士生导师50余名;同时还拥有一批结构合理、工种齐全、水平较高的知识技能人才。是列入国家计划内招生的硕士研究生培养单位、安全工程博士研究生培养单位,是人事部批准的博士后科研工作站。煤矿安全标准化技术委员会、中国煤炭学会安全专业委员会、中国煤炭工业劳动保护科学技术学会瓦斯防治专业委员会、火灾防治专业委员会、矿井降温专业委员会和露天煤矿安全专业委员会均挂靠在抚顺分院。主办发行《煤矿安全》和《露天采矿技术》两种全国中文核心期刊。

自建院以来,抚顺分院在露天开采专业共取得科研成果200余项,1966—2003年获国家级奖3项、省部级奖15项。多次参加我国《煤矿安全规程》、《煤矿安全手册》等技术法规和专著专集的制订、修订和编写。分院已与世界各主要产煤国家建立了良好的技术交流和合作关系,取得多项合作研究和开发成果。

在人才培养方面自主培养博士后和博士研究生15人,硕士研究生45人;有78人享受国家政府特殊津贴。

现任院长简介

王建国,男,中共党员,研究员。1982年毕业于阜新矿业学院地质测量专业,参加工作后,曾先后任副所长、所长、煤科总院抚顺分院院长、党委书记。兼任中国煤炭学会常务理事、中国煤炭学会煤矿安全专业委员会主任委员、中国煤炭学会露天开采专业委员会副主任委员,中国劳保学会露天煤矿安全专业委员会副主任委员,《煤矿安全》杂志编辑委员会副主任,《露天采矿技术》编委会副主任、主编,中国地质灾害研究会滑坡与崩塌专业委员会副主任委员,中国岩石力学与工程学会东北分会副理事长,中国岩石力学与工程学会地面工程专业委员会委员，煤炭部技术咨询委员会副主任委员，连续三届被选为辽宁省人大代表。2006 年被授予“抚顺市科技功勋奖”。

主持完成了 21 项课题，指导组织并参与完成国家、行业攻关等课题 35 项。获国家科技进步三等奖 1 项、省部级科技进步一等奖 1 项，二等奖 6 项，组织撰写露天煤矿边坡稳定研究专著 2 部，发表论文 20 余篇。

历 任 院 长

马　龙	1950—1952	所长
李　星	1952—1953	所长
陈家梁	1953—1956	所长
徐　石	1956—1960	所长
费广泰	1960—1964	所长
王才有	1969—1979	革委会主任
宁凤亭	1979—1982	所长
张　武	1982—1988	院长
屠锡根	1992—1995	院长
王瑞年	1995—1999	院长

中国矿业大学

中国矿业大学是教育部直属的全国重点大学，是国家“211 工程”和“985 工程”、“优势学科创新平台项目”重点建设的高校之一。

中国矿业大学经过 90 多年的发展，已经形成了以工科为主、以矿业为特色，理、工、文、管、法、经等多学科协调发展的学科专业体系。目前，学校设有 18 个学院，60 个本科专业；设有 9 个一级学科博士点，14 个一级学科硕士点，50 个博士点，100 个硕士点；现有 8 个国家重点学科、1 个国家重点(培育)学科，4 个部级重点学科，9 个省级重点学科，8 个“长江学者奖励计划特聘教授”岗位设置学科，11 个博士后科研流动站。

在长期的办学过程中，中国矿业大学始终坚持育人为本，德育为先，先后为国家培养了 12 万多名毕业生。改革开放以来，学校先后获国家级教学成果奖 13 项(其中一等奖 3 项)，省级教学成果奖 55 项；国家级优秀教材奖 9 项，省部级优秀教材奖 54 项；国家级精品课程 3 门，省级精品课程 8 门；省级优秀课程 45 门、优秀课程群 2 个；国家特色专业建设点 3 个，省级品牌专业 10 个、建设点 2 个，省级特色专业 3 个、建设点 3 个。国家级实验教学示范中心建设单位 1 个；江苏省省级实验教学示范中心 3 个、建设点 5 个。近年来，我校本科生共有 1500 余人次获得省级以上科技竞赛奖励 1000 多项，大学生累计获得专利授权 110 余项。1999 年以来，我校有 11 篇博士论文入选全国百篇优秀博士论文。目前，学校共有各类学生 40000 多人。其中，研究生 5000 多人，普通本科生 25000 多人，留学生 100 多人。

中国矿业大学致力于科学研究，取得了一大批高水平的研究成果。“九五”以来，学校先后承担各类科研项目 7189 项。其中，国家级科技项目 638 项，包括“863”项目 45 项、“973”项目 43 项、国家杰出青年基金项目 9 项、国家自然科学基金项目 285 项等；先后获得国家级科学技术奖 37 项，省部级科学技术奖 498 项。申请专利 661 项，授权 446 项，出版各类著作 875 部，编写教材 176 部。近年来，学校积极实施国际化教育制度，全方位加强对外交流与合作，同德国杜伊斯堡大学、英国诺丁汉大学、澳大利亚斯运伯恩科技大学、美国肯塔基大学等近 50 所高校和科研机构建立了学术交流和合作关系，成功举办了多次国际性学术会议，学术交流日益活跃。

中国矿业大学拥有一支思想素质好、学术水平高、结构比较合理的师资队伍。现有教职工 3000 多人，其中专任教师 1400 多人；在专任教师中，教授 253 人，副教授 369 人，博士生导师 172 人，硕士生导师 482 人；先后有 6 人当选中国工程院院士，1 人获首届中国青年科学家奖，1 人被评为“全国优秀博士后”，2 人获首届全国百名高校教学名师奖，2 人被评为“全国模范教师”，3 人被评为“全国优秀教师”，3 人获“全国五一劳动奖章”，7 人获“孙越崎能源大奖”，7 人被列为国家“百千万人才工程”第一、二层次培养对象，10 人被评为国家有突出贡献的中青年专家，11 人获国家杰出青年科学基金，12 人获中国青年科技奖，52 人被列为煤炭系统专业技术拔尖人才，117 人次入选江苏省“333 人才工程”，99 人次和 7 个学术梯队入选江苏省“青蓝工程”，262 人享受国务院颁发的政府特殊津贴。

中国矿业大学拥有较为完备和先进的教学科研实验设施。图书馆藏书 195 万册；现有 2 个国家重点实验室、1 个国家工程研究中心和 1 个国家级大学科技园，2 个教育部重点实验室、9 个其他省部级重点实验室和 5 个省部级工程（技术）研究中心，以及配套齐全的文化、体育、生活设施。校园占地面积 4413 亩（文昌校区 1555 亩，南湖校区 2858 亩），校舍建筑面积 100 余万平方米。

现任校长简介

葛世荣，男，1963 年 4 月出生，浙江天台人。1983 年 7 月毕业于黑龙江矿业学院，1989 年获得中国矿业大学工学博士学位。1994 年 10 月起任中国矿业大学校长助理，1997 年 3 月起任中国矿业大学副校长，2007 年 8 月起任中国矿业大学校长。

葛世荣校长是中国矿业大学材料科学与工程学院和机电工程学院教授、博士生导师、摩擦学与可靠性工程研究所所长。发表论文 140 余篇，出版《摩擦学的分形》、《摩擦学导论》、《矿井提升机可靠性技术》和《矿山机械可靠性设计》等著作。目前，从事生物摩擦学、摩擦学非线性理论、救灾机器人和矿山机械可靠性等方面的科学研究，并承担“973”、“863”及“国家自然科学基金重点项目”等研究课题。

获得过国家技术发明二等奖、国家科技进步三等奖、江苏省科技进步一等奖、教育部自然科学二等奖等 9 项省部级以上科技成果奖励。荣获“国家杰出青年科学基金”、“作出突出贡献的中国博士学位获得者”、“中国青年科技奖”、“国家有突出贡献的中青年技术专家”、“全国优秀科技工作者”、“孙越崎能源科技大奖”、“中国机械工程学会青年科技成就奖”、“霍英东高校青年教师奖（研究类）”、“中国科技奖励基金会孙越崎青年科技奖”、“江苏省青年科学家奖提名奖”、“江苏省优秀学科带头人”等奖励和称号。

先后被聘为教育部第五届科学技术委员会委员，国家自然科学基金委员会工程与材料学部第九、十届专家评审组成员，江苏省自然科学基金评审委员会工程学科副组长。他受聘为清华大学摩擦学国家重点实验室、中国科学院固体润滑国家重点实验室、重庆大学机械传动国家重点实验室的学术委员会委员。担任中国工程机械学会副理事长、矿山机械分会理事长，中国机械工程学会摩擦学分会常务理事、学术工作委员会副主任、生物摩擦学与内植物工程专业委员会副主任、中国机械工程学会机械设计分会常务理事、江苏省煤炭学会副理事长、江苏省振动工程学会副理事长等学术职务。兼任《摩擦学学报》、《煤炭学报》、《中国工程机械学报》、《Journal of Bionics》、《中国表面工程》、《中国矿业大学学报》、《润滑与密封》、《矿山机械》和《煤矿机电》等学术刊物的编委。

历 任 校 长

田　程	焦作路矿学堂校长	1909—1915
王法歧	福中矿务学校校长	1915—1918
杜鸿宾	福中矿务学校校长	1918—1919
许　源	福中矿务专门学校校长	1919—1920
程世济	福中矿务专门学校校长	1920—1920
周振先	福中矿务专门学校校长	1920—1920
李　鹤	福中矿务大学校长	1920—1923
凌　涛	福中矿务大学校长	1923—1923
张仲鲁	焦作工学院院长	1923—1926
张清涟	焦作工学院院长	1933—1938，1946—1950
陈　郁	中国矿业学院院长(兼)	1951—1954
吴子牧	北京矿业学院院长	1955—1961
	中国矿业学院、北京矿业学院副院长	1950—1955
陈一凡	北京矿业学院副院长	1955—1961
	北京矿业学院院长	1961—1970
	四川矿业学院院长	1970—1978
刘子光	中国矿业学院院长	1978—1982
彭世济	中国矿业学院副院长	1980—1982
	中国矿业学院院长	1982—1988
	中国矿业大学校长	1988—1993
郭育光	中国矿业大学校长	1993—1998
谢和平	中国矿业大学校长	1998—2003
王悦汉	中国矿业大学校长	2003—2007

中国矿业大学校门

中国矿业大学图书馆

中国矿业大学办公楼

中国矿业大学体育场

辽宁工程技术大学

辽宁工程技术大学是一所具有50余年悠久历史的国家重点大学。新中国成立前夕，为恢复生产、发展经济、支援解放全中国，经东北人民政府批准，分别成立了鹤岗工科高级职业学校、鸡西煤矿工业学校、抚顺工科高级职业学校、阜新工科高级职业学校及东北煤矿工人速成学校。1958年成立了阜新矿业学院。20世纪60年代初期院校调整，与抚顺煤矿学院、辽宁煤矿师范学院和鸡西矿业学院合并，校址选于辽宁省阜新市，定名为阜新煤矿学院，1978年学校更名为阜新矿业学院。1996年4月，经国家教委批准更名为辽宁工程技术大学。

半个多世纪以来，学校在上级部门的亲切关怀和正确领导下，积极解放思想，抢抓机遇，锐意改革，办学规模不断扩大，办学层次与办学水平日益提高、办学实力显著增强。1978年被国务院确定为全国首批88所重点院校之一、全国200所有条件接收留学生单位之一；1981年被批准为首批硕士学位授予单位；1993年获准为博士学位授予单位；1999年被批准设立博士后科研流动站，同年学校又成为工程硕士学位授权单位；现已成为集人才培养、科学研究、社会服务于一体，拥有工、理、文、管、经、法、农等多学科，办学设施完善、师资力量雄厚的著名高等学府。现设有资源与环境工程学院、机械工程学院、工商管理学院、土木建筑工程学院、葫芦岛软件学院、职业技术学院、技术与经济学院等18个院系、74个本科与高职专业。建有矿业工程、办学、测绘科学与技术博士后科研流动站，拥有3个一级学科博士学位授权点、17个二级学科博士学位授权点、6个一级学科硕士学位授权点、41个硕士学位授权点、11个工程硕士学位授权领域、9个省级重点学科、8个省级重点建设实验室，已形成了适应国家经济建设和辽宁省经济与社会发展需要的学科体系。

近年来，先后承担国家科技攻关、国家自然科学基金、国家星火计划、“863”国家高新技术等各类科研课题800余项，取得了一大批科技成果，200多项成果获得国家、省部及市级科技进步奖。

学校对外交流与合作日益扩大，先后与德国、澳大利亚、南非、美国、日本、越南、俄罗斯等10多个国家的许多高等院校、科研单位建立了校际联系和学术交流关系，与澳大利亚昆士兰大学、南非比陀利亚大学、德国柏林工业大学、日本秋田大学等国外高校签订了合作办学协议，互派专家、学者、留学人员进行学术交流，开展科研合作。培养了一大批外国留学生，与国外科研院所合作承担了数十项科研课题。学校与澳大利亚伍伦贡大学、越南矿业学院共同开办了“2+2”、“3+1”联合培养人才模式，与德国克劳斯达尔技术大学签订了联合培养人才协议。

栉风沐雨，春华秋实。学校以其优良的学风和校风，多次被辽宁省政府、省教育厅授予“文明单位”、“安全文明校园”、“优良学风校”荣誉称号。建校半个多世纪以来，已向国家输送了6万余名各类人才。1958年露天开采专业开始招生，至2008年为国家培养露天开采专业本科生803名，硕士研究生78名（其中，硕士21名、博士8名）。广大毕业生遍布国家经济建设各条战线，涌现出了一大批卓越管理人才和著名专家、学者。辽宁工程技术大学是国内一流的教学研究型大学，其在国际上具有一定影响力。

现任校长简介

潘一山，男，汉族，1964年5月出生，辽宁丹东人，教授，博士生导师，中国地震局地质研究所博士后，辽宁工程技术大学校长。中国岩石力学与工程学会理事，辽宁省力学学会副理事长，中国岩石力学与工程学会数学物理模拟专业委员会副主任，中国岩石力学与工程学会岩石动力学专业委员会副主任，《岩石力学与工程学报》编委，《岩土力学》编委。研究方向为煤矿冲击地压、瓦斯突出、煤层气开采，在岩体失稳理论方面主持或参加完成了近60余项科研项目，获省部级科技进步奖6项，国家自然科学基金项目9项，在国内外著名学术期刊发表论文60余篇。

历任校长

张美东　1977. 7—1978. 7
刘　震　1978. 7—1981. 11
刘卫东　1981. 11—1985. 7
吴大章　1985. 7—1989. 7
刘明新　1989. 7—2002. 4
石金峰　2002. 4—2008. 6

附录四　中国煤炭学会露天开采专业委员会（1980—2008年历届委员名单）

第一届　露天开采专业委员会（1980年）

主　　任	王秉衡					
副 主 任	宁凤亭	汪振山				
学术秘书	雷良惟					
委　　员	王秉衡	宁凤亭	汪振山	年福长	贾崇慧	袁乃勤
	范奇文	刘淑奇	郭影武	何国柱	陈明和	雷良惟
	鄂玉久	徐启声	吴　江	邓锦荣	张印轩	马新民
	彭世济	马兰英				

第二届　露天开采专业委员会（1986年）

主　　任	王秉衡					
副 主 任	雷良惟	马兰英	马新民			
委　　员	王秉衡	雷良惟	马兰英	马新民	方大成	王庭舜
	诸世禹	赵长清	孟庆芳	王　旭	陆光泽	顾维忠
	唐步洲	杨荣新	郭增涛	沈宗约	王汉玉	鄂玉久
	吴　江	汪振山	谢鸿秋	侯新华	徐金汉	焦玉书
	顾立保	金崇兴				

第三届　露天开采专业委员会(1990年)

顾　　问	王秉衡	彭世济				
主　　任	雷良惟					
副主任	马兰英	马新民	诸世禹	高国骧	项永丞	
学术秘书	张生善					
委　　员	雷良惟	马兰英	马新民	诸世禹	高国骧	项永丞
	许炳麟	王汉玉	石育春	姚常明	张传义	齐政民
	鲍泽汉	王国生	廖业荣	昌　廉	计玉洲	李成年
	王书岭	王瑞新	徐　鹰	邱朝鑫	杨润国	张子良
	赵唱尧	汪梅生	张幼蒂	翟治光	王庭泽	唐崇礼
	焦玉书	孟宪昌	卫代福	侯新华	侯诚达	

第四届　露天开采专业委员会(1995年)

名誉委员	马新民	彭世济	雷良惟			
主　　任	王　旭					
副主任	马　杰	马兰英	江智明(常务)		刘裕文	张生善
	高鸿儒	唐宗礼				
学术秘书	张淑芬					
委　　员	马　杰	马兰英	王　旭	王　冲	王庆涛	王瑞升
	户文柏	石育春	吕　廉	江智明	刘贵庭	刘继民
	刘裕文	吴双忱	李长长	张子良	张生善	张幼蒂
	张传义	张宪山	张淑芬	佟凯旋	汪梅生	邱朝鑫
	金智球	尚宜朴	杨玉福	杨润国	赵长青	赵唱尧
	贺佑国	侯云建	侯新华	侯诚达	唐宗礼	徐祖若
	姚常明	高鸿儒	焦玉书	廖业荣	戴智禄	

第五届　露天开采专业委员会(2002年)

名誉主任　王　旭

名誉委员　刘裕文　杨涧国　吕　廉

主任委员　洪　宇

副主任委员　(按姓氏笔画为序)

才庆祥(常务)　马　军　王　冲　王建国　胡　群

秘书长　李克民　张淑芬

委　员　(按姓氏笔画为序)

才庆祥	马　军	马　季	马培忠	王　冲	王　林
王文忠	王志宏	王建国	王福清	田爱民	叶新荣
冯建宏	刘　光	刘　鹏	刘志军	刘泽民	刘毅勇
乔云海	武　杰	李　龙	李克民	李宽让	赵春晨
洪　宇	洪　因	胡　群	贺佑国	张瑞新	张福才
郭昭华	郭著实	姚常明	崔　刚	韩　放	

第六届　露天开采专业委员会(2008年)

专委会挂靠单位　中国矿业大学(徐州)

主任委员　洪　宇

常务副主任委员　才庆祥

副主任委员　(按姓氏笔画为序)　马　军　王　冲　王建国　李　东

秘书长　李克民

副秘书长　解连江

委　员　(按姓氏笔画为序)

丁新启	才庆祥	马　军	马培忠	王　冲	王文忠
王文新	王书杰	王玉泉	王成龙	王志宏	王社林
王启瑞	王建国	王海清	白占平	田　会	刘　光
刘　鹏	刘子安	刘志军	刘宝龙	刘学成	刘泽民
刘毅勇	刘增勋	任利明	李　东	李　龙	李　纲
李安光	李克民	李志桐	吴飞云	张　学	张　勇
张世钦	张防修	张福才	张瑞新	孟建华	武建平
郑友毅	贺佑国	洪　宇	洪　因	姚常明	赵　宇
赵二夫	赵学军	高士友	高登来	郭昭华	徐志远
常天明	崔　刚	韩　放	蒋文化	解连江	

附录五　中国露天采矿专业名人录

（按姓氏笔画为序）

丁新启（1964—），男，山西原平人，教授级高级工程师，1986年毕业于中国矿业大学采矿工程专业，获辽宁工程技术大学工学硕士学位，现为北京科技大学在读博士。历任安太堡露天煤矿采矿部调度室调度长、生产班总工长、生产班值班经理；安太堡露天煤矿采矿部总支书记兼第一副经理（平朔公司中层副职）；安太堡露天煤矿工程部经理；安太堡露天煤矿采矿部经理；安太堡露天煤矿党委委员、安监站副站长；安家岭煤炭公司党委委员、副总经理；安家岭露天煤矿党委委员、副矿长；安家岭露天煤矿矿长，党委副书记。现任安太堡露天煤矿矿长，党委书记。发表专业论文多篇。

于正义（1938—），男，辽宁人，1964年北京矿业学院露天采矿专业毕业，教授级高级工程师。在沈阳煤矿设计院先后任技术员、工程师、高级工程师等职。先后担任公乌素一号露天煤矿、黑岱沟露天煤矿、哈尔乌素露天煤矿设计项目负责人。获国务院特殊津贴。

于汝绥（1931—），男，教授，博士生导师，江苏金檀人。1949—1952年在焦作工学院、中国矿业学院学习，后分别在中国矿业学院、北京矿业学院，云南煤炭学院，昆明煤炭设计院工作，1979年后一直在中国矿业大学任教。政府特殊津贴获得者，国内露天采矿专业的知名学者。获国家教委理论成果二等奖1项、能源部科技进步一等奖和国家科技进步二等奖各1项。

才庆祥(1958—)，男，黑龙江桦南人，博士，二级教授，1981 年毕业于中国矿业大学露天开采专业。曾任中国矿业大学采矿工程系露天开采教研室主任、采矿工程系主任、中国矿业大学能源科学与工程学院院长、党委书记，现任中国矿业大学科学技术处处长。发表《露天煤矿生产与生态重建一体化系统模型》、《露天矿剥离与土地复垦一体化作业优化研究》、《矿区铁路运输系统可靠性研究》、《大型近水平露天煤矿端帮边坡时效性分析及应用》、《露天煤矿高效开采新技术》等多篇论文。

马　军(1959—)，男，汉族，浙江杭州人，教授级高级工程师，1982 年毕业于中国矿业大学露天采矿专业。曾任霍林河矿区指挥部计划处副处长、霍林河矿务局计划工程处处长、南露天煤矿矿长、霍林河矿务局生产副局长、常务副局长、准格尔煤炭工业公司副总经理、董事、总经理，现任神华准能公司董事长、党委书记。曾发表《露天煤矿应用抛掷爆破技术研究》、《抛掷爆破与拉斗铲倒堆工艺研究》、《露天矿倒堆剥离工艺的发展及其应用前景——露天煤矿倒堆剥离开采方法系列论文之一》、《露天煤矿应用拉斗铲倒堆工艺影响因素分析》、《露天煤矿拉斗铲作业对煤层厚度变化影响》等多篇论文。

马洪伟(1966—)，男，汉族，吉林德惠人，中共党员，教授级高级工程师，国家注册二级安全评价师，注册安全工程师。本科毕业于阜新矿业学院采矿工程系露天开采专业，硕士毕业于辽宁工程技术大学采矿工程专业。曾先后在霍林河矿务局南露天煤矿、大连凤林安全评价检验咨询有限公司、内蒙古大唐国际锡林浩特矿业有限公司从事露天煤矿生产安全管理工作，现任内蒙古大唐国际锡林浩特矿业有限公司副总工程师。发表《露天矿深孔松动爆破方法的改进》等多篇科技论文。

马培忠（1964—)，男，河北阳原人，教授级高工，全国工程建设注册监理工程师、全国注册咨询工程师、全国注册采矿工程师、新世纪百千万人才工程，1987 年毕业于原阜新矿业学院采矿系露天开采专业。完成了准格尔、元宝山、小龙潭、宝日希勒、胜利、安家岭、伊敏河、霍林河、抚顺东露天等十几个矿区和露天煤矿的设计、科研项目，共计 90 多项。历任煤炭工业部沈阳设计研究院露天所副所长兼主任工程师，院副总工程师兼露天所所长，院总工程师；现任中煤国际工程集团沈阳设计院副院长、总工程师。多次荣获国家、省部级奖项。发表《数理统计分析法在轮斗挖掘机选型设计中的应用》、《半连续工艺在中国露天煤矿应用前景的研究》、《半连续开采工艺在露天煤矿的应用》、《黑岱沟露天煤矿技改工程的设计创新及启示》等多篇论文。

牛连起(1935—)，男，北京人，1958年北京矿业学院露天采矿专业毕业。在沈阳设计院先后任技术员、工程师、高级工程师等职。曾担任霍林河一号露天煤矿项目负责人，霍林河一号露天煤矿获国家设计银奖。从事露天开采设计工作40余年，作出了巨大贡献。

王　冲(1960—)，男，汉族，吉林镇赉人，中共党员，教授级高级工程师，博士，享受国务院特殊津贴。1982年7月毕业于中国矿业大学。历任霍林河矿区指挥部南露天助理工程师、主管工程师，生产技术部主管工程师、主任；南露天煤矿副总工程师、总工程师、副矿长、矿长；内蒙古霍林河煤业集团有限责任公司副总经理兼矿建公司总经理。现任中电投蒙东能源集团有限责任公司副总经理。在参加工作期间，发表多篇科技论文、著作；获得多项部级、省市级殊勋，指导了霍林河矿区的合理开放和利用；为霍林河矿区的建设和祖国露天开采事业的发展做出了杰出的贡献。

王书杰（1959—），男，辽宁新宾人，研究员级高级工程师，1982年毕业于中国矿业学院。曾任华能伊敏煤电公司副总经理，现任华能呼伦贝尔能源开发有限公司副总经理。2005年率队赴俄罗斯、德国考察连续及半连续生产系统矿山，根据考察确定了伊敏煤矿二期工程采煤工艺为单斗电铲—自移式破碎机半连续开采工艺，由此开创了自移式破碎机半连续开采工艺在我国露天采矿中应用的先河。此工艺系统投运以来，系统运行稳定，生产效率高，成本低。2005年荣获全国劳动模范光荣称号。

王文忠(1948—)，男，云南泸西人，教授级高级工程师，毕业于中国矿业大学露天开采专业，先后荣获省有突出贡献优秀专业技术人才、中国煤炭工业优秀企业家，获国务院政府特殊津贴。曾发表《露天矿采场附近的排土场对采场边坡稳定性的影响》、《浅谈生产露天煤矿的边坡稳定性研究》、《可拓学理论在边坡破坏模式识别中的应用》、《布沼坝露天破碎转载站移设布局研究》（英文版）等论文。主持完成的《露天煤矿边坡岩移监测网及岩移监控》、《人工开挖山体边坡复合体突变及其对环境工程影响研究》、《露天边坡滑移场理论及其稳定性研究》项目获部级、省级奖励。专著有《工程爆破与安全》和《露天边坡山体边坡复合体稳定性分析》。

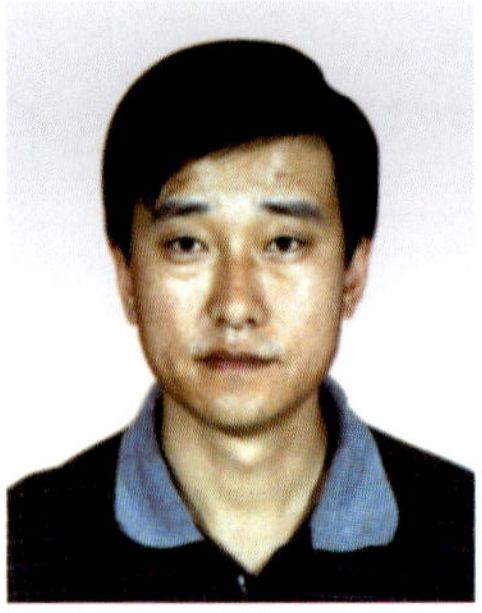

王平亮(1971—)，男，内蒙古卓资人，高级工程师，1994年毕业于中国矿业大学露天开采专业。曾任准煤公司黑岱沟露天煤矿办公室副主任、主任、副总工程师、总工程师、副矿长、总工程师等，现任准能公司黑岱沟露天煤矿副矿长、总工程师。曾发表《黑岱沟矿东排土场排土机排土方式研究》、《吊斗铲—单斗—卡车工作线长度的确定》、《全站仪在工程填方测量中的一次性放线》、《黑岱沟矿后续开采工艺的经济合理性初探》、《哈尔乌素矿拉沟位置与排土场场址选择》、《黑岱沟露天煤矿扩能改造后轮斗工艺系统的布置方式》、《黑岱沟露天煤矿吊斗铲工艺运煤开拓系统方案确定》等论文。

王永军(1972—)，男，内蒙古自治区乌兰察布人，1996年毕业于辽宁工程技术大学露天开采专业，露天开采高级工程师。曾任内蒙古煤矿设计研究院有限责任公司露天开采所所长、项目负责人。参与主持项目多次获奖，并获“2007年度全国煤炭工业劳动模范”称号。

王汉玉（1933—)，男，辽宁台安人，高级工程师，毕业于北京矿业学院露天开采专业，历任抚顺西露天煤矿总工程师、副矿长等。发表《技术改造是老矿提高经济效益的途径》等论文。

王成龙(1954—)，男，四川成都人，机电正高级工程师，1979年毕业于中国矿业学院。历任云南省小龙潭煤矿一大队股长、副大队长、大队长、副矿长从事机电管理工作，现任云南省小龙潭矿务局副局长。主持参与10多项科研项目，获云南省科技进步二等奖2项，三等奖3项，部级优秀成果三等奖1项。《布沼坝露天煤矿半连续工艺优化及锤式滚轴破碎机引用研究》这一成果对推动半连续开采工艺的进步和发展具有突破性的贡献。获“有突出贡献专业人才”、“全国优秀设备工作者”、“云南省优秀设备工作者”等称号。2005年获云南省人民政府特殊津贴。

王　旭(1936—)，男，汉族，北京顺义人，中共党员，教授级高级工程师，享受国务院特殊津贴。1962年毕业于北京矿业学院。历任海州露天煤矿副总工程师；霍林河矿务局总工程师，霍林河矿务局指挥部指挥、局长、党委书记。1989年荣获能源部“劳动模范”荣誉称号。工作期间，参与和指挥霍林河矿务局的开发和建设，为霍林河矿区的发展做出了卓越的贡献，为国家露天事业的发展做出了突出的贡献。

王启瑞(1965—)，男，内蒙古土默特左旗人，毕业于中国矿业大学露天采矿系，先后取得中国矿业大学矿业工程专业工程硕士学位、南开大学EMBA硕士学位、中国矿业大学采矿工程专业工学博士学位，教授级高级工程师。历任神华准格尔能源有限公司黑岱沟露天煤矿作业部副经理、经理、副矿长兼总工程师、公司生产技术部经理等职，现任神华北电胜利能源有限公司董事、总经理。发表论文多篇。2000年获得中国煤炭学会露天采煤青年科技奖，2008年入选内蒙古自治区煤炭工业专家技术咨询委员会委员。

王志宏(1958—)，男，教授，博导，辽宁省“百千万人才工程”百人层次人选。1982年毕业于原阜新矿业学院露天开采专业，1991年获工学硕士学位，1996年在中国矿业大学获工学博士学位，主要从事露天开采、矿业系统工程、资源经济等领域的教学和科研工作。曾先后担任辽宁工程技术大学露天开采与岩土工程研究所所长、采矿工程系副主任、资源与环境工程学院副院长、科研处处长、工商管理学院院长等职务，现任辽宁工程技术大学工商管理学院党委书记。省部级科技进步二等奖3项、三等奖2项，发表学术论文80余篇，出版专著和教材4部。

王社林(1965—)，男，河南内黄人，硕士，高级工程师，1989年毕业于中国矿业大学露天开采专业。曾任平朔安太堡露天煤矿设计员、主任工程师、技术部副经理、总工程师，平朔公司副总工程师、平朔安家岭公司总经理、大唐国际发电股份有限公司内蒙古分公司总工程师、内蒙古大唐国际锡林浩特矿业有限公司总经理；现任中国大唐集团煤业有限责任公司党组成员、副总经理。发表《露天煤矿汽车出动率的分析》、《安家岭露天煤矿端帮采煤方法研究》、《安家岭露天煤矿合理开采方案确定》等多篇论文。

王宝庭(1958—)，男，内蒙古通辽人，1982年毕业于中国矿业学院。曾任内蒙古霍林河南露天煤矿副总工程师，东煤公司基建局露天处主任工程师，中国煤炭国际经济技术合作总公司人事监察处处长、副总工程师；现任中国煤炭国际经济技术合作总公司总经济师(副厅级)、南洋鑫鑫矿业国际投资有限公司总经理。曾参加霍林河露天煤矿的建设和生产，参与霍林河、伊敏河、元宝山等露天煤矿的建设管理。发表《露天采矿优化理论与实践》等论文。

王建华(1957—)，男，汉族，内蒙古赤峰人，高级工程师、注册采矿工程师、国家注册监理工程师。1982年毕业于阜新矿业学院露天采矿专业，大学本科，获学士学位。毕业后任职于内蒙古煤矿设计研究院，一直从事于露天煤矿设计工作。曾在国家重点设计项目胜利露天矿区一号露天煤矿(规模1000万t/a)、内蒙古自治区大唐国际锡林浩特东胜利露天煤矿(规模3000万t/a)、内蒙古华能集团公司魏家峁露天煤矿(规模600万t/a)、鄂尔多斯市东胜区潮脑梁露天煤矿(生产规模400万t/a)、锡林郭勒盟乌兰图嘎锗矿等设计中担任项目负责人及主要设计人。

王建国(1955—)，男，山东人，研究员，毕业于阜新矿业学院露天煤田地质专业。曾任煤炭科学研究总院抚顺分院露天所副所长、副院长，现任煤炭科学研究总院沈阳研究院院长。曾发表《深大露天矿闭坑环境地质灾害与城市规划》、《抚顺东泰社区滑坡浅析》、《受控于软弱结构面的矿山软岩边坡稳定性》等多篇论文。

王振平（1947—)，男，河北滦南人，教授级高级工程师，中共党员，1982年毕业于中国矿业大学露天采矿专业。曾任助理工程师、工程师、高级工程师，露天开采所副所长、技术处副处长等职。先后担任“伊敏华能东电煤电有限责任公司一号露天煤矿二期工程生产系统方案设计”、“大型煤炭基地规划”编制，“平朔煤业有限公司安太堡露天煤矿原煤运输系统改造修改初步设计、施工图设计”等项目的项目经理，参加“大型煤炭基地规划”编制。先后发表《半连续工艺在中国露天煤矿应用前景的研究》（合写）、《近水平煤田露天煤矿运煤方式的探讨》、《准格尔矿区合理建设规模论证》等论文。多次荣获国家、省部级奖励。

王海清(1966—)，男，内蒙古乌兰察布人，党员，EMBA 硕士学位，高级工程师。1989 年毕业于阜新矿院露天开采专业，毕业后分配到准格尔能源有限公司技术处工作，先后任准煤公司露天煤矿作业部副经理、经理、露天煤矿生产技术部经理、露天煤矿总工程师、准能公司生产技术部副经理、总调度室主任等职务。2005 年 4 月调至神华北电胜利能源有限公司胜利露天煤矿工作，任胜利露天煤矿矿长、党委副书记。2004 年获得中国煤炭学会露天采煤青年科技奖。发表论文《胜利露天煤矿工作线长度优化》。

王继栋(1939—)，男，辽宁兴城人，高级工程师，毕业于阜新矿业学院露天采矿专业，历任抚顺矿务局西露天煤矿计划科副科长、科长、西露天煤矿副矿长等职。发表多篇论文。

王端武（1963—)，男，黑龙江海伦人，中共党员，教授级高级工程师，工学博士。1983 年毕业于阜新矿业学院采矿系。长期从事煤炭行业规划、安全监管监察工作，曾任煤炭工业规划设计总院助理工程师、煤炭工业部计划司工程师、中国统配煤矿总公司计划局工程师、煤炭工业部规划发展司副处长、国家煤炭工业局规划发展司处长、国家安全生产监督管理局(国家煤矿安全监察局)信息与技术装备保障司处长、江苏煤矿安全监察局副局长、国家安全生产监督管理总局安全生产协调司(国家安全生产监察专员办公室、职业安全监督管理司)副司长(副主任)，现任国家安全生产应急救援指挥中心综合部主任。参与和主持的科研项目曾获煤炭工业科技进步一等奖 2 项、煤炭工业科技进步三等奖 1 项，国家安全生产科技二等奖 1 项，曾获中国煤炭学会青年科技奖 1 项。在国内刊物上发表文章多篇。

王耀辉(1939—)，男，汉族，辽宁彰武人，中共党员，采矿高级工程师。1965 年毕业于阜新矿业学院，历任新疆哈密露天煤矿技术员、基本建设处技术员；1982 年 9 月调至霍林河矿区指挥部工作，历任霍林河矿区指挥部工程师设计科科长、生产技术处副处长、办公室副主任、运销处处长兼高级工程师、运销公司总经理兼霍林河矿务局副总工程师。主要参与了 300 万 t 和 1000 万 t 设计、验收和煤炭销售工作，为霍林河矿区的建设做出了杰出贡献。

车兆学（1957—），男，吉林农安人，教授，1981 年毕业于中国矿业大学露天开采专业，主要从事露天采矿理论及技术、露天采矿计算机辅助设计、露天煤矿生产管理信息系统、资源开发规划与设计、矿山爆破工程等教学和科研工作。主要论著有《轮斗挖掘机的采矿理论与应用》、《露天煤矿半连续开采工艺及应用研究》等；发表论文 40 余篇；获煤炭部科技进步二等奖 1 项、教育部科技进步二等奖 1 项；获国家实用新型专利 3 项。

代久山(1936—)，男，辽宁人，1956 年毕业于阜新煤矿学校露天采矿专业，高级工程师，中共党员。历任技术员、工程师、高级工程师等职。先后担任霍林河露天煤矿、元宝山露天煤矿项目设计负责人。先后发表《浅谈露天煤矿轮斗挖掘机的适用范围及勘探中的有关问题》等论文 3 篇。

冉启发(1954—)，男，重庆人，教授级高级工程师，1978 年毕业于西安矿业学院煤田地质勘探专业，1978 年 9 月毕业分配小龙潭矿务局(原称小龙潭煤矿)工作至今，历任小龙煤矿地测科科长、矿务局建安公司经理，现任小龙潭矿务局总工程师。撰写论文多篇，合作出版专著 2 部。2001 年获云南省人民政府特殊津贴。

冯士祥(1939—)，男，教授，中共党员，露天开采监理高级工程师，1962 年毕业于阜新煤矿学院露天开采专业，曾任辽宁工程技术大学露天开采教研室主任，主持教学和科研工作。培养研究生 6 名。主持并完成科研项目 6 项，其中“新邱露天煤矿第六次扩采线路系统改造的计算机模拟研究”和“用计算机模拟技术对海州露天煤矿‘三环’能力合理均衡的分析研究”课题均获得辽宁省政府科技进步三等奖、阜新市政府一等奖。发表论文十余篇。

冯水源(1928—1999)，男，浙江嘉兴人，教授，我国第一代露天采矿的学者。1953 年毕业于北京矿业学院采矿系，1953—1963 年北京矿业学院历任苏联专家 A. И. 阿尔先捷夫教授的工作秘书、助教，并毕业于研究生班，1959 年任讲师。历任阜新煤矿学院任讲师，抚顺煤炭研究所任高级工程师，阜新矿业学院讲师、副教授、露天教研室主任。获国务院政府特贴。多项科研成果获省部级科技进步奖；撰写《抚顺西露天煤矿剥离台阶合理采区数的确定》、《微机 CAD 技术在露天开采设计中的应用》、《利用数字化仪输入地形建立地表高程文件》等论文多篇。

冯建宏(1958—)，男，浙江嘉兴人，1982 年毕业地阜新矿业学院露天开采专业，研究员。曾在煤炭科学研究总院抚顺分院任露天所所长，中煤国际工程集团沈阳设计研究院副总工程师等职。曾担任“露天煤矿卡车自动化调动系统”项目负责人。

田　会(1951—)，男，辽宁昌图人，博士生导师、教授级高级工程师、国务院特殊津贴获得者、国家级勘察设计大师，煤炭工业协会副会长，1982 年毕业于阜新矿业学院露天采矿专业。历任煤炭部沈阳设计研究院露天所所长、分院长、副院长，中煤工程设计咨询集团北京煤炭设计研究院(集团)、中煤国际工程设计研究总院副院长、院长、党委书记；现任中国煤炭科工集团公司副董事长、党委书记。先后主持《露天煤矿矿床模型》、《露天煤矿境界圈定》等软件的编制。曾担任“国家大型煤炭基地总体规划研究”项目负责人。多次荣获部级、国家金奖。发表《露天开采方案选择煤岩量计算机方法——相交图形法》、《绘制地学等值线及建立矿床模型的新方法》、《计算机圈定露天开采境界研究》、《三角剖分算法及其在矿床模型上的应用》、《露天煤矿施工组织设计规范》、《我国露天开采工艺发展初探》、《企业动力系统理论及其应用》等多篇论文。

田爱民(1961—)，男，汉族，河南荥阳人，硕士、教授级高级工程师，1983年毕业于阜新矿业学院露天采矿专业。曾任准煤公司露天煤矿筹备处技术科副科长、基建办副主任、矿建工程科副科长、调度室副主任，准能公司总调度室主任、生产处副处长，黑岱沟露天煤矿副矿长、矿长，准能公司总经理助理；现任准能公司副总经理。曾发表《黑岱沟露天煤矿轮斗—胶带系统的改进及可靠性分析》、《黑岱沟矿西排土场增高边坡排土参数研究》、《黑岱沟露天煤矿西排土场古滑坡复活变形分析》、《露天煤矿生产地质信息管理系统开发与应用》、《露天煤矿拉斗铲倒堆工艺运煤系统优化选择》、《吊斗铲—单斗—卡车工作线长度的确定》等论文。

申　力(1969—)，男，四川人，毕业于成都地质学院应用数学专业，研究员。曾任抚顺分院露天所副主任，现任露天所主任。发表《高边坡岩体变形安全性分析及其应用》等论文。

白占平（1962—)，男，内蒙古呼和浩特人，中共党员，本科、研究生毕业于阜新矿业学院采矿系露天开采专业，中国矿业大学采矿工程专业工学博士。历任阜新矿业学院采矿系教师、露采实验室主任、露采研究室主任、露天边坡研究室主任、露采党支部书记，中国煤炭工业进出口深圳公司任总经理；现任中煤南方能源有限公司副总经理。

白润才(1961—)，男，内蒙古乌兰察布人，博士，教授，博士生导师，1983年毕业于阜新矿业学院露天采矿专业，现在辽宁工程技术大学采矿工程系从事教学与科研工作，发表学术论文40多篇，出版《现代露天煤矿生产管理理论与方法》、《露天煤矿卡车实时调度及安全保障预警理论与应用研究》专著2部，主持完成“863”项目、省部级科研基金项目、企事业委托项目22项，其中获市级科技进步一等奖3项、省部级科技进步二等奖2项。

石育春(1939—)，男，汉族，中共党员，教授级高级工程师，1992 年始享受国务院特殊津贴。1962 年毕业于阜新矿业学院，同年分配到阜新矿务局海州露天煤矿，1965—1976 年调入沈阳煤矿设计院从事采矿设计工作，任项目负责人；1976 年调入霍林河矿区指挥部，历任基建工程兵 44 支队科长、副处长，霍林河矿区指挥部副总工程师、总工程师。在参加工作期间，对霍林河采矿技术的发展提出了多项改革举措，为霍林河矿区的设计、建设做出了突出贡献。

艾发荣(1951—)，男，汉族，云南保山人，采矿高级工程师，1980 年毕业于中国矿业学院采矿系露天开采专业，历任云南省小龙潭矿务局小龙潭露天煤矿副矿长，现任云南省小龙潭矿务局工会主席。曾发表过《采用微差爆破降低炮震》、《小龙潭露天煤岩爆破参数确定》等论文。曾获云南省人民政府有突出贡献优秀专业技术人才三等奖、中国煤炭工业协会“全国煤炭工业优秀矿长”荣誉称号等奖励。

任月龙(1969—)，男，山西朔州人，硕士，高级工程师，阜新矿业学院矿山机械专业毕业。曾任平朔安家岭矿筹建指挥部工程技术管理、助理工程师、机电部技术管理、副经理、副经理兼机电科长、技术部经理，内蒙古大唐国际东胜利煤矿项目筹备处项目的前期筹备工程部部长、总经理助理；现任内蒙古大唐国际锡林浩特矿业有限公司副总经理(主持工作)。

任利明（1963—)，男，山西大同人，高级工程师，毕业于中国矿业大学露天开采专业。历任安太堡露天煤矿采矿部部门安全副经理、安监站主任工程师、人力资源部部门经理、副矿长、矿长，现就任于中煤集团平朔煤业有限公司生产技术部。曾发表《水平厚煤层露井联合开采下边坡破坏过程的模拟研究》、《安太堡露天煤矿受井采影响的边界参数调整》、《安太堡矿运煤系统改造研究》等论文。

关福臣(1954—)，男，满族，辽宁阜新人，毕业于中央党校，历任平煤西露天煤矿长，现任平煤投资公司党委书记，高级工程师。曾发表《平庄西露天煤矿管理典型案例分析》、《GWB5－6C漏电保护柜在平庄西露天煤矿的应用》、《平庄西露天煤矿边坡应力远程智能检测系统的研发及应用》、《平庄西露天煤矿深部陡帮横采内排方案研究》、《平庄西露天煤矿横采内排方案初始位置选择》等论文。

刘玉福(1962—)，男，内蒙古准格尔旗人，高级工程师，1983年毕业于内蒙古煤炭工业学校露天采矿专业。曾任黑岱沟露天煤矿生产作业部副经理、经理、矿副总工程师、副矿长，现任神华准能公司生产调度部任副经理。曾发表《露天煤矿安全管理的探讨》、《黑岱沟露天煤矿台阶硬顶的爆破方法》等论文。

刘　光(1961—)，男，江苏铜山人，教授级高工，1982年毕业于中国矿业大学，1989年获工学硕士。先后在煤炭部沈阳设计研究院、中国矿业大学和中煤西安设计研究院从事设计、技术咨询和科研工作，现任中煤西安设计公司副总工程师、路桥、露天设计研究所所长。先后主持和负责完成了平朔东露天煤矿(2000万t/a)设计、山西平朔矿区(1亿t/a)总体规划等国内外的多个大型建设项目的设计和咨询工作。多次荣获国家、省部级奖励。

刘志杰(1931—)，男，汉族，中共党员，教授级高级工程师。1941年1月参加中国人民解放军。1956年毕业东北工学院采矿专业，历任抚顺西露天煤矿生产科技术员、段长、主任工程师。1978年5月调入霍林河矿务局，历任基建工程兵44支队431团参谋长、露天工程处副处长、矿区建设指挥部副指挥、安监局局长。主要参与了300万t和1000万t移交准备、设计、验收工作，为两个露天煤矿的开发和建设作出了巨大贡献。

刘怀志(1935—)，男，安徽人，高级工程师，毕业于中国矿业学院露天采矿专业。历任中国矿业学院助教，抚顺矿务局西露天煤矿技术员、工程师、副总工程师、代总工程师、安监处处长等职。发表《抚顺西露天矿列车重量的确定》、《高压毫秒减震煤破的技术》、《非电微差爆破》、《露天煤矿减震爆破》、《非电导煤炭系统微差控制爆破新工艺》等多篇论文。

刘宝龙（1962—），男，山东单县人，本科，露天采矿高级工程师，1982年毕业于辽宁工程技术大学(原阜新矿业学院)采矿和露天开采专业。历任大峰矿副矿长、矿长，太西洗煤厂厂长，宁夏保能煤田灭火工程有限公司经理，现任神华宁煤集团公司调度中心一级主管。1998 年荣获中国煤炭学会露天开采专业委员会首届“十佳青年科技进步奖”。1999 年荣获宁夏回族自治区“跨世纪学术技术带头人”。

刘宪权（1968—），男，山西平鲁人，教授级高级工程师，1991 年毕业于中国矿业大学露天开采专业。历任安太堡露天煤矿工程部地质勘探师、工程部采矿计划科采矿计划工程师、工程部采矿计划科长、工程部主任工程师、工程部经理、矿总工程师，现任中煤集团平朔安太堡露天煤矿副矿长兼总工程师。先后获全国青年岗位能手、山西省科技进步二等奖、煤炭工业科技进步二等奖、山西省重大技术攻关一等奖。发表专业论文 26 篇。

刘爱兰(1966—)，女，山西太原人，硕士、教授级高工，1989 年毕业于中国矿业大学露天开采专业。曾任安家岭矿计划处计划科科长、综合部科长、综合部副经理、技术部经理、矿总工程师、公司设计研究院副院长，现任技术中心常务副主任。发表论文多篇。

刘淑让，男，中共党员，教授，1961年毕业于北京矿业学院，现任职于辽宁工程技术大学。任教以来，主要致力于教研室建设和教学工作，主持制定教学大纲、教学计划，编制有关教学文件和教材，从事科研工作。编制国家标准《露天煤矿工程施工及验收规范》；编写教材《露天采矿机械》（中册），《矿山机械测试技术》、《露天采矿通论》；合译《露天开采工艺》（俄文）；合编《露天采矿学》获部优秀教材三等奖；发表了《专家系统在露天矿中的应用》《露天矿分区开采 $D=f(p)$ 曲线的绘制及矿石生产能力的确定》、《煤(矸)层对比法初探》等多篇论文。

刘晶辉(1942—)，男，江苏人，高级工程师，毕业于北京矿业学院采矿工程专业，曾任抚顺分院露天所室主任。曾发表《寒冷地区轮斗挖掘机选型探讨》、《疏干排水对边坡稳定和岩体强度影响分析》等论文。

刘毅勇(1962—)，男，汉族，内蒙古自治区通辽人，中共党员，教授级高级工程师，硕士。1984年毕业于阜新矿业学院，历任霍林河生产调度处助理工程师、生产调度处生产科长、主任工程师，霍林河矿务局南露天煤矿总工程师、副矿长兼总工程师、矿长，内蒙古霍林河露天煤业股份公司总经理，现任中电投蒙东能源集团有限责任公司煤炭总工程师兼露天煤业股份公司总经理。在参加工作期间，荣获内蒙古煤炭工业管理局、煤炭工会授予的全区煤矿安全生产先进个人、中国煤炭工业协会授予的第五届全国煤矿双十佳矿长等多项荣誉，为霍林河矿区的开发和建设和我国露天事业的发展做出了卓越贡献。

孙效玉(1963—)，男，辽宁人，研究员，毕业于阜新矿业学院采矿工程专业，曾任抚顺分院露天所副主任，现任露天所主任。发表《露天煤矿卡车调度系统结构及面向对象实现方法》等论文。

朱建新(1962—)，男，沈阳人，阜新矿业学院露天采矿专业，工学学士、矿山系统工程专业硕士，教授级高级工程师。曾任沈阳院露天所副所长兼主任工程师。先后担任缅甸 Tlgyit 露天煤矿采矿专业负责人、“印尼蜡烛河露天煤矿预可研设计”、“黑岱沟露天煤矿吊斗铲工艺技术改造初步设计”、“准格尔矿区总体规划设计”、“神华北电胜利一号露天煤矿”、“山西昔阳北坪煤业有限公司露天煤矿”、“伊金霍洛旗振兴露天煤矿”、“白音华 4 号露天煤矿”、“华能伊敏煤电三期扩建工程”、“华能伊敏煤电四期扩建工程”、“鲁能宝清朝阳露天煤矿” 等设计项目的项目经理。

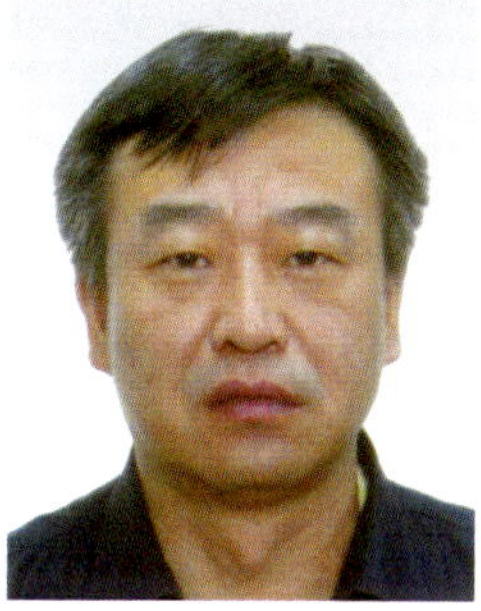

朱新平(1963—)，男，辽宁人，研究员，毕业于阜新矿业学院煤田地质专业，曾任抚顺分院露天所副主任，现任煤科总院沈阳研究院主任。曾发表《应用模糊数学及等性块段指数法进行矿井地质条件分类》、《平庄西露天煤矿西北帮滑坡分析》、《有限元数值模拟在边坡安全中的应用》、《伊敏露天煤矿东端帮变形机理研究》、《露天矿边坡失稳条件下的控制开采》 等论文。

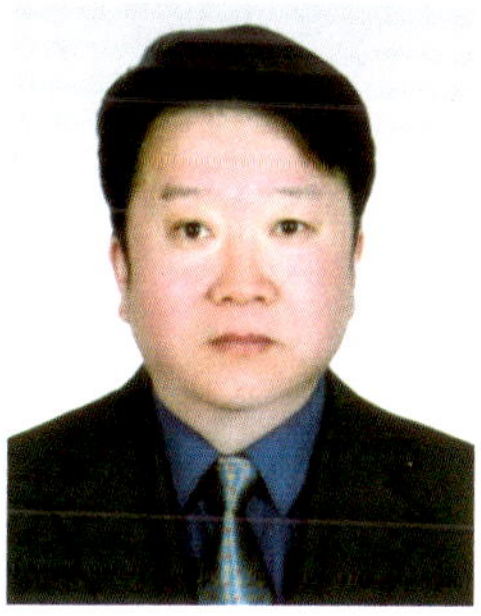

纪玉石(1961—)，男，辽宁宽甸人，研究员，毕业于重庆大学工程力学专业。曾任助理工程师、工程师、课题组长、高级工程师、室主任、露天所副所长，现任露天所所长。共主持参加完成国家和煤炭部、国土资源部、经贸委、辽宁省科委、国土资源厅重点课题 20 余项，横向咨询项目 30 多项，先后获得煤炭部科技进步奖、国家科技进步奖、国土资源部全国地质灾害防治科技进步特别贡献奖。先后被评为抚顺市青年科技英才、煤炭工业部“中国煤炭青年科技奖”（十佳）、抚顺市劳动模范、抚顺市自然科学青年学术带头人。曾发表《采矿引起的倾倒滑移变形机理及其变形控制》、《抚顺西露天矿闭坑地质环境分析与灾害防治对策》、《露天矿闭坑环境地质灾害危险性分区研究》 等论文。

佟吉栋(1920—)，男，辽宁人，抚顺高级职业学校采煤系毕业，教授级高级工程师，中共党员。在沈阳煤矿设计院曾任露天采矿室主任。曾担任伊敏露天煤矿设计项目负责人。

佟鸿儒(1960—)，男，辽宁北镇人，高级工程师，毕业于阜新矿业学院露天开采专业。历任抚顺矿务局西露天煤矿设计科工程师、副科长，抚顺矿务局生产处副科长、高级工程师，抚顺矿务局西露天煤矿副总工程师、总工程师，抚顺矿务局生产处副处长，抚顺矿业集团公司生产处副处长；现任抚顺矿业集团公司西露天煤矿总工程师。

吴飞云(1963—)，男，毕业于中国矿业大学露天开采专业，硕士学位。曾任中国矿业大学助教、讲师，昆明煤炭设计研究院高级工程师，小龙潭露天煤矿等多个矿山设计项目负责人，云南先锋煤业开发有限公司首期建设副总指挥、副总经理(兼总工程师)、二期建设总指挥，现任云南先锋煤业开发有限公司总经理(兼党委副书记)。参加和主持完成了10余项科研项目、6个应用软件开发、4项可行性研究报告、5项初步设计及数项勘探设计、项目建议书、经济评估报告和施工图设计等。矿山实践中成功预测3次露天煤矿大型滑坡(最大180万方)，科研曾获省科技进步一等奖。

吴双忱(1939—)，男，湖南人，1964年北京矿业学院露天采矿专业毕业，教授级高级工程师。在沈阳煤矿设计研究院任技术员、工程师、高级工程师、副总工程师等职。先后担任伊敏一号露天煤矿一期、二期设计项目负责人。

吴东来(1959—)，男，云南曲靖宣威人，1975年10月参加工作，1982年毕业于云南省昆明工学院机械系。历任云南省小龙潭煤矿一大队副大队长(副矿长)、小龙潭矿务局布沼坝露天煤矿矿长、云南省小龙潭矿务局副局长，现任云南省小龙潭矿务局党委副书记、政治委员。组织和参加了多项科研项目，其中1项获中国煤炭企业管理现代化部级优秀成果三等奖，3项获云南省科技进步三等奖。1999年获云南省人民政府特殊津贴。

宋子岭(1965—)，男，博士、教授、博士生导师，1987年本科毕业于阜新矿业学院露天开采专业，2007年获博士学位。自2003年来任资源与环境工程学院副院长。2002年被评为辽宁省采矿工程学科的青年骨干教师，2004年被评为辽宁省“百千万人才工程”百层次人选，2005年被评为第九届“阜新十大杰出青年”。先后主持或参加国家“863”子项目等21项，获省部级科技进步二等奖2项、三等奖2项、市级一等奖3项。1999年获中国煤炭学会露天采煤青年科技奖。发表论文70余篇，其中被EI、ISTP检索10篇，出版专著教材6部。获省级教学成果二等奖1项。

宋岳生(1936—)，男，上海人，1960年毕业于北京矿业学院。曾任昆明煤炭设计研究院露运科科长，曾担任云南尖山磷矿、昆明市第一和第四磷矿设计项目负责人，后于云南省地方煤炭设计研究院任大坝煤矿、红星煤矿和福达煤矿、色戈煤矿设计项目负责人。

张　平(1957—)，男，山东人，研究员，毕业于阜新矿业学院采矿工程专业，现任煤炭科学研究总院沈阳研究院露天所主任。发表《露天矿山汽车运输路面扬尘的防治方法》等论文。

张幼蒂(1934—)，男，硕士，教授，1956年毕业于北京矿业学院矿区开采专业，1958年研究生毕业于露天开采专业。曾任采矿工程国家重点学科学术带头人(露天开采、采矿系统工程两个方向)、博士生指导教师、国家科委认定国家软科学专家。曾出版图书(含独著、主编及参加编著)19部，发表论文195篇。论著中有49篇(部)用英文(或俄文)在国际发表，论文中有50余篇被国际著名检索系统(EI或ISTP)检索。教材《采矿系统工程》、《露天开采优化设计理论与应用》等多次获国家级、部级科技进步一、二等奖。享受国务院特殊贡献津贴。

张达贤(1934—)，男，上海人，教授，1958年毕业于北京矿业学院露天开采研究生班。1958年合肥工业大学任教，1961年转入北京矿院，1994年转入中国矿业大学（北京），1998年9月退休。曾任教研室主任，曾经主编或合编《露天矿线路工程》、《露天采矿新工艺》等多部著作。获得政府特殊津贴、全国煤炭院校优秀教师、国家科技进步奖等奖励。

张克树(1963—)，男，内蒙古赤峰人，教授级高级工程师，1986年毕业于阜新矿业学院采矿工程系露天开采专业。毕业后在阜新新邱露天煤矿任技术员、工程师，2002年调入中煤国际工程集团沈阳设计研究院任高级工程师，现任国际工程所副所长、主任工程师。先后担任哈尔乌素露天煤矿、白音华一号露天煤矿、西湾露天煤矿、黑山露天煤矿、巴基斯坦塔尔露天煤矿、印尼国华穆印露天煤矿、蒙古国侯硕图露天煤矿等国内外工程项目经理。先后发表《黑岱沟露天煤矿吊斗铲倒堆台阶高度优选》、《黑岱沟露天煤矿采区过渡方式的探讨》和《吊斗铲倒堆台阶坡面角与相关参数的关系》等论文。

张　勇(1964—)，男，汉族，山西万荣人，高级工程师，1987年毕业于中国矿业大学露天开采专业。曾任准煤公司露天煤矿筹备处技术员、准煤公司设备引进办公室科长、准格尔煤炭公司设备引进办公室主任、技术处副处长、电讯公司副经理、准能公司信息中心经理、准能公司科技信息处处长等职，现任准能公司黑岱沟露天煤矿矿长。曾发表《基于Oracle数据库和ASP技术的Web应用开发》、《左行制在露天矿的应用》、《高精度导爆雷管及逐管起爆技术在黑岱沟露天煤矿的应用》、《黑岱沟露天煤矿高台阶抛掷爆破分析》、《黑岱沟露天煤矿6号复煤层煤质特征分析》等论文。

张桂军(1957—)，男，汉族，江苏丰县人，中共党员，教授级高级工程师，硕士。1982年毕业于中国矿业大学，同年到霍林河矿务局南露天煤矿参加工作，历任霍林河矿区指挥部露天工程处工程师、基本建设处科长，霍林河矿务局生产调度处副处长、主任工程师，霍煤集团露天煤业鲁霍公司总经理，霍煤集团露天煤业南露天煤矿矿长，中电投蒙东能源集团煤矿建工程管理分公司工程技术部经理；现任中电投蒙东能源大板化工有限责任公司总经理。在参加工作期间，发表多篇关于扎哈淖尔露天煤矿的科技论文，获得多项省、市级荣誉，为霍林河扎哈淖尔露天煤矿的开发和建设做出了杰出的贡献。

张维世(1963—)，男，汉族，陕西府谷人，教授级高级工程师，1986年毕业于阜新矿业学院露天采矿专业。曾任准格尔煤炭工业公司、黑岱沟露天煤矿行政办主任、黑岱沟露天煤矿副矿长、物资供应处处长、企业策划部经理，公司副总经济师、公司副总经理，现任准能公司总经理。曾发表《空气柱间隔装药爆破法》、《准能公司改革供应管理体制的实践》、《不断提高企业核心竞争力 精干主业 改制辅业》、《露天矿抛掷爆破对台阶坡面的影响》、《关于黑岱沟露天煤矿并段台阶工艺接续研究》等论文。

张朝明(1955—)，男，云南马关人，1979年毕业于中国矿业学院。历任小龙潭煤矿一大队大队长，云南省小龙潭矿务局生产处调度副处长，现任云南省小龙潭矿务局生产调度处处长、采矿高级工程师。先后参加了小龙潭露天煤矿第一次、第二次技术改造和布沼坝露天煤矿第三期、第四期、第五期扩建等重大工程建设；指导完成了布沼坝露天煤矿地面生产系统技术改造，获云南省科技进步三等奖；组织实施了布沼坝露天煤矿西北帮边坡治理工程；指导并组织实施了小龙潭矿务局爆破技术及安全震动研究。参与编写了《工程爆破与安全》一书，发表了《布沼坝露天矿采场运输系统技术改造》、《连续工艺胶带机系统在小龙潭露天煤矿应用研究》、《浅谈监狱调度室在矿山安全生产中的作用》等多篇论文。

李久山(1937—)，男，汉族，辽宁北镇人，中共党员，教授级高级工程师，1993年开始享受国务院特殊津贴。1958年毕业于阜新煤矿学校。1978年调入霍林河矿区工作，历任工程兵44支队431大队计划股股长、431大队司令部副参谋长、霍林河矿区露天工程处副处长、计划处副处长、霍林河矿务局南露天煤矿第一任矿长、霍林河矿务局指挥部副指挥、霍林河矿务局副局长；1989年被评为能源部“劳动模范”。在霍林河工作期间，参与和指挥霍林河矿务局南露天煤矿的开发和建设，为南露天煤矿的发展做出了卓越的贡献，为国家露天事业的发展做出了杰出的贡献。

李　东(1960—)，男，工学博士，教授级高级工程师。曾任中国统配煤矿总公司办公厅正处级秘书，煤炭工业部办公厅正处级秘书，神华集团有限责任公司总经理办公室主任，神华集团准格尔煤炭工业公司副经理、董事长、党委副书记，神华集团准格尔能源有限责任公司董事长、党委副书记，神华集团有限责任公司副总工程师，曾挂职内蒙古自治区包头市副市长；现任神华集团有限责任公司副总经理。

李　龙(1951—)，男，云南玉溪人，高级工程师，毕业于中国矿业大学露天采矿专业。历任小龙潭矿矿长，可保煤矿生产技术部部长、总工程师、副矿长，现任云南省可保煤矿矿长。

李庆伟(1964—)，男，辽宁辽阳人，工学硕士学位，高级工程师，1987年本科毕业于阜新矿业学院(辽宁工程技术大学)采矿工程系露天开采专业，1997年研究生毕业于辽宁工程技术大学采矿工程专业。曾先后在抚顺矿业集团西露天煤矿、中煤国际工程集团沈阳设计研究院、内蒙古煤矿设计研究院有限责任公司从事露天煤矿生产管理和露天采矿设计工作，现任中煤国际工程集团北京华宇工程有限公司露采工程所副所长。曾担任“大唐国际发电股份有限公司胜利东二号露天煤矿”、“内蒙古北联电能源开发有限责任公司铧尖露天煤矿”等项目的项目经理。发表《带式输送机出入沟及分流站优化》、《胜利东二号露天煤矿剥离硬岩及冻帮、冻顶处理方法的探讨》等多篇论文。

李克民(1957—)，男，吉林敦化人，博士，教授，博士生导师，现任中国矿业大学能源与安全工程学院露天开采及边坡工程研究所所长，中国矿业大学工会兼职副主席。先后参加和主持完成了国家及自选科研项目30余项；在国内外公开发表学术论文50余篇；出版专著2部，参编国家重点教材2部。曾主持“黑岱沟露天煤矿扩建采用拉斗铲倒堆工艺可行性研究”、“大型露天煤矿抛掷爆破技术研究”项目，研究拉斗铲倒堆工艺和抛掷爆破在我国大型露天煤矿中的应用理论与技术，填补了我国露天采矿事业的空白。多次获得国家级、省部级科技奖励，享受国家政府特殊津贴。

李　铭(1956—)，男，汉族，吉林敦化人，中共党员，采矿高级工程师，硕士，1982年毕业于阜新矿业学院。历任霍林河矿区指挥部露天工程处技术科、生产科、采掘段技术员，南露天煤矿储装段副段长、段长，南露天煤矿生产副矿长，霍煤集团煤炭加工公司经理，南露天煤矿矿长；2005年任中电投蒙东能源集团有限责任公司煤矿建设工程管理分公司副总经理；现任内蒙古宝泰伦有限责任公司副总经理。在参加工作期间，发表多篇关于南露天煤矿开采工艺的科技论文；获得多项省、市级荣誉，为霍林河南露天煤矿的建设做出了突出的贡献。

李隆涛(1928—)，男，四川遂宁人，1958 年毕业于北京矿业学院，1987 年退休。曾担任云南省吕合煤矿、先锋煤矿、罗茨矿区设计项目负责人。在省部级刊物上曾发表技术论文 3 篇。

李朝辉(1968—)，男，辽宁朝阳人，高级工程师，毕业于阜新矿业学院露天采矿专业。历任抚顺矿业集团公司西露天煤矿采剥段段长、矿长助理，东露天煤矿总工程师，现任抚顺矿业集团公司西露天煤矿副矿长。发表《百米高端露天采矿尝试》、《耿家街露天煤矿开采方法探讨》、《用环境友好理念规划露天煤矿生产》等多篇论文。

李慧智(1957—)，男，黑龙江人，教授级高级工程、国家注册采矿工程师、中共党员，1983 年毕业于阜新矿业学院(现辽宁工程技术大学)露天采矿专业。先后担任露天所副所长、生产技术部副主任、副总工程师等职。先后担任“山西平朔安家岭露天煤矿”、“内蒙古锡林浩特胜利一号露天煤矿”、“胜利东二号露天煤矿”等设计项目经理。多次荣获国家、省部级奖项。发表《论我国露天煤矿拉斗铲倒堆工艺应用前景》及《露天矿山单斗—卡车工艺车铲选型研究》等论文。先后参加与制定行业标准 4 部、国家标准 2 部。

杨　宏(1957—)，男，山东德州人，1975 年 7 月参加工作，现为中国矿业大学矿业工程学院采矿工程专业在职硕士研究生。历任云南省监狱管理局办公室科长、副主任、主任，云南省司法厅政治部副主任兼干部处处长，云南省小龙潭矿务局党委副书记，政治委员，现任小龙潭矿务局党委书记，矿务局局长。中国煤炭学会露天专业委员会副主任委员、《露天采矿技术》副主任委员。

杨荣新(1929—2000)，男，教授。1954年毕业于东北工学院，后在北京矿业学院任教。长年从事露天采矿方面的教学、科研工作，主编《露天采矿学》(下册)，参与编写《露天采矿手册》等学术专著，政府特殊津贴获得者，国内露天采矿专业的知名学者。

杨涧国(1932—)，男，辽宁大连人，1957年毕业于莫斯科矿业学院露天开采专业，教授级高级工程师，中共党员。曾任辽宁阜新海州露天煤矿副总工程师、长春露天煤矿设计研究院副总工程师、沈阳煤矿设计院副总工程师等职。先后发表20多篇论文，其中《扩采区缓采方案》、《边坡治理》等获省市论文奖。

杨朝阳(1964—)，男，山西芮城人，1985年毕业于中国矿业学院采矿工程系露天开采专业。现任中煤西安设计工程有限责任公司露天所副所长、教授级高级工程师。二十多年来，一直从事露天煤矿设计、公路测设、边坡稳定分析及滑坡治理工作，主持完成平朔东露天煤矿、准格尔长滩露天煤矿可研咨询工作，完成煤矿工业场地滑坡治理7项，取得显著的经济效益和社会效益，曾获得国家级及省部级咨询奖、科技进步奖，在国内刊物发表论文10余篇。

汪振山(1920—)，男，辽宁辽阳人，1941年毕业于长春工业大学露天开采专业，工程师(四级)。曾任沈阳煤矿设计院露采室主任工程师、室主任、副总工程师等职。组织领导多项露天煤矿设计。著有《露天剥离曲线》、《露天煤矿生产能力确定》等著作。

汪梅生(1935—)，男，浙江淳安人。1958年毕业于北京矿业学院，终身从事露天煤矿设计工作，并担任小龙潭矿区项目负责人，把人工开采小露天改造成机械化大露天。在省部级刊物上曾发表技术论文约7篇，从1992年10月起享受政府特殊津贴，现已退休。

沈宗约(1935—)，男，江苏人，1958年毕业于北京矿业学院露天采矿专业，教授级高级工程师，中共党员。在沈阳煤矿设计研究院历任露天开采所所长、总工程师办公室主任。曾担任伊敏露天煤矿项目经理。

辛卫东(1962—)，男，汉族，山西忻县人，注册采矿工程师、教授级高工，1984年毕业于中国矿业大学，现攻读华北电力大学博士研究生。历任内蒙古煤矿设计研究院二所副所长。现任内蒙古锡林郭勒盟政协副主席、内蒙古锡盟重点项目办公室主任、内蒙古锡盟发改委副主任。参与和主持了10余部煤炭矿区总体规划编制工作，数十部煤矿项目的设计和管理工作。主持或参与了内蒙古锡林郭勒盟10余部“十一五”专项规划的编制工作，特别是煤炭工业方面的规划，为项目推进做出了较大贡献。发表了《半连续开采工艺在硬岩露天矿的应用前景》、《单体支柱Ⅱ型梁放顶煤开采》、《充分发挥煤炭资源优势，促进东北工业基地迅速崛起》等论文。

陈晋友（1935—)，男，汉族，辽宁彰武人，中共党员，教授级高级工程师，1956年毕业于阜新煤矿学校露采专业，同年分配到抚顺矿务局西露天煤矿任技术员。1958年12月调入哈密矿务局露天煤矿，历任技术员、调度室主任、总工程师、副矿长、矿长，哈密矿务局总工程师等职。1992年获得国务院颁发的政府特殊津贴。

周昌寿(1934—)，男，江苏常熟人，教授，博士生导师。1956 年毕业于东北工学院矿区开采专业，后分配至北京矿业学院，1993 年任教授，1995 年退休。1965—1979 年间曾调入抚顺煤炭研究所。主要从事露天煤矿边坡稳定性教学与科研工作。与相关院校合编出版了教材《露天矿边坡稳定》，主持或参与了义马、霍林河、抚顺、阜新等露天煤矿的边坡稳定性科研工作。

周　桐（1958—)，男，毕业于阜新学院露天开采专业，教授级高级工程师。曾任海州露天煤矿采掘堀场副主管工程师、生产副主任兼主管工程师、主任、副矿长，中煤国际工程集团平顶山选煤设计研究院副院长；现任中煤国际工程集团沈阳设计研究院副院长、党委副书记、院长、党委书记。

孟建华（1958—)，男，内蒙古兴安盟人，1982 年毕业于阜新矿业学院（现辽宁工程技术大学）露天开采专业，高级工程师，国家注册采矿工程师。现任内蒙煤矿设计院副院长，担任项目负责人。

尚　涛(1962—)，男，黑龙江虎林人，博士，教授，博士生导师。1984 年毕业于原中国矿业学院露天开采专业，1989—1994 年在俄罗斯莫斯科国立矿业大学学习，获博士学位。主要研究方向有露天开采工艺与设计理论、矿业系统工程。获国家科技进步二等奖 1 项、省部级科技进步二等奖 3 项、中国科学技术发展基金会孙越崎科技教育基金“优秀青年科技奖”；出版专著 1 部，参编专著和教材 3 部；发表论文 30 余篇；指导研究生 10 名。

林 宏(1945—2003)，原名林秀宏，男，汉族，吉林长春人，教授级高级工程师，中共党员。1970年毕业于北京矿业学院，历任霍林河矿区指挥部调度处主任工程师、工程师，霍林河矿务局扩建办主任、项目部主任工程师、基本建设处处长、生产技术部处长兼地勘公司经理、矿务局副总工程师、局副总工程师兼科技中心主任；1999年矿务局进行公司制改革，任霍煤集团公司采矿副总工程师。参与了霍林河总体规划、1500万t改扩建规划的编制工作，为霍林河目前的发展做出了卓越的贡献。

武建平(1960—)，男，高级工程师，1982年7月毕业于阜新矿业学院采矿系露天开采专业。曾任石炭井矿务局大峰露天煤矿采掘队技术员、生产科工程师、生产科副科长，石炭井矿务局(后改名太西集团)多种经营局总工程师、技术中心副主任、生产处副处长，太西集团(后组建为宁夏煤业集团)太西洗煤厂党委书记；现任神华宁煤集团大峰露天煤矿矿长。2006年荣获神华宁煤集团劳动模范称号，2007年荣获宁夏回族自治区十大经济人物称号。

罗随月(1963—)，男，山西永济人，1984年毕业于中国矿业学院采矿工程系露天开采专业，一直从事露天开采设计工作至今。曾参与了神府东胜矿区、平朔矿区、准格尔矿区等总体规划；参与了平朔东露天煤矿、内蒙昶旭露天煤矿、胜利西二号露天煤矿、芒来露天煤矿等矿山的建设工程；参加了平朔安家岭露天煤矿、安太堡露天煤矿、黑龙江依兰露天煤矿、新疆皮里青露天煤矿等矿山的改扩建工程。

罗德权(1931—)，男，辽宁人，抚顺矿山高级职业学校采煤系毕业，1960年毕业于东北工学院(夜校部)本科，教授级高级工程师，中共党员。在沈阳煤矿设计院曾任露天采矿专业主任工程师，先后担任岭北、义马、依兰、公乌素、安太堡露天煤矿项目设计负责人。主持编写《露天煤矿设计规范》，主编《露天采矿手册》，在《煤矿设计》等刊物上发表30余篇论文。

范世茂(1941—)，男，汉族，内蒙古自治区土默特左旗人，中共党员，教授级高级工程师，1993年开始享受国务院特殊津贴。1966年毕业于北京矿业学院。历任霍林河矿务局指挥部基建处、技术处、调度室、计划处主任工程师、副处长，霍林河矿区指挥部副指挥、霍林河矿务局副局长，是1984年和1992年霍林河露天煤矿300万t和1000万t移交生产的指挥者和参与者，对霍林河矿区的开发和建设有突出贡献。

郑友毅(1960—)，男，毕业于辽宁工程技术大学露天采矿专业，教授级高级工程师、博士、中共党员。曾任煤炭部沈阳设计研究院助理工程师、工程师、高级工程师、教授级高级工程师。曾担任中煤国际沈阳设计研究院院办公室主任、露天所所长、副院长、院长、兼党委副书记、中煤国际工程设计研究总院副院长，现担任中煤国际工程设计研究总院院长、中煤国际北京华宇工程有限公司董事长。曾发表《露天开采工艺发展方向》、《从科学发展角度看中国露天煤矿的建设与发展历程》等论文。

金智求(1933—)，男，上海人，教授，1952年考入北京钢铁学院采矿系，1955年被选送为北京矿业学院露天开采专业研究生，师从原苏联阿尔先捷夫教授，研究生毕业后分配至原阜新煤矿学院采矿系任教，历任露天教研室主任、露天研究所所长、校学术委员会委员等职。除本科生外共培养硕士研究生十余名，并在国际和国内学术会议上发表学术论文十余篇，主持大型研究课题6项并获得原煤炭工业部及市级科技进步奖，参与我国百科全书、专业教科书及采矿设计手册的编写工作。先后获得阜新市先进工作者、优秀专家等荣誉称号及国务院颁发的政府特殊津贴。

侯成达(1938—)，男，河南兰考人，教授级高级工程师，1962年毕业于北京矿业学院露天开采专业。历任辽宁海州露天煤矿技术边坡科主任工程师、平朔安太堡露天煤矿工程部中方经理总工程师、平朔安家岭露天煤矿总工程师、平朔东露天煤矿总工程师，现任美国蒙古能源公司北京办事处总工程师。先后与十二厂合作试验“甘基炸药项目”；与抚顺煤研所合作试验“铁道抗滑桩项目”；与全国专家集体合编《煤炭开采图集》《煤炭开拓图集(程序)》，发表论文多篇。

姚常明(1958—)，男，河北人，中共党员，本科，教授级高级工程师，1982毕业于阜新矿业学院露天采矿专业(现辽宁工程技术大学)。曾任伊敏露天煤矿储装段段长、副矿长、副总工程师、总工程师、华能伊敏煤电公司副总工程师兼安全生产部经理、华能伊敏煤电公司煤炭生产部经理、露天煤矿矿长等职，现任华能伊敏煤电公司副总经理。发表了《露天煤矿褐煤自燃发火特性研究》、《数字化矿山建设是解决露天煤矿信息化应用深层次问题》等多篇论文。2006年，被评为全国煤炭行业双十佳矿长。

段松亮(1967—)，男，汉族，云南鹤庆人，采矿高级工程师，1989年毕业于中国矿业大学采矿系(学士学位)，2009年获中国矿大学采矿工程工学硕士学位。历任云南省小龙潭矿务局小龙潭露天煤矿副矿长(分管生产经营、矿山安全工作)、云南省小龙潭矿务局建安公司经理，现任云南省小龙潭矿务局小龙潭露天煤矿矿长。发表过《布沼坝露天矿表土剥离采用半连续工艺研究》、《露天开挖诱发山坡体破坏规律的数值分析》、《小龙潭露天矿高灰煤利用方案研究》等论文。获中国煤炭学会露天专业委员会露天采煤青年科技奖、云南省监狱管理局有突出贡献的专业技术人才一等奖等称号。

段起超(1966—)，男，山西祁县人，高级工程师，1990年毕业于中国矿业大学工程系采矿工程专业。历任安太堡露天煤矿工程部测绘工程师、采矿地质师、采矿计划工程师，安家岭煤炭公司技术部计划经理、安家岭煤炭公司矿长、安家岭煤炭公司副总经理，安太堡露天煤矿矿长；现任平朔煤炭工业公司副总经理。荣获“全国露天采煤青年科技奖”、“山西省百名科技创新带头人”、朔州市“十大杰出青年”特别奖、山西省“优秀青年企业家”等多项荣誉。曾发表《安家岭露天矿西排土场运输系统优化》、《山脊式运输系统在安家岭矿的应用》等论文。

洪　因(1957—)，男，汉族，中共党员，教授级高级工程师。1982年毕业于原阜新矿业学院采矿系露采专业，工学学士。曾担任海州露天煤矿总工程师，阜矿集团规划发展部部长，现担任阜矿集团副总工程师兼内蒙古白音华海州露天煤矿有限责任公司董事长、党委书记。长期从事大型露天煤矿开采研究，主持的“大型露天煤矿现代化管理模式”项目被中国煤炭工业部评为“中国煤炭工业企业管理现代化部级优秀成果一等奖”，“应用工业工程优化露天运输工程布局”和“价值工程在电铲滚洞修复中的应用”两项目均获得中国煤炭工业部“中国煤炭工业企业管理现代化部级优秀成果三等奖”。先后在国内核心刊物发表《海州矿开拓运输系统与开拓开采程序技术改造》等论文多篇。

洪　宇(1956—)，男，广西宾阳人，1981 年 12 月毕业于阜新矿业学院采矿系露天开采专业，获工学学士学位（现在读博士），教授级高级工程师。2000 年 7 月受聘国家人事部专家顾问委员，2002 年起任中国煤炭学会露天开采专业委员会主任委员，现任职务中国中煤能源集团公司副总经理。1996 年享受国务院政府特殊津贴。

1982 年 2 月至 2001 年 7 月历任平朔煤炭工业公司工长、总工长、值班经理、部门副经理、部门经理、平朔煤炭工业公司副总经理、常务副总经理兼总工程师、中煤进出口集团公司董事、副总经理兼任平朔煤炭工业公司总经理，2001 年 8 月任中煤进出口集团公司董事、副总经理，2004 年至今任中国中煤能源集团公司副总经理。发表《露天煤矿高效开采新技术》、《安太堡露天煤矿原煤开采工艺系统改造》、《单斗—卡车—破碎站—带式输送机工艺系统布置》等论文多篇，出版《露天矿半连续工艺优化方法及应用》专著一部。

祖国林(1963—)，男，安徽人，高级工程师，毕业于淮南矿业学院露采地质专业，高级工程师。曾任抚顺分院露天所副所长，现任煤科总院沈阳研究院副院长。曾发表《露天煤矿边坡安全监测系统研究》、《承载黄土微结构演化规律研究》等论文。

胡存虎(1965—)，男，内蒙古凉城人，高级工程师，1988 年毕业于阜新矿院露天开采专业。历任神华准格尔能源有限责任公司黑岱沟露天煤矿生产作业部副经理、矿副总工程师，现任黑岱沟露天煤矿副矿长、哈尔乌素露天煤矿副矿长。曾发表《复杂地质条件下的采空区爆破技术》、《准格尔矿区水土流失的综合治理》等论文。

胡　群(1956—)，男，汉族，辽宁抚顺人，中共党员、教授级高工，毕业于阜新矿业学院露天开采专业。历任平朔煤炭公司中外合作安太堡露天煤矿生产部值班经理、调度室副主任、主任，平朔煤炭公司副总经理、中外合作安太堡露天煤矿常务副总经理、总经理，平朔煤炭公司党委书记、副总经理、中国煤矿工程机械装备集团公司总经理、党委副书记；现任中国煤矿机械装备有限责任公司党委书记、副总经理。多次获国家、省部级奖项，获国务院政府特殊津贴。发表《安太堡露天煤矿剥采总量确定方法》、《开拓进取，把安太堡矿建成世界一流煤炭企业》、《大型露天煤矿废弃地生态环境重建研究》、《缓倾斜煤田露天开采工艺的选择》等多篇论文。

贺佑国(1962—)，男，内蒙古察右中旗，中共党员，1984年7月毕业于阜新矿业学院(学士学位)，1987年7月毕业于中国矿业大学(硕士学位)。现任国家安全生产监督管理总局研究中心(中国煤炭工业发展研究咨询中心)副主任。国家能源专家，中国煤炭工业协会和中国煤炭学会常务理事，煤炭工业技术委员会委员，中国煤炭学会露天专业委员会委员。注册咨询(投资)工程师。1998年开始享受国家政府特殊津贴。

主持和参与重大项目50余项，多次荣获国家、省部级奖励。发表《中国乡镇煤矿调查》、《国内外露天煤矿发展趋势》、《2010年以前全国乡镇煤矿发展宏观环境浅析》等论文30余篇。

赵二夫(1962—)，男，汉族，内蒙古鄂尔多斯人，教授级高级工程师，1982年毕业于内蒙古煤炭工业学校露天专业。曾任黑岱沟露天煤矿副矿长、准能公司生产技术部副经理、准能选煤厂厂长，现任哈尔乌素露天煤矿矿长。曾发表《露天矿汽车运输事故分析及控制》、《辅助设备在现代大型露天煤矿中的作用》、《黑岱沟露天煤矿辅助设备使用现状及分析》等论文。

赵秀峰(1955—)，男，汉族，辽宁开原人，研究员级高级工程师，1982年毕业于阜新矿业学院露天采矿专业，2003年取得天津大学经济管理硕士学位。历任伊敏煤电公司露天煤矿工程师、科长，伊敏煤电公司露天煤矿副矿长，伊敏煤电公司副总工程师、露天煤矿党委书记、矿长，伊敏煤电公司副总经理兼露天煤矿矿长，鄂霍项目部主任；现任北方魏家峁煤电有限责任公司党委书记、副总经理。长期从事露天煤矿生产技术工作，并多次主持和参加了伊敏煤电公司露天煤矿重大生产技术的改造项目。

赵春晨（1965—），男，汉族，四川人，中国共产党，硕士，高级工程师，1988年毕业于中国矿业大学采矿系，2005年获天津大学工商管理硕士学位，现任潞安新疆煤化工（集团）有限公司露天煤矿矿长。发表论文《运用层次分析法对三道岭露天煤矿进行岗位价值评价》。

赵唱尧(1938—)，男，辽宁锦州人，1962 年毕业于阜新矿业学院(现辽宁工程技术大学)露天开采专业，教授级高级工程师。曾任总工程师，担任项目负责人。1996 年获国务院政府津贴。

姬长生(1956—)，男，吉林舒兰人，教授，博士生导师。1982 年毕业于中国矿业学院露天开采专业，1998 年获中国矿业大学工学博士学位，现任中国矿业大学矿业工程学院党委书记，主要从事露天采矿工艺及设计原理，矿业系统工程，资源开发规划与设计等方面的教学、科研工作。参与各类科研项目 30 余项，在国内外公开发表研究论文 60 余篇，其中第一作者 30 余篇；出版专著、教材 10 部，其中第一作者 4 部；授权实用新型专利、发明专利各 1 项；获得省部级以上奖励 4 项。

徐启声(1920—)，男，辽宁人，高级工程师，毕业于新京(长春)工业大学露采专业。历任抚顺矿务局西露天煤矿副矿长技术副主任、抚顺矿务局总工程师(代理副总)、抚顺煤矿设计院副总工程师(代总)、云南省昆明煤矿设计院副总工程师(代总)、抚顺矿务局西露天煤矿总工程师。发表多篇论文。

徐志远（1968—)，男，山西右玉人，教授级高级工程师，1991 年毕业于中国矿业大学露天开采专业。曾任平朔安太堡矿部助理工程师、科长、部门主任工程师兼生产经理、部门经理、平朔安太堡矿副总经理、平朔煤炭运销公司经理、平朔煤炭选运中心主任，现任中煤集团平朔煤业有限公司副总经理。曾发表《露天煤矿电铲布局分析》、《开采全压帮合理位置的确定》、《安太堡矿运输系统》、《近水平分区开采转向时的搭桥》、《“树枝形”开拓运输系统在安太堡矿的应用》、《安太堡矿转向期间反向内排方案的实施》等多篇论文。

柴清恩(1936—)，男，辽宁绥中人，教授级高级工程师，1956 年毕业于阜新煤校露天采矿专业，1963 年毕业于抚顺业余煤矿学院，历任宁夏大峰露天煤矿生产技术科长、总工程师、副矿长、平朔安太堡露天煤矿作业部副主任、平朔煤炭工业公司副经理兼总工程师、平朔煤炭工业公司副局级调研员，获国务院政府特殊津贴，现在平朔老龄委工作。曾发表《对平朔与神府矿区煤炭混配提质增效的探讨》等专业论文多篇。

聂　良(1934—)，男，辽宁彰武人，中共党员，露天采矿高级工程师。1957 年毕业于阜新矿院煤层露天开采专业，终身从事露天煤矿设计工作，担任过多个露天设计项目负责人，为云南省露天煤矿的发展，做出过积极的贡献。在省部级刊物上曾发表技术论文 4 篇，现已退休。

贾崇慧(1922—)，男，汉族，辽宁本溪人，中共党员。历任抚顺矿务局剥离段副段长、露天煤矿技术室第一副主任、测量科科长、总测绘室总测绘师、露天工程处总工程师兼副处长、东露天煤矿筹建处总工程师兼副处长、东露天煤矿副矿长、总工程师，1982 年调至霍林河建设指挥部任副指挥兼总工程师，为两个露天煤矿的发展和建设做出了突出贡献。

郭昭华(1959—)，男，汉族，内蒙丰镇人，博士、教授级高级工程师，毕业于辽宁工程技术大学露天采矿专业。曾任平庄矿务局古山矿副科长，准煤公司黑岱沟露天煤矿生产作业部经理、副矿长、矿长，准煤公司采矿副总工程师兼黑岱沟露天煤矿矿长，准煤公司总经理助理；现任准能公司总工程师、安监局局长。曾发表《吊斗铲倒堆工艺在神华集团露天煤矿区的应用研究》、《哈尔乌素露天煤矿坝系防洪工程方案的选择》、《黑岱沟选煤厂粉尘综合治理总体方案研究》、《大力发展露天采矿实现煤炭工业可持续发展》、《露天煤矿应用抛掷爆破技术研究》、《露天煤矿土地复垦生态重建》、《露天矿重载卡车与辅助车辆防撞系统的研究与应用》等论文。

郭振文(1933—)，男，毕业于阜新煤矿学校，高级工程师。曾任露天采矿专业组长、副所长。先后担任“内蒙海勃湾矿区总体设计”、“小龙潭布沼坝露天煤矿三期扩建工程设计”、“霍林河西露天煤矿”、“抚顺东露天煤矿恢复工程设计”等项目负责人。曾先后参加《现代露天煤矿标准设计体系研究报告》编写、《煤炭工业露天矿设计规范》、《全国大型煤炭基地规划》制定，主编《煤矿建设项目安全设施设计审查和竣工验收规范》露天煤矿部分，主编《煤炭工业露天矿建设标准》等工作。

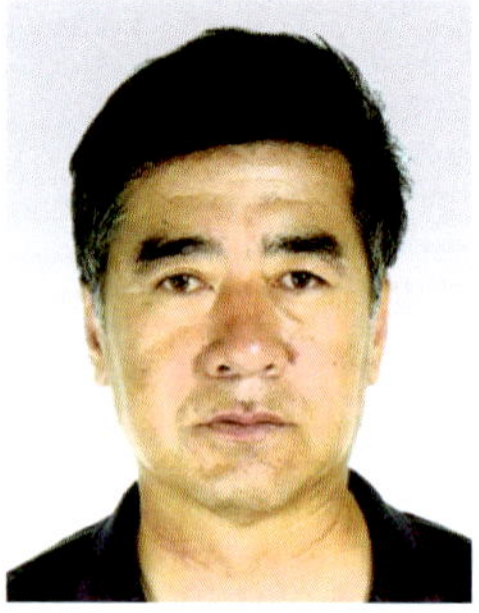

郭海成(1952—)，男，内蒙古自治区鄂尔多斯人，1975 年毕业于四川矿业学院(现中国矿业大学)露天开采专业，露天开采高级工程师、国家注册采矿工程师。曾参与准格尔矿区、东胜矿区、白音华矿区、吉林格勒矿区及胜利煤田等项目的主要设计并担任项目负责人。

郭增涛(1933—)，男，北京人，教授，1956 年毕业于北京矿业学院采煤专业，随后师从阿尔先捷夫攻读研究生并开始学习露天开采专业，读研期间就和导师阿尔先捷夫合作发表论文《海州露天矿新水平开拓准备方法的改进》，1958 年研究生毕业于北京矿业学院露天开采专业。毕业后到阜新矿业学院任教，历任阜新矿业学院露天开采教研室书记、采矿系主任。郭增涛教授是我国煤炭行业露天开采首批研究生之一，露天煤矿边坡稳定研究方向的创始人。曾主持完成“井工开采对边坡稳定性影响”，“扎来诺尔灵泉露天煤矿过 F4 走向断层带边坡稳定分析及设置方案的研究”，“海州露天煤矿非工作帮边坡稳定性研究”等重大科研项目。在国内期刊杂志上发表学术论文 20 余篇。

顾晓斌(1959—)，男，云南沾益人，机电工程师，本科，2008 年毕业于云南行政学院经济管理专业。历任小龙潭矿务局布沼坝露天煤矿副矿长，现任布沼坝露天煤矿矿长。发表科技论文多篇。多次参与斗轮技术的研讨和培训教材的编写工作以及斗轮开采使用的行业标准制定工作。“露天煤矿连续采掘系统故障诊断及可靠性研究项目”获云南省政府科技进步三等奖；“WD520 斗轮机电气系统技术改造项目”获云南省监狱管理局科技进步二等奖；1988 年在 1500 ~ 2000m^3/h 斗轮挖掘机连续开采工业及成套设备开发中作出重要贡献，获电子工业部、能源部荣誉证书；1994 年被中国设备管理协会授予“全国优秀设备工作者”称号；两次获云南省监狱管理局有突出贡献的优秀专业技术人才称号；

2007 年获全国煤炭工业协会“优秀矿长”称号。

顾维忠（1936—），男，汉族，天津人，教授级高级工程师。1961 年毕业于北京矿业学院露天开采专业，同年分配到内蒙古平庄矿务局西露天煤矿任技术员。历任哈密矿务局露天煤矿技术员、工程师、主任工程师，露天煤矿副总工程师、总工程师。1996 年获得国务院颁发的政府特殊津贴。

高士友(1966—)，男，汉族，内蒙古自治区赤峰人，中共党员、硕士研究生、采矿高级工程师。1989 年毕业于中国矿业大学。历任霍林河矿务局南露天煤矿生产技术部工程师、副主任，霍林河煤业集团有限责任公司南露天煤矿生产技术部主任工程师、煤炭加工公司副经理、经理，白音华煤电公司副总经理、煤矿建设工程管理分公司常务副总经理。曾获煤炭协会颁发的首届十佳青年科技奖等一系列殊荣，为国家露天采矿事业的发展和霍林河矿区的建设做出了突出贡献。

高仁义（1956—），男，教授级高级工程师，1982 年毕业于阜新矿业学院露天采矿专业，在沈阳煤矿设计院先后任助理工程师、工程师、高级工程师、露天所总工、副所长、所长、副总工程师等职。曾担任“霍林河一号露天煤矿”、“扎哈淖尔露天煤矿”、“谢尔塔拉露天煤矿”、“大唐胜利东二号露天煤矿”设计项目的项目经理。其中霍林河露天煤矿、扎哈淖尔露天煤矿获部优秀设计一等奖。曾编写“露天采矿设计软件包”。

高国骧(1933—)，男，河北迁安人，高级工程师，毕业于抚顺业余煤矿学院露天采矿专业。历任抚顺矿务局西露天煤矿副总工程师、副矿长、矿长、抚顺矿务局副局长兼西露天煤矿矿长。发表《西露天煤矿开采现状与远景》、《经济合理剥采化在确定杨柏区境界中的运用》、《倾斜穿孔予裂爆破在西大卷降段工程中的应用》等多篇论文。

高登来（1961—），男，山东人，高级工程师，毕业于阜新矿业学院露天采矿专业，现任华能伊敏煤电有限责任公司露天煤矿矿长兼党委书记。先后担任华能伊敏煤电有限责任公司露天煤矿技术科副科长、科长、副总工程师、生产副矿长、总工程师、党委书记等职。发表《露天矿卡车优化调度系统的应用》、《地下水对内排土场边坡稳定的影响》、《美国露天采矿设备及技术的应用》、《露天矿年度生产剥采比的合理确定》、《数字矿山建设是解决露天煤矿信息化应用深层次问题的主要途径》等多篇论文。

崔　刚(1957—)，男，汉族，河南人，硕士、研究员级高级工程师、国家级注册安全工程师，1982年毕业于阜新矿业学院(辽宁工程技术大学)。历任伊敏煤电公司露天煤矿工程师、科长、副总工程师，伊敏煤电公司生产技术处副处长，伊敏煤电公司露天煤矿总工程师、副矿长，煤炭生产部主任、露天煤矿矿长，伊敏煤电公司策划部主任、鄂霍项目部副主任；现任北方魏家峁煤电有限责任公司副总经理。

崔治光(1940—)，男，教授，1965年毕业于阜新矿业学院露天开采专业，1965年至1979年在抚顺煤研所工作，1979年至1992年在阜新矿业学院采矿系从事教学与科研工作，曾任采矿系副主任，主要讲授《露天矿边坡稳定》等课程。1993年至2008年在沈阳黄金学院从事教学工作。曾完成多项有关露天矿边坡稳定性分析与治理方面的科研课题，发表学术论文多篇。

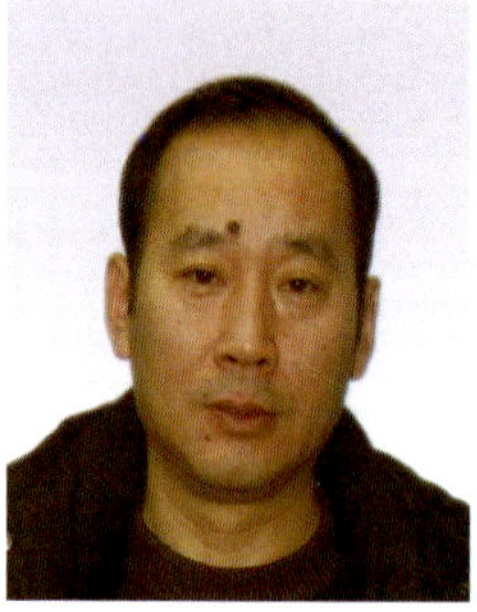

曹兰柱(1962—)，男，汉族，教授，博士生导师，中共党员，先后任辽宁工程技术大学资源与环境工程学院工会主席、教学科研办公室主任、科研工作秘书等职务。1984年本科毕业于阜新矿业学院露天开采专业，1995年获得硕士学位。现在辽宁工程技术大学资源与环境工程学院任教，从事露天开采方面的教学与科研工作。完成了：海州矿环境灾害治理、宝日希勒露天矿边坡稳定性分析、宝日希勒露天矿采场边坡稳定性研究、平庄西露天矿顶帮边坡稳定性研、黑岱沟露天矿排矸场预控技术研究、元宝山露天煤矿东南帮边坡治理方案研究、平庄西露天矿露井联采岩移规律研究等科研项目，获省部级科技进步二等奖2项，发表学术论文30余篇。培养硕士研究生20余名，主讲《露天矿边坡稳定》、《运筹学》等课程。

曹选栋（1935—），男，四川人，高级工程师，1958年毕业于北京矿业学院露天采矿专业，在沈阳煤矿设计研究院任技术员、工程师、高级工程师。先后担任布沼坝露天煤矿四期、昭通总体设计项目设计负责人。

彭世济(1931—1995)，男，江苏苏州人，教授、博士生导师。1953年毕业于北京矿业学院采矿系，1956年露天采矿研究生毕业。历任露天教研室主任、采矿系副主任、教务长、副校长、校长等职务。在担任繁重行政工作的同时，为中国露天开采事业的发展作出了重大贡献，建设了中国第一个露天开采专业。受国家计委委托，曾任准格尔矿区等大型项目评估专家组组长、全国露天煤矿规划组组长等职务。编著有《大百科全书采矿卷》、《露天采矿手册》等多部著作。获北京市文教战线先进工作者、政府特殊津贴、国家科技进步奖等奖励。

程　云（1961—），男，汉族，湖北郧县人，中共党员，高级工程师。1983年毕业于阜新矿业学院露天采矿专业，同年分配到哈密矿务局露天煤矿生产科，先后任技术员、助理工程师、工程师、生产科副科长，主任工程师。历任露天煤矿矿长助理兼生产科科长、副矿长，哈密矿务局副总工程师、总工程师、党委书记、董事长；现任潞安新疆煤化工（集团）有限公司党委书记、副董事长。

舒继森(1961—)，男，四川中江人，教授，1983年本科毕业于重庆大学采矿系，1989年研究生毕业于中国矿业大学采矿专业，现任中国矿业大学露天开采及边坡工程研究所副所长，主要从事岩土力学与边坡工程方面的教学和研究工作，获省部级科技进步二等奖3项、三等奖1项，获得露天采煤青年科技奖1项。发表学术论文30余篇(其中6篇被EI收录)，出版专著1部。

董宝弟（1962—），男，辽宁黑山人，工学学士、教授级高级工程师、国家注册采矿工程师、国家注册一级安全评价师，1985年毕业于中国矿业学院采矿工程系露天开采专业。先后任中煤国际工程集团沈阳设计研究院主任工程师、副所长，现任北京洪昌福陆矿山工程咨询公司董事长兼总经理、大地工程开发有限公司露天煤矿设计研究院院长，先后担任多项项目设计负责人。发表《试论电铲效率与采宽的关系》、《哈尔乌素露天煤矿合理建设规模的确定》、《创建我国露天煤矿吊斗铲倒堆开采程序》等论文。

韩　放(1963—)，男，辽宁黑山人，1984年毕业于阜新矿业学院，2008年取得北京科技大学博士学位，教授级高级工程师。曾任抚顺西露天煤矿科长、总工程师、副矿长、矿长，现任抚顺矿业集团副总经理。曾获国家、省、市科技进步奖10余项，20余篇论文发表在国家级刊物，取得专利技术5项 。被授予国家安全生产专家、中国煤炭学会露天采煤青年科技奖、辽宁省“五一”劳动奖章、抚顺市十大杰出青年企业家。

窦长禄(1936—2007)，男，汉族，中共党员。1962年毕业于阜新矿业学院，同年分配至内蒙古自治区平庄矿务局从事设计、生产工作；1965年跟随煤炭部85工程处到新疆哈密矿务局，在排土场先后任技术员、主任工程师；1979年调入霍林河矿务局建设指挥部，历任南露天煤矿工程科科长、生产副矿长、矿区指挥部、矿务局总工程师办公室主任、矿务局副总工程师。参与了300万t、1000万t的设计、移交工作，为霍林河矿区的开发和建设做出了突出贡献。

解德国(1970—)，男，山东巨野人，1994年毕业于中国矿业大学采矿系，一直在中煤西安设计公司从事露天采矿、道路及桥梁设计工作。先后参加了内蒙古胜利二号露天煤矿、神东煤炭基地规划、平朔东露天煤矿等项目，并任多个项目的项目负责人，现任中煤西安设计公司露天室主任。发表论文多篇，2006年获露天开采青年科技奖，获得中国煤炭建设协会等部门颁发的特等奖、一等奖和二等奖多项荣誉。

翟正江(1964—)，男，汉族，河北邢台人，高级工程师，1987 年毕业于中国矿业大学露天开采专业。曾任准能公司计划发展部主任工程师、黑岱沟露天煤矿副矿长、神华准能设备维修中心党委书记，现任神华准能煤炭经销公司经理。曾发表《露天煤矿经营管理的探讨》、《露天煤矿生产成本控制的研究》等论文。

潘　兴（1937—），男，安徽人，高级工程师，1962 年毕业于北京矿业学院露天采矿专业，在阜新海州露天煤矿任技术员、沈阳煤矿设计院任技术员、工程师、高级工程师等职。曾担任古莲露天煤矿、伊敏露天煤矿项目设计负责人。

魏春启(1956—)，男，教授，1982 年毕业于阜新矿业学院采矿系露天开采专业，毕业留校工作至今。长期从事露天采矿理论与技术教学科研工作，主持参加 10 余项科研项目，曾获煤炭协会科技进步二等奖 1 项，辽宁省科技进步三等奖 2 项；发表学术论文 20 余篇。

附录六　中国露天煤炭工业大事记

1908 年

年初，沙俄在扎赉诺尔北煤沟处发现 20m 厚的露头煤，并在此建露天煤矿，命名为保利矿。

1914 年(民国三年)

抚顺古城子露天堀开始建设。1916 年正式投产，当年产煤 24.3 万 t。

1917 年(民国六年)

抚顺千金寨露天堀开采。

1926 年(民国十四年)

黑龙江鹤岗煤矿开采北二槽露天煤矿。

1927 年(民国十六年)

9 月，抚顺杨伯堡露天坑建成投产。

1928 年(国民十七年)

12 月，辽宁省抚顺露天坑东大巷建成。

1930 年(民国十八年)

黑龙江鹤岗兴山北二层、三层、五层开采露天煤矿。

1936 年(民国二十五年)

11 月，辽宁省阜新新邱第一露天煤矿堀(坑)开始剥离作业。

1938 年(民国二十七年)

12 月，辽宁省抚顺第一露天(古城子露天堀)、第二露天(千金寨露天堀)、第三露天(杨柏堡露天堀)合并为抚顺西露天堀(即今抚顺西露天煤矿前身)，当年产煤407.9万t，为当时世界第一大露天煤矿。

1941年(民国三十年)

阜新新邱北露天煤矿开始建设。

1944年(民国三十三年)

12月，辽宁抚顺西露天煤矿下盘的所谓“特殊工人”张立钧等5人组成中国共产党西露天堀支部，领导“特殊工人”进行斗争，破坏电机车和铁轨。

1951年

6月，抚顺西露天煤矿职工捐献1架飞机，支援抗美援朝。

1952年

10月15日，东北煤矿管理局成立沈阳煤矿设计公司(1954年2月15日改称沈阳煤矿设计院，1963年3月8日改称沈阳煤矿设计研究院)。

1953年

7月1日，阜新海州露天煤矿建成投产，设计年生产能力300万t。
12月，阜新新露东露天煤矿建成投产。

1954年

9月1日，燃料工业部决定成立西安煤矿设计院。
9月29日，国家副主席朱德视察抚顺西露天煤矿，至坑下十五段西大巷扬机室参观。

1955年

沈阳煤矿设计院完成平庄西露天煤矿技术设计，年设计生产能力为315万t。

1957年

云南省小龙潭露天煤矿（设计年生产能力45万t）、布沼坝露天煤矿（设计年生产能力35万t）建成投产。

1958 年

2 月 13 日，毛泽东主席视察抚顺西露天煤矿，听取了矿长王齐芳关于西露天生产建设情况汇报，询问了工人生产情况，对煤炭综合利用作出重要指示。

7 月 26 日，内蒙古自治区煤矿设计院成立；1962 年精简机构撤销，1974 年恢复重建。

8 月 15 日，内蒙古平庄西露天煤矿（设计年生产能力 150 万 t）开工建设。

9 月 28 日，中共中央总书记邓小平，书记处候补充书记杨尚昆、刘润涛视察抚顺西露天煤矿。

11 月 15 日，罗荣桓元帅到抚顺西露天煤矿视察。

12 月 1 日，成立新疆煤矿设计院，第一任院长由煤炭工业管理局副局长杨泽生兼任。1963 年 1 月归西北煤炭工业管理局领导，改称西安煤矿设计院乌鲁木齐分院。

12 月，成立哈密三道岭露天煤矿工程处。

1959 年

6 月 2 日，朱德委员长、董必武副主席到抚顺西露天煤矿视察。

1960 年

3 月 10 日，抚顺矿务局西露天煤矿北帮发生滑坡，滑坡面积为 15000m^2，滑坡层厚 10m，造成部分剥离停产。

6 月 30 日，河南省义马北露天煤矿（设计年生产能力 60 万 t）开工建设。

黑龙江兴山三槽露天煤矿（设计年生产能力 30 万 t）建成投产。

1961 年

辽宁省抚顺矿务局西露天南帮局部滑落 45 万 m^3，3 个产煤段停产。

陕西省焦坪煤矿前河露天煤矿，煤炭工业部核定其生产能力 30 万 t。

1962 年

2 月 1 日，新疆哈密矿务局露天煤矿（设计年生产能力 150 万 t）破土建设。

1964 年

7 月 1 日，朱德委员长，董必武副主席到阜新海州露天煤矿视察并题词，朱德委员长题词：“艰苦奋斗，自力更生，为建设社会主义新中国而努力”。董必武副主席题词：

“发愤奋图强，冷静促进，自力更生，鼓足干劲”。

1965 年

12 月 30 日，平庄西露天煤矿建成投产，设计能力 315 万 t/a。

1966 年

3 月，山西省平朔矿区成立大新露天煤矿建设指挥部。

6 月 30 日，黑龙江鹤岗矿务局岭北矿北大岭西露天坑（设计年生产能力 60 万 t）建成投产。

8 月，沈阳煤矿设计院的露天采矿所、抚顺煤炭研究所的露天所合并，搬迁至平鲁，成立“煤炭科学研究总院露天开采设计研究所”。

1967 年

云南省小龙潭露天坑一期扩建，设计年生产能力 60 万 t；布沼坝露天煤矿，设计年生产能力 90 万 t 建成投产。

1969 年

内蒙古公乌素露天煤矿（设计年生产能力 30 万 t）开工建设。

1970 年

10 月 1 日，新疆哈密三道岭露天煤矿（设计年生产能力 150 万 t）建成投产。

11 月 29 日，内蒙古海勃湾公乌素露天煤矿（设计年生产能力 120 万 t）破土动工。

1975 年

五大露天(霍林河、伊敏、平朔、准格尔、元宝山)地质勘探。

7 月，世界采矿大会国际组织委员会副主席柯林斯到抚顺西露天煤矿参观。

1976 年

7 月 27 日，阜新海州露天煤矿因暴雨发生重大滑坡事故。

10 月 21 日，澳大利亚访华团到抚顺矿务局参观。

10 月 30 日，英国国家煤炭总局访华团到抚顺矿务局参观。

12 月，抚顺西露天煤矿毫秒爆破技术试验成功，减少爆破震动 60%。

1979 年

12 月 4 日，长春露天煤矿设计院并入沈阳煤矿设计研究院。

1981 年

10 月 24 日，中共中央总书记胡耀邦到阜新视察，参观海州露天煤矿。

1982 年

煤炭工业部批准，乌鲁木齐铁厂沟井田列入近期开发建设计划，建设年产 150 万 t 的露天煤矿。

3 月 25 日，《合作编制山西平朔矿区安太堡露天煤矿可行性研究协议书》在北京签字，中国煤炭开发总公司董事长孔勋和美国西方石油公司董事长哈默，分别代表双方在协议上签字。康世恩副总理、高杨文部长出席签字仪式。

7 月 23 日，中共中央总书记胡耀邦在中共中央办公厅主任胡启立、水电部副部长李鹏、内蒙古自治区党委第一书记周惠等的陪同下，到平庄矿务局元宝山露天煤矿区视察。

8 月 15 日，中共中央总书记胡耀邦到伊敏河矿区视察，提出了“煤电联营”方针。

8 月 20 日，中共中央总书记胡耀邦到霍林河矿区视察。

1983 年

编制《露天施工工程验收规定》。

1984 年

4 月 29 日，中美合作经营平朔安太堡露天煤矿的最终协议在北京人民大会堂举行签字仪式。李鹏副总理出席签字仪式。中煤公司董事长孔勋和美国西方石油公司董事长哈默在协议上签字。

5 月 18 日，煤炭工业部(1984)8 号文件批准平庄矿务局西露天煤矿技术改造补充设计，年生产煤炭 150 万 t，1986 年达到设计能力。

7 月 14 日，平朔第一煤炭有限公司成立。

7 月，沈阳煤矿设计研究院、内蒙古煤矿设计院、鞍山黑色冶金矿山设计院联合编制《五大露天规划》。

8 月 22 日，山西省第一座 500t 容量的倒锥形水塔在平朔露天煤矿建成。

9 月 1 日，设计年生产能力 300 万 t 的霍林河矿区沙尔呼热南露天煤矿正式移交生产。

12 月 2 日，平朔露天煤矿 22 万伏大型枢纽变电站在朔县铺上村开始兴建。

1985 年

3 月 2 日，李鹏副总理召开平朔露天煤矿建设项目讨论会，国家计委、国家经委、经贸部、煤炭部、海关总署、中国银行、中国国际信托投资公司和中国煤炭开发总公司等单位负责人参加了会议。

6 月 15 日，中国中共总书记胡耀邦视察准格尔煤田。

6 月 28 日，中共中央总书记胡耀邦视察神府东胜煤田。

6 月 29 日，中美合作开发平朔露天煤矿正式合同在人民大会堂签字。李鹏副总理、煤炭部部长于洪恩、原煤炭部部长高杨文、山西省省长王森浩出席签字仪式。

7 月 1 日，中美合作经营的平朔安太堡露天煤矿正式开工。李鹏副总理、哈默董事长、于洪恩部长出席开工典礼仪式并剪彩，李鹏为开工纪念碑揭碑。这是中国与外国合作开发的最大的煤炭项目，合营期 30 年，将选用最先进的设备和工艺。

9 月 24 日，中国煤炭开发总公司与中国国际信托投资公司签订《关于组建合营平朔第一煤炭有限公司的协议》。

1986 年

新疆维吾尔自治区司法厅布雅露天煤矿（设计年生产能力 30 万 t）开工建设。

1 月 21—23 日，煤炭工业部在京召开第六次平朔工作会议。陈钝副部长主持。参加会议的有国务院山西能源办公室、中国银行、山西省政府、海关总署及平(鲁)朔(县)两县负责同志等。会议为完成 1986 年建设计划，落实了资金，工程进度，设备组装，图纸设计，材料供应，人员配备和培训、生活、劳动管理等 7 方面的工作。

1 月 24 日，中美合资兴建的平朔安太堡露天煤矿电气化铁路专用线提前 5 个月通车。该线起自北同蒲朔县、神头之间新建的大新站，终端至平朔安太堡露天煤矿，全长 20. 863km，为一级工业企业专用线。

2 月 7 日，中美合资的平朔露天煤矿开发期保险协议在北京正式签订，投保总额为 6. 43 亿元。

2 月，煤炭、黑色冶金矿山、有色冶金矿山、非金属矿山系统、24 个科研设计、高等院校联合编制《露天采矿手册》(七册)。

7 月 25—27 日，中美双方在北京煤炭部西郊宾馆召开协调工作会议。会议确定安太堡露天煤矿选煤厂工程总工期不变。成立以龚坤长为组长的中美双方组成的 8 人现场协调会议，定期协调解决设计、材料、施工组织等问题。

7月31日，云南省小龙潭露天矿剥离系统小型轮斗挖掘机连续生产工艺建成投产。为全国地方露天煤矿第一条采、运、排连续开采生产线。

12月2日，由董事长哈默、总裁伊朗尼率领的美国西方石油公司代表团、美国共和党参议员郝克特先生及30个国外银行界人士，在煤炭部副部长陈钝的陪同下参观平朔矿区，陈日新总经理举行招待会，介绍矿区建设情况。

1987年

云南省布沼坝露天坑剥离系统中型轮斗挖掘机连续生产工艺建设投产。

6月22日，平朔安太堡露天煤矿提前完成合作经营合同中规定的矿建剥离量6185.9万m^3，为按期投产创造了条件。

8月6—8日，国务院重大技术装备办公室在平朔煤炭工业公司召开公司中外合作制造具有世界先进水平的大电铲、大汽车投入使用验收会。对1986年我国第一重型机械厂和湘潭电机厂分别同外国公司合作制造的两台2800×P电铲、3台170D型卡车进行了验收，全部验收合格。

9月10日，中美合资的平朔安太堡露天煤矿举行隆重的投产典礼。李鹏副总理、煤炭部于洪恩部长、哈默董事长为露天煤矿剪彩。山西省长王森浩、副省长阎武宏和国务院20位正、副部长参加典礼。出席典礼的还有向露天煤矿提供贷款的国外39家银行和提供设备的厂家代表。

1988年

内蒙古霍林河矿区一号露天煤矿1000万t/a二期扩建工程正式破土动工。

东胜煤田武家塔露天煤矿（设计年生产能力60万t）正式开工建设。

5月7日，由前苏联煤炭工业部部长夏铎夫率领的前苏联煤炭工业代表团访问平朔矿区。夏铎夫部长将3枚荣誉勋章分别授予平朔煤炭工业公司总经理陈日新、副总经理谢鸿秋和朔州市市长吕日周。

7月1日，平朔安太堡露天煤矿正式转入生产阶段。

1990年

平朔安太堡露天煤矿创汇2.02亿美元，占全国十大出口创汇企业总额的21.26%，名列十大出口创汇企业之首。

4月21日，准格尔煤田黑岱沟露天煤矿（设计年生产能力1200万t）（含选煤厂）破土动工。

6月4日，伊敏煤电联营工程经国务院批准正式立项。一期工程设计年生产能力

500 万 t 。

9 月 23 日，中共中央总书记江泽民视察伊敏河矿区。

9 月 28 日，中共中央总书记江泽民视察黑岱沟露天煤矿现场。

10 月 29 日，中共中央总书记江泽民参观抚顺西露天煤矿。

1991 年

1 月 22 日，伊敏煤电公司成立。

6 月 4 日，东北内蒙古煤炭工业联合公司副总经理崔敬谦代表公司在北京人民大会堂参加了元宝山露天煤矿引进设备投标仪式。中标单位德国克拉塔夫公司总裁出席了会议。

6 月 20 日，国家计委副主任叶青主持会议，就平朔露天煤矿西方石油公司撤出后，西方石油公司的投资股份转入中国人民银行，平朔露天煤矿仍是合作企业，继续享受中外合作企业的各项政策及生产管理，对资金投入、还贷等有关问题进行了研究。

6 月 21 日，国家计委以计能源［1991］883 号文给中国银行关于美国西方石油公司从平朔安太堡露天煤矿撤出后有关问题的批复。原则上同意继续享受中外合作经营企业的有关优惠政策。

1993 年

3 月，国家计委以［1993］303 号文批复同意平朔安家岭露天煤矿项目建议书。安家岭露天煤矿年设计能力 1500 万 t/a，同步建设与露天煤矿生产能力相适应的选煤厂。项目总投资控制在 50 亿元人民币以内。其中，使用日本第三批能源贷款 4 亿美元，国内贷款 28 亿元，由国家煤炭基本建设投资安排。外资主要用于引进露天矿采、运、排及其配套设施，选煤厂等所需设备及部分钢材。

4 月 16 日，中国银行向华能精煤公司转贷日本输出入银行 4 亿美元能源贷款年度协议签字仪式在京举行。黄毅诚、曾培炎、俞晓松、王森浩及张国文等领导出席。

4 月 20 日，华能精煤公司就利用第三批日本能源贷款首批采购项目召开发标会议。参加发标会的有德国威斯特伐利亚公司、英国国际长壁公司、美国朗埃尔道克斯公司、法国尼克尔公司等 15 家外国公司、企业。评价工作于 5 月中旬开始进行。

5 月 9—12 日，美国阿科公司煤炭公司总裁华南德斯等一行 5 人参观考察了神府东胜矿区。

1994 年

7 月，以沈阳设计研究院为主编制《露天煤矿工程设计规范》。

1995 年

煤炭部党组成员范维唐在京会见随德国科尔总理来华访问的德国曼塔克拉夫运输技术股份有限公司总裁福特考特先生。双方就露天煤矿开采、建设等方面的合作交换了意见。

1999 年

11 月 24 日，准格尔煤田黑岱沟露天煤矿一期工程正式投产。一期建设规模 1200 万 t/a，选煤厂 1200 万 t/a。

装机容量 20 万 kW 坑口电厂、年运输能力 1500 万 t 大准电气化铁路。

2000 年

8 月 30 日，国家煤矿安全监察局副局长赵铁锤在昆仑饭店出席了中国煤炭工业进出口集团公司与美国小松采矿系统公司关于安家岭项目矿用卡车采购合同的签字仪式。

9 月 6 日，国家煤矿安全监察局副局长赵铁锤在人民大会堂出席了中国煤炭工业进出口集团公司与美国卡特彼勒公司关于平朔安家岭项目矿用卡车采购合同的签字仪式。

2005 年

1 月 26 日，神华集团准格尔能源公司从美国引进采掘设备 8750－65 型吊斗铲在黑岱沟露天煤矿组装。这是我国首台引进的世界一流采掘设备。

10 月 10 日，发布实施修订后的《煤炭工业露天矿设计规范》。

2006 年

3 月 28 日，国家发改委以发改能源［2006］352 号文批复了大型煤炭基地建设规划，提出大型煤炭基地以大型煤炭企业为建设主体，按照一个矿区由一个主体开发，一个主体可以开发多外矿区的原则，优先建设大型现代化露天煤矿。

参 考 文 献

［1］《中国煤炭志》编纂委员会. 中国煤炭志·辽宁卷［M］. 北京：煤炭工业出版社，1996.

［2］《中国煤炭志》编纂委员会. 中国煤炭志·黑龙江卷［M］. 北京：煤炭工业出版社，1995.

［3］《中国煤炭志》编纂委员会. 中国煤炭志·内蒙古卷［M］. 北京：煤炭工业出版社，1991.

［4］《中国煤炭志》编纂委员会. 中国煤炭志·陕西卷［M］. 北京：煤炭工业出版社，1997.

［5］《中国煤炭志》编纂委员会. 中国煤炭志·新疆卷［M］. 北京：煤炭工业出版社，1997.

［6］《中国煤炭志》编纂委员会. 中国煤炭志·山西卷［M］. 北京：煤炭工业出版社，1997.

［7］《中国煤炭志》编纂委员会. 中国煤炭志·宁夏卷［M］. 北京：煤炭工业出版社，1997.

［8］《中国煤炭志》编纂委员会. 中国煤炭志·云南卷［M］. 北京：煤炭工业出版社，1997.

［9］《中国煤炭志》编纂委员会. 中国煤炭志·河南卷［M］. 北京：煤炭工业出版社，1997.

［10］《中国煤炭志》编纂委员会. 中国煤炭志·综合卷［M］. 北京：煤炭工业出版社，1999.

［11］辽宁省地方志编纂委员会. 辽宁省志·煤炭工业志［M］. 沈阳：辽宁民族出版社，1999.

［12］国家煤矿安全监察局. 中国煤炭工业年鉴 1999［M］. 北京：煤炭工业出版社，2000.

［13］国家煤矿安全监察局. 中国煤炭工业年鉴 2000［M］. 北京：煤炭工业出版社，2001.

［14］国家煤矿安全监察局. 中国煤炭工业年鉴 2001［M］. 北京：煤炭工业出版社，2002.

［15］国家煤矿安全监察局. 中国煤炭工业年鉴 2002［M］. 北京：煤炭工业出版社，2003.

［16］国家煤矿安全监察局. 中国煤炭工业年鉴 2003［M］. 北京：煤炭工业出版社，

2004.
[17] 国家煤矿安全监察局. 中国煤炭工业年鉴 2004 [M]. 北京：煤炭工业出版社，2005.
[18] 国家煤矿安全监察局. 中国煤炭工业年鉴 2005 [M]. 北京：煤炭工业出版社，2006.
[19] 国家煤矿安全监察局. 中国煤炭工业年鉴 2006 [M]. 北京：煤炭工业出版社，2007.
[20] 高国骧. 抚顺西露天矿开采技术 [M]. 北京：煤炭工业出版社，1993.
[21] 彭世济，张达贤，刁永峰. 露天煤矿连续和半连续开采工艺 [M]. 北京：煤炭工业出版社，1991.
[22] 张达贤，张幼蒂. 露天采矿新工艺 [M]. 徐州：中国矿业大学出版社，1992.
[23] 车兆学，才庆祥，刘勇. 露天煤矿半连续开采工艺及应用技术研究 [M]. 徐州：中国矿业大学出版社，2006.
[24] 尚涛，顾飞洪，才庆祥，等. 现代化露天开采若干问题的研究 [M]. 徐州：中国矿业大学出版社，2004.
[25] 张幼蒂，王玉俊. 采矿系统工程 [M]. 徐州：中国矿业大学出版社，2000.
[26] 才庆祥，韩可琦. 矿业工程可靠性分析与设计 [M]. 徐州：中国矿业大学出版社，1997.
[27] 才庆祥，洪宇. 露天煤矿高效开采新技术 [M]. 徐州：中国矿业大学出版社，2008.
[28] 周昌寿，杜竞中，等. 露天矿边坡稳定 [M]. 徐州：中国矿业大学出版社，1990.
[29] 骆中洲. 露天采矿学(上) [M]. 徐州：中国矿业大学出版社，1986.
[30] 杨荣新. 露天采矿学(下) [M]. 徐州：中国矿业大学出版社，1990.
[31] 郑友毅. 从科学发展观角度，看中国露天煤矿的建设与发展历程 [J]. 煤炭工程，2007(2)：9－11.
[32] 孙效玉，冯建宏，等. 我国数字露天煤矿的实施对策与总体技术方案 [J]. 露天采矿技术，2005(3)：31－35.
[33] 张幼蒂. 露天开采优化设计理论与应用 [M]. 徐州：中国矿业大学出版社，2000.
[34] 王建国. 我国现代化露天采煤技术的资源合理开发方向 [J]. 煤炭科学技术，2008(1)：4－7.
[35] 张幼蒂. 现代露天开采技术国际发展与我国露天采煤前景 [J]. 露天采矿技

术，2005(3)：1－3.
[36] 王显政. 坚持科技进步大力推进露天煤矿开采水平［J］. 现代物流报，2008－08－12.
[37] 田会，郑友毅. 我国露天开采工艺发展初探［J］. 煤炭工程，2004(4)：4－9.
[38] 夏既胜，杨树华，等. 露天矿区生态问题及生态重建方法探讨［D］. 中国可持续发展研究会 2006 学术年会.
[39] 姬长生. 我国露天煤矿开采工艺发展状况综述［J］. 采矿与安全工程学报，2008(9).
[40] 孙渊源. 国有煤矿创新体系研究［D］. 太原理工大学，2002.
[41] 宋子岭. 现代露天矿设计理论与方法研究［D］. 辽宁工程技术大学，2007.
[42] 仲信. 国内外露天采煤设备的发展(一)［J］. 机电国际市场，1998(9).
[43] 仲信. 国内外露天采煤设备的发展(二)(三)［J］. 机电国际市场，1998(11).
[44] 刘淮通. 中国大型露天矿成套设备的研制与发展［J］. 中国机械工程，1993(12).
[45] 王军. 黑岱沟露天矿设备管理与状态维修［D］. 辽宁工程技术大学，2004.
[46] 胡云燕. 露天开采矿山作业环境与安全管理［D］. 重庆大学，2006.

图书在版编目（CIP）数据

中国露天煤炭事业发展报告：1914～2007/中国煤炭学会露天开采专业委员会编．-- 北京：煤炭工业出版社，2010

ISBN 978-7-5020-3635-5

Ⅰ．①中… Ⅱ．①中… Ⅲ．①露天开采－煤炭工业－经济发展－研究报告－中国－1914～2007 Ⅳ．①F426.21

中国版本图书馆 CIP 数据核字(2010)第 013026 号

煤炭工业出版社 出版
（北京市朝阳区芍药居 35 号 100029）
网址：www.cciph.com.cn
北京时捷印刷有限公司 印刷
新华书店北京发行所 发行
*
开本 889mm×1194mm 1/16 印张 20 3/4
字数 382 千字 印数 1—3,200
2010 年 2 月第 1 版 2010 年 2 月第 1 次印刷
社内编号 6445 定价 130.00 元